本研究受到西北农林科技大学合阳县定点扶贫帮扶项目"高校助力脱贫攻坚服务乡村振兴的合阳实践研究"的资助,本书的出版还受到陕西省"特支计划"青年拔尖人才和西北农林科技大学人文社会发展学院"凤岗卓越社科人才"项目的支持。

贫困治理研究课题组 著

黄土地上的西农印迹

NWAFU's Footprints on the Yellow Earth

高校助力脱贫攻坚的合阳实践

University-government Collaboration on Poverty Alleviation in Heyang County

社会科学文献出版社
SOCIAL SCIENCES ACADEMIC PRESS (CHINA)

前 言

党的十九大报告指出：让贫困人口和贫困地区同全国一道进入全面小康社会是我们党的庄严承诺。要动员全党全国全社会力量，坚持精准扶贫、精准脱贫，坚持大扶贫格局，注重扶贫同扶志、扶智相结合，确保到2020年我国现行标准下农村贫困人口实现脱贫，贫困县全部摘帽，解决区域性整体贫困，做到真脱贫，脱真贫。

2012年11月，国务院扶贫办、教育部等八部门联合印发《关于做好新一轮中央、国家机关和有关单位定点扶贫工作的通知》，确定合阳县为我校定点帮扶的国家扶贫开发工作重点县。多年来，西北农林科技大学认真贯彻党中央决策部署，通过建立试验示范站、选派挂职干部、组织专家开展技术服务等一系列措施，为合阳县全面打赢脱贫攻坚战提供了智力支撑，取得了较好成效。

2018年，学校进一步探索创新校县扶贫合作路径，组建实施"三团一队"扶贫模式，成立由学校机关党委和19个学院党委书记组成的书记帮镇助力团、168名专家教授组成的专家教授助力团、每年两批全日制在校优秀硕博士研究生组成的研究生助力团（科技镇长团），与合阳县优秀人才先锋服务队联合，深入合阳县各乡镇、产业园和贫困户当中精准扶贫。以党建扶贫为引领，以产业扶贫为抓手，在合阳县建成14个产学研一体化示范基地，示范面积为8000多亩，带动30个县级示范园区，形成了1万亩集中连片樱桃、10万亩红提葡萄、2万亩红薯、20万亩苹果、30万亩花椒、30万头生猪的"112233"优质农产品产业布局。

在校县双方的共同努力下，合阳县于2019年5月顺利实现脱贫摘帽。"三团一队"校县合作智力扶贫模式得到广泛认可，2018年中央定点扶贫单位考核中西北农林科技大学被评为"好"，2019年7月"三团一队"扶贫模式被国务院扶贫办认定为"有着积极示范带动作用"的"好经验好典型",2019 年 9 月"'三团一队'精准发力助推合阳脱贫摘帽"项目被评为"教育部第四届直属高校精准扶贫精准脱贫十大典型项目"。

习近平总书记在解决"两不愁三保障"突出问题座谈会上强调:贫困县摘帽后,要继续完成剩余贫困人口脱贫任务,实现已脱贫人口的稳定脱贫。贫困县党政正职要保持稳定,做到摘帽不摘责任;脱贫攻坚主要政策要继续执行,做到摘帽不摘政策;扶贫工作队不能撤,做到摘帽不摘帮扶;要把防止返贫放在重要位置,做到摘帽不摘监管。按照党中央"四个不摘"的要求,我校今后将在技术服务、人才培养、产品销售等方面继续加大对合阳县的支持力度,加强双方在乡村振兴规划、农业发展规划和县域经济社会可持续发展等方面的合作,助力合阳县以优异成绩打赢脱贫攻坚"收官之战"。

本书由我校人文社会发展学院贫困治理研究课题组撰写,课题组成员为撰写本书付出了大量心血。此书以翔实的材料和生动的案例,记录了"三团一队"在合阳扶贫工作中的点点滴滴,记录了一批奋斗者的特殊扶贫史,记录了属于这个时代的感人故事,记录了黄土地上留下的西农印迹。本书将激励我们进一步开拓创新,以更加饱满的热情决战决胜脱贫攻坚,在有序衔接乡村振兴中做出新的贡献。

西北农林科技大学扶贫工作办公室

2020 年 3 月 12 日

目 录 CONTENTS

第一章　农技推广助力乡村脱贫的实践历史与时代担当 …………… 1
 第一节　"一麦相承"为苍生 ……………………………………… 1
 第二节　"西农模式"助力科技扶贫 …………………………… 5
 第三节　精准扶贫中的高校担当 ………………………………… 9

第二章　为农业插上翅膀：科技助力产业扶贫 ……………………… 16
 第一节　西农大助力合阳产业扶贫 ……………………………… 16
 第二节　合阳葡萄试验示范站的科技支持 ……………………… 25
 第三节　黄土地上的农技推广专家 ……………………………… 30
 第四节　果农的"及时雨"和贴心人 …………………………… 35

第三章　书记帮镇助力团：定点帮扶的靓丽风景线 ………………… 49
 第一节　用好三个资源，发力精准帮扶 ………………………… 51
 第二节　依托专业特色，实现有效帮扶 ………………………… 56
 第三节　发挥农技优势，助力产业扶贫 ………………………… 63
 第四节　施展学科本领，服务定点扶贫 ………………………… 72

第四章　专家教授助力团：矢志不渝　志在富民 …………………… 77
 第一节　渭北高原的那些人 ……………………………………… 77
 第二节　难以停下的脚步 ………………………………………… 85

第三节　樱桃好吃树好栽 ……………………………………… 94
　　第四节　小樱桃带动大扶贫 …………………………………… 97

第五章　第一书记：扎根基层　深入群众 ………………………… 106
　　第一节　群众眼中的第一书记 ………………………………… 106
　　第二节　走群众路线扶真贫 …………………………………… 112
　　第三节　把乡村振兴战略落到实处 …………………………… 118
　　第四节　立规矩推动基层民主 ………………………………… 125
　　第五节　打造永不走的工作队 ………………………………… 131
　　第六节　新书记的乡村振兴梦 ………………………………… 138

第六章　研究生助力团：新时代的知识青年 ……………………… 142
　　第一节　三农人才培养的"西农模式" ………………………… 142
　　第二节　我们科技镇长团 ……………………………………… 156
　　第三节　在实践中褪去浮华 …………………………………… 161
　　第四节　挂职锻炼让我脱胎换骨 ……………………………… 169
　　第五节　念念不忘　必有回响 ………………………………… 177
　　第六节　合阳，我们生命中的"梁家河" …………………… 191

第七章　"三团一队"显成效：合阳人民脱贫奔小康 …………… 192
　　第一节　"三团一队"助力合阳人民脱贫 …………………… 192
　　第二节　红樱桃助力方寨社区产业扶贫 ……………………… 193
　　第三节　"黑珍珠"助力南沟村产业扶贫 …………………… 200
　　第四节　乡村精英助力沟北村产业扶贫 ……………………… 205
　　第五节　返乡精英助力西休村产业扶贫 ……………………… 212
　　第六节　创意葫芦助力合作社扶贫 …………………………… 218

展望　服务乡村振兴：新时代西农大的新使命 …………………… 222

附　录 225
　"你怎么忍得住不流泪？" 225
　事无大小，必有所成 228
　象牙塔下，扶贫路上 231
　俯下身子扶真贫，沉下心来真扶贫 235
　陪伴我在合阳成长的"四维力" 240
　济困正能量，携手奔小康 245
　挂职160天想说的12句话 247

后　记 251

第一章　农技推广助力乡村脱贫的实践历史与时代担当

第一节　"一麦相承"为苍生

西北农林科技大学建立于 1934 年。建校之初，学校就"未建系组，先办场站；未开课程，先抓科研"，设立了农村事务处，后改称为农业推广处，大力开展农业科技推广与农民技术培训工作。建校以来，西北农林科技大学始终秉承"经国本、解民生、尚科学"的办学理念，以服务干旱半干旱地区"三农"发展为己任，积极推进科教体制和农业科技推广体制创新，逐渐探索出一条产学研紧密结合的特色办学道路。

在过去的 86 年里，学校积极承担国家赋予的减贫使命，谋民生之利，解民生之忧，为农民能够吃饱饭、吃好饭贡献了"西农智慧"和"西农力量"。这从西北农林科技大学一"麦"相承、生生不息的育种事业发展中就可以得到很好的证明。

赵洪璋是西北农林科技大学第一代小麦育种专家，是我国小麦杂交育种技术理论体系的奠基者和开拓者，堪称我国小麦杂交育种的"一代宗师"。他的研究成果对我国小麦育种事业的发展产生了深远影响，对我国粮食产量的提高发挥了巨大的推动作用。

赵洪璋出生于 1918 年，是河南淇县人。1936 年，他考入国立西北农林专科学校。1940 年，他完成大学学业被分配到陕西大荔农事试验站工作。1942 年，国立西北农林专科学校农艺系兼农场主任沈学年教授将赵洪璋调回学校任教。1955 年，37 岁的赵洪璋以副教授的身份当选中国科学院第一批学部委员（院士）。同时，他还是第一个获得"全国劳动模范"的知识分子,被同辈人称为"赵劳模"。

赵洪璋院士带领团队先后主持选育并推广了"碧蚂1号"、"丰产3号"、"矮丰3号"和"西农881"四批具有划时代意义的优良小麦品种,不断提高了我国小麦的生产水平,创造了小麦育种的多个"第一":"碧蚂1号"创造了我国小麦品种年种植面积的第一;"丰产3号"开创了在我国黄淮冬麦区启用西北欧极晚熟小麦种质资源作为杂交亲本的第一;"矮丰3号"创造了我国小麦大面积推广矮秆小麦的第一;"西农881"开创了小麦"抗赤霉病"育种的第一。他培育的小麦品种在我国黄淮小麦主产区得到大面积推广,累计种植面积达到9.5亿亩,增产小麦约256亿斤。其中,"碧蚂1号"是我国早期育种中通过中外品种间杂交创造小麦新品种最成功的范例,仅1959年的推广种植面积就有9000余万亩,创下迄今为止我国一个品种年种植面积的最高纪录。

在赵洪璋院士培育、推广的小麦品种中,"碧蚂1号"的意义最为重大。"碧蚂1号"培育于新中国成立初期,大面积推广于三年困难时期,将小麦的亩产从一两百斤提高到三四百斤,为老百姓度过饥荒时期,从根本上巩固国家政权做出了重大贡献,被毛主席赞誉为"一个品种挽救了大半个新中国"[①]。

赵洪璋院士扎根杨凌,他认为杨凌三道塬的地貌和气候是小麦得天独厚的育种条件,培养出的小麦能够适应全国大部分的地区,品质佳,容易得到广大农民的认可。他终生热爱小麦育种事业,将小麦育种视作生命,从"碧蚂1号"到"西农881",他的一生从没有离开过小麦育种事业,他常说:"人的生命只有一次,小麦就是我的命。离开了小麦,我的命也就快了。"他毕生创造的小麦育种理论和推广实践成果为让农民吃饱饭、保障国家粮食安全做出了历史性贡献。

不仅如此,赵洪璋院士还培养出一大批农业科技领军人才,包括世界上首次发现小麦特异材料"小麦返白系"的西安市农业研究所原所长李丕皋;农业部原副部长、民建中央原副主席路明;三秦楷模王辉;加拿大农业部研发中心研究员严威凯;国家科学技术进步奖一等奖获得者、"全国杰

---

① 李兴旺:《写好奋进之笔 须弘扬科学家精神》,《中国科学报》2019年7月31日,第4版。

出专业技术人才"、河南省农科院小麦研究所所长许为钢研究员等。①

李振声评价赵洪璋院士时说,"赵洪璋院士学习起步为农民,工作落脚为农民;他的一生是为人民服务的一生,是光辉的一生"。在赵洪璋院士逝世时,"为他送行的那一天,来了几千人,许多都是自发赶来的农民,数不清的挽幛落款是'人民'"。②

李振声也是中国小麦育种领域的重要代表人物。他出生于 1931 年,是山东淄博人。1951 年毕业于山东农学院（现山东农业大学）农学系。1956 年,李振声积极响应国家支援大西北建设的号召,从中国科学院遗传选种实验馆到中国科学院西北植物研究所（杨凌）（1999 年并入西北农林科技大学）一直工作了 31 年。

初到杨凌工作,他就遇到了小麦条锈病的大爆发。小麦条锈病又被称为"小麦癌症",具有发生区域广、流行频率高和危害程度重等典型特征,容易造成小麦产量的大幅下降,严重的还会造成绝收。经过不懈的努力,他和他的团队克服小麦远缘杂交不亲和等困难,将偃麦草的抗病和抗逆基因转移到小麦当中,育成小偃麦 8 倍体、异附加系、异代换系和异位系等杂种新类型;将偃麦草的耐旱、耐干热风、抗多种小麦病害的优良基因转移到小麦中,育成了小偃麦新品种四、五、六号。其中,"小偃六号"到 1988 年累计推广面积达 5400 万亩,增产小麦 32 亿斤。当时,在黄淮流域冬麦产区,农村流传着一句民谣:"要吃粮,种小偃。"

他还建立了小麦染色体工程育种新体系,利用偃麦草蓝色胚乳基因作为遗传标记性状,首次创制蓝粒单体小麦系统,解决了单体小麦利用过程中长期存在的"单价染色体漂移"和"染色体数目鉴定工作量过大"两个难题,育成自花结实的缺体小麦,并利用其缺体小麦开创了快速选育小麦异代换系的新方法——缺体回交法,为小麦染色体工程育种奠定了基础。

李振声因为在小麦育种领域的突出成就,被赞誉为"当代后稷"和"中国小麦远缘杂交之父",是中国小麦远缘杂交育种的奠基人。他于 1990 年入选第三世界科学院院士,1991 年入选中国科学院院士,2006 年获得国

---

① 关于赵洪璋院士的主要材料来源于《纪念赵洪璋院士诞辰 100 周年座谈会讲话汇编》。
② 《〈麦济苍生〉全网首发!隆重纪念赵洪璋院士诞辰 100 周年!》,西北农林科技大学新媒体中心, http://baijiahao.baidu.com/s? id = 1602085507022188156。

家最高科学技术奖。

李振声在纪念赵洪璋院士诞辰100周年时说："赵洪璋院士是我们的良师益友。"他还介绍说，在他选育"小偃"系列品种时，曾经借鉴赵洪璋的育种方法，从组合中选出了"小偃六号"和"小偃五号"两个品种，后来发现"小偃五号"抗病性没有"小偃六号"好，于是果断停止了对"小偃五号"的推广，而"小偃六号"后来成为我国小麦育种的重要骨干亲本，是我国北方麦区的两个主要优质源之一。①

王辉教授出生于1943年，陕西杨凌人，大学毕业于西北农学院（现西北农林科技大学）农学系。1973年，王辉毕业留校被分配到赵洪璋院士门下做研究助手。1977年，王辉开始主持西北农学院的小麦育种工作。经过持续的努力，他先后主持育成"西农84G6""西农1376""西农2611""西农2208""西农979"等小麦品种11个，累计推广面积达1.53亿亩，累计增收小麦40多亿公斤，新增产值90亿元左右。

"西农979"是王辉教授历时18年选育而成的，具有抗冻害、抗倒伏、抗病害、早熟性、高稳产、高商品率等优异特性，十分适宜在我国最大的小麦主产区黄淮麦区种植。"西农979"主要针对小麦生产中优质强筋品种短缺和赤霉病日益严峻两大突出问题，以特色种质为基础，高产优质抗病为目标，运用渐进聚合的育种手段，将多个亲本的优良性状聚为一体，成功选育而成。在河南省大力推广种植的"西农979"获得广大农民的一致好评，大家都说这个品种的小麦不倒秆、产量高，磨出的面又筋道又白，好吃。

2012年，"西农979"在河南驻马店创造了百万亩单产超千斤的纪录，被农业部（现农业农村部）推荐为国家优质小麦主推品种，成为陕西关中和黄淮麦区的主栽品种，年推广面积稳定在1500万亩，实际种植面积累计超过1亿亩。②

"没有万古长青的良种，育种家没有终止的工作。"王辉认为"育种家

---

① 《李振声：赵洪璋院士是我们的良师益友》，西北农林科技大学新闻网，http://news.nwsuaf.edu.cn/xnxw/82261.htm。

② 关于王辉教授的资料可参见陈晨、余晓洁《育种者的生命密码——记西北农林科技大学小麦专家王辉》，新华社，2016年1月7日；韩秉志、雷婷《西北农林科技大学教授王辉扎根黄土地 潜心育良种》，中国经济网，2016年1月8日。

的希望总在下一个良种",他继"西农979"后又成功选育出增产潜力巨大的"西农165"和"西农822"。而他退休后才通过国审的小麦品种"西农585"更被其寄予厚望:"这是强筋小麦,抗病性和抗倒伏性更佳,未来一定能够取代'西农979'。"

凭借在育种领域的突出成就,王辉和他的团队先后获得陕西省科学技术进步奖一等奖、二等奖;2012年,王辉被授予陕西省科学技术最高成就奖。2015年,王辉入选"陕西好人榜"和"中国好人榜"。2019年,王辉教授主持的"优质早熟抗寒抗赤霉病小麦新品种西农979的选育与应用"项目荣获国家科学技术进步奖二等奖。

赵洪璋、李振声和王辉是西北农林科技大学育种领域的杰出代表,在他们身边还有很多小麦育种和推广事业的践行者,比如后文会提到的扎根渭北平原的李立科教授。而从赵洪璋到李振声、王辉,再到年轻一辈的育种人,西北农林科技大学的育种事业不断在传承中发展。育种,解决的不仅是品种和产量问题,还有品质和质量问题。新中国成立以来,很长时间里的扶贫工作主要是为了解决广大农民的温饱问题,农业的发展和农产品的增收是实现广大农民脱贫的第一推动力。以小麦优良品种选育和推广为毕生事业的科教人员只是西北农林科技大学践行"经国本,解民生"使命的一个缩影,为扶贫贡献西农智慧和力量的历史征程没有结束,也不会结束。随着人民生活水平的不断提高,农产品品质和质量的重要性愈加凸显。在全国整体层面基本消除绝对贫困的背景下,西北农林科技大学将要肩负更大的使命,要为"农业强、农村美、农民富"继续提供智力与技术支持,要为实现乡村振兴、为农业产业兴旺而持续奋斗,未来西北农林科技大学的减贫工作仍任重而道远。

第二节 "西农模式"助力科技扶贫

小麦育种与推广领域的成就,只是西北农林科技大学依托农业科研与推广工作助力脱贫攻坚的一个切面。经过80余年的艰辛探索,西北农林科技大学创建的以大学为依托的农业科技推广模式逐渐成熟,成为高校服务"三农"发展的亮点,得到中央领导、相关部委和全国各高校的普遍认可,被赞誉为"西农模式"。

1999年,经国务院批准,原西北农业大学、西北林学院、中国科学院水利部水土保持研究所、水利部西北水利科学研究所、陕西省农业科学院、陕西省林业科学院、陕西省中国科学院西北植物研究所7所科教单位合并组建成立西北农林科技大学。国家组建西北农林科技大学的目标是开展农业科教体制改革试点,为干旱半干旱地区现代农业发展提供人才与科技支撑。20多年来,不断在继承中完善发展起来的"西农模式"在助力科技扶贫,帮助农民增收,促进农业发展方面取得了显著成效。

西北农林科技大学(简称"西农大")合校成立之初,就专门设立科技推广处,并由一名校领导分管,负责组织全校科教人员深入农业生产一线开展科技推广服务工作。由此,学校也成为当前全国农林高校中唯一设立科技推广处的高等院校。2000年到2004年,学校组织110多名科教人员实施"科技包村"工程,帮助杨凌农业高新技术产业示范区在很短的时间里就形成了设施瓜菜、经济林果、苗木花卉、小麦良种和畜禽养殖等一批优势特色产业。学校与宝鸡市政府开展深度合作,由宝鸡市政府聘请西农大28位专家,在12个县区农业产业一线建立了32个农业科技"专家大院",按照"聘一个专家、办一所学校、建一个园区、带一个产业、兴一方经济"的思路,在粮、果、畜、菜、林、农产品加工等14个产业领域发力,通过技术引进、研发与推广、培养地方农技人才等途径,为地方农业发展注入新活力,推动了当地现代农业的快速发展。对此,时任国务院副总理温家宝同志曾在2011年视察时给予高度评价。2003年,科技部在宝鸡组织召开了全国星火科技工作大会,向全国推广"专家大院"模式。

2004年9月,西北农林科技大学召开合校后的第一次党员代表大会,会议提出要将产学研紧密结合的办学道路作为立校之本,在任何时候都不能丢掉这个优势和特色。随后,学校先后启动科技推广岗位设置、科技推广系列职称评审、推广人才支持计划、试验示范站(基地)建设、校地科技合作模式探索等一系列开创性工作,为农技推广扶贫促发展创造条件。

2005年6月,学校专门召开"产学研紧密结合讨论会"。时任校长孙武学明确要求"要在取得既有经验的基础上,更加充分地发挥学校人才、科技和智力优势,重点推进以大学为依托的农业科技推广新模式建设,争取在社会服务体系建设上先走一步，实现我们推进产学研紧密结合的探索目标"。同年下半年，学校在系统总结建校以来办学经验、宝鸡"专家大院"模式以及刚启动不久的白水苹果试验示范站建设思路的基础上，提出建立"政府推动下，以大学为依托、以基层农技力量为骨干的农业科技推广新模式"的方案。随后，学校积极向教育部、财政部汇报，争取到财政部每年2000万元的专项资金支持。

2010年1月，学校召开第二次党员代表大会，提出了创建"以产学研紧密结合为特色，世界一流农业大学"的奋斗目标，要求围绕区域农业主导产业，加快试验示范站、示范推广基地、专家大院、农业科技成果转化型企业等科技推广平台建设。通过5~10年的努力，在杨凌建立3~5个高水平的现代农业科技示范园区；在陕西省内重点建成15个左右产业特色鲜明、功能设施完备、示范引领作用突出的试验示范站；在西北以及西部干旱半干旱地区，重点建设10个左右在区域现代农业发展和生态环境建设中有重要影响的试验示范站（基地）。进而，逐步形成以杨凌为中心，立足陕西、覆盖西北、辐射全国的农业科技示范推广体系。

2012年，学校召开全校科技推广工作会议，出台《关于进一步加强农业科技推广工作，深入推进产学研紧密结合的意见》。根据该意见精神，学校在第三轮岗位聘任中增设"科研推广型"教师岗位类别，并为之专门设立"三级教授"岗位，在科研推广型教师职称评审中专门增加了现场考核考评环节，制定了学校《试验示范站建设规划（2014—2020）》《试验示范站建设标准》《试验示范站绩效考核办法》等相关管理制度，启动实施了"试验示范站（基地）科技创新与成果转化基金项目""科技推广团队支持计划""科技推广工作先进集体与先进工作者评选表彰奖励"等一系列配套激励措施，推动农业科技推广工作持续发展。同年，教育部和科技部启动"高等院校新农村发展研究院"建设计划，将西农大确定为首批十家新农村发展研究院成立单位之一。

2015年，学校组织编制《社会服务工作"十三五"规划》，明确了"十三五"社会服务工作的总体目标任务：到2020年，构建公益性与经营性相结合的服务机制，形成以公益性为主，科技创新、技术推广、干部培训、科学普及、创新创业教育等多元发展的社会服务体系，西农推广成为全国知名品牌，产学研紧密结合的办学特色进一步彰显，将11个核心试验示范站建设成为区域产业技术创新中心、技术辐射中心、创新创业教育基地、国际合作交流平台，全面实现科学研究、技术推广、人才培养、国际合作交流"四位一体"的建设目标，社会服务到位经费争取达到2亿元，学校科技成果在西北地区农业主导产业的技术覆盖率在60%以上，支撑引领3~5个产业居国内领先。

2016年，学校召开第三次党员代表大会，会上李兴旺书记明确指出：要持续推进科技推广模式创新，打造升级版社会服务体系，要坚持"顶天立地"的方针，深化大学农业科技推广模式内涵探索，打通基础研究、应用研发、成果转移和产业化通道，不断拓展社会服务的深度、广度、精度和效益，为贯彻落实这次党代会的精神，学校启动新一轮科技推广管理体制机制改革创新工作，先后制订"科技推广管理体制机制改革方案""升级版大学推广模式建设实施方案""'双一流'建设社会服务工作方案""科技成果转移转化管理办法"等改革与建设工作方案，为新时期学校科技推广工作转型升级打下了基础。

经过坚持不懈的努力，学校在国家相关部委和地方各级政府的支持配合下，在全国18个省160多个区县建立了27个试验示范站、46个示范基地和100多个新品种示范园。学校会集了150余人的专职科技推广队伍，还有200余人的多学科参与兼职科技推广队伍，并依托试验示范站（基地）等平台和相关科技项目，吸纳地方1000余名科技骨干参与，形成了一支多学科参与、专兼职结合、校地合作共赢的高水平科技推广工作团队。每年有1300多名校地专家深入学校建立的科技推广服务平台开展科技创新与示范推广工作，年均引进和示范推广新品种、新技术1500余项，面积超过5000万亩，年均新增社会经济效益超过200亿元。特别是试验示范站（基地）的建设，推动了农业科技研发成果的推广应用，对区域农业产业发展和农民增收提供了科技支撑。白水苹果试验示范站建立13年来，推动白水县苹果栽培面积从42万亩增加到55万亩，产值从5.25亿元增加到36亿元；山阳核桃试验示范站建立11年来，引领推动商洛核桃栽种面积翻了一番、产量翻了两番、人均核桃收入翻了三番；眉县猕猴桃试验示范站建立12年来，推动眉县猕猴桃栽培面积从8.3万亩发展到30万亩，产值从4亿元增加到 30 亿元。

学校不断推动以大学为依托的农技推广模式创新发展，很多试验示范站都在总结提炼科技推广的经验，白水苹果试验示范站建立了"1+4+4+n"的农技合作推广模式，眉县猕猴桃试验站建立了"1+2+2+n"的农技合作推广模式。这些推广模式将科教专家与基层农技力量融为一体，促进实用农业技术进村入户，在现代农业科技与农民耕作传统之间构建起一套有机衔接机制，扭转了农技"无人推广、无心推广、无力推广"的局面，提高了农技成果的到户率、到田率和到位率，使科技真正成为农民脱贫致富的好帮手。以眉县为例，全县98%的行政村都在发展猕猴桃种植产业，农民户均栽种猕猴桃4.5亩，人均1.16亩，从业人员达到12万人，人均猕猴桃收入超万元，猕猴桃成为农民脱贫致富的"金蛋蛋"。无论是在白水、眉县、山阳还是在其他有试验示范站的地方，只要农民愿意学科技、用科技，都能很快地实现脱贫致富的梦想，而不断完善、创新发展的"西农模式"已经成为助力科技扶贫的示范和样板。正如李克强总理在2017年视察杨凌示范区时所提出的"让农业插上科技的翅膀，飞向全国，走向世界"那样，西农人正在用自己的实际行动践行科技兴农和科技富农的伟大使命，用现代农业科技实现新的农业革命，用现代农业发展助力全面小康社会建设。

第三节　精准扶贫中的高校担当

为贯彻落实《中国农村扶贫开发纲要（2011—2020年）》和中央扶贫开发工作会议的精神，国务院扶贫办等八部门于2012年11月8日联合下发了《关于做好新一轮中央、国家机关和有关单位定点扶贫工作的通知》（国开办发〔2012〕78号）（以下简称《通知》），《通知》强调指出：定点扶贫是中国特色扶贫开发事业的重要组成部分，是党中央、国务院为加快扶贫攻坚进程、构建社会主义和谐社会做出的一项重大战略决策。同时，为中央、国家机关各部门和各有关单位确定了新一轮定点扶贫结对关系，第一次实现了定点扶贫工作对国家扶贫开发工作重点县的全覆盖。按照《通知》要求，西北农林科技大学定点帮扶的国家扶贫开发工作重点县是陕西省渭南市合阳县。

2013年1月29日，教育部办公厅下发《教育部关于做好直属高校定点扶贫工作的意见》（以下简称《意见》），要求"各直属高校务必高度重视，将承担定点扶贫任务作为重大政治责任和社会责任，按照八部门通知要求，把定点扶贫工作列入重要议事日程，在新一轮定点扶贫工作中取得佳绩"。同时，《意见》指出，直属高校参与定点扶贫要立足自身优势，结合定点帮扶县实际，有针对性地为帮扶县的经济社会发展服务，发挥出高校扶贫的最大功效，重点在教育扶贫、人才扶贫、智力扶贫、科技扶贫、信息扶贫和专业扶贫六个方面开展工作，特别指出农林类院校要通过加强对农林业的指导、帮助发展特色产业等方式为当地服务，而合阳县也被教育部明确为西北农林科技大学的定点帮扶县。

2013年11月，习近平总书记在湘西考察时提出"扶贫要实事求是，因地制宜。要精准扶贫，切忌喊口号，也不要定好高骛远的目标"。[①] 由此，国家开始大力实施精准扶贫方略。《中华人民共和国国民经济和社会发展第十三个五年规划纲要》指出，到2020年，中国现行标准下农村贫困人口实现脱贫，贫困县全部摘帽，解决区域性整体贫困。2015年11月29日，《中共中央 国务院关于打赢脱贫攻坚战的决定》发布，要求中央和国家机关各部门按照部门职责落实扶贫开发责任，实现部门专项规划与脱贫攻坚规划有效衔接，充分运用行业资源做好扶贫开发工作。2016年11月23日，国务院印发的《"十三五"脱贫攻坚规划》在"定点帮扶"中指出，要结合当地脱贫攻坚规划，制订各单位定点帮扶工作年度计划，以帮扶对象稳定脱贫为目标，实行帮扶举措，提升帮扶成效。各单位选派优秀中青年干部到定点扶贫县挂职，担任贫困村第一书记。当年12月16日，教育部等六部门联合印发《教育脱贫攻坚"十三五"规划》，强调坚持"政府主导，合力攻坚"的基本原则，要求落实地方政府主体责任，充分发挥教育系统人才优势，广泛动员社会力量参与，激发贫困地区内生动力，构建多方参与、协同推进的教育脱贫大格局。

---

① 《新中国峥嵘岁月 习近平总书记提出"精准扶贫"》，新华网，http://www.xinhuanet.com/2019-11/28/c_1125286329.htm。

在国务院扶贫办尚未将合阳县列为西北农林科技大学定点帮扶单位之前，学校就曾于20世纪80年代选派李立科等专家教授到渭北平原的合阳等地开展科技扶贫工作，而白水县苹果试验示范站的专家也曾到合阳开展科技培训活动，双方早就建立起良好的扶贫合作关系，西北农林科技大学专家教授的参与为当地的产业发展和转型升级做出了重要贡献。

定点扶贫任务下达后，学校积极承担时代赋予高校的扶贫责任，高度重视定点帮扶工作：2013年即在合阳县建立了葡萄试验示范站；后又依托科技推广处成立扶贫工作办公室，由王亚平任主任，王增信任副主任；选派崔永健到合阳县挂职副县长，协助分管脱贫攻坚工作；选派陈怀祥到合阳县挂职团县委副书记；选派韩锁昌到合阳县坊镇乾落村任第一书记。2013年以来，学校始终把合阳定点扶贫列为全校年度重点工作之一，明确党委书记李兴旺、校长吴普特同志为定点扶贫工作第一责任人。为切实推进定点帮扶工作取得新进展，助力合阳县顺利完成脱贫摘帽工作，在脱贫攻坚的关键期，学校组建实施了"三团一队"，将定点扶贫工作由点上做亮发展到面上做强，做到全区域、全方位、全产业、全覆盖。"三团一队"中"三团"即书记帮镇助力团、专家教授助力团和科技镇长助力团，而"一队"则指的是为合阳县培育一支优秀人才先锋队，使定点帮扶落地生根，全面深化服务。①

书记帮镇助力团，是学校根据各学院（系、所）学科专业优势，由水土保持研究所、农学院、植物保护学院、人文社会发展学院、资源环境学院、经济管理学院、园艺学院、动物科技学院、动物医学院、化学与药学院、林学院、风景园林艺术学院、食品科学与工程学院、葡萄酒学院、生命科学学院、成人教育学院、水利与建筑工程学院、机械与电子工程学院、信息工程学院19个学院（所）的党委书记组成的，团队由校党委组织部任组织管理单位。每位书记挂帅，一个学院牵头，组建一个专家团队，对接一个乡镇，干好一件事情，带动一批贫困人口精准脱贫，使合阳县脱贫攻坚和乡村振兴实现全覆盖。

---

① 侯沛：《"三团一队"助力合阳脱贫攻坚和乡村振兴》，西北农林科技大学校园网，2018年3月26日。

在前期校地科技扶贫合作的基础上,学校选派115名专家教授,组成专家教授助力团,对接12个镇(街)、相关行政部门和农业园区,立足合阳县产业资源优势,协助做好农业产业项目提质增效。校县合作共建了10个产学研一体化示范基地,学校每年列支50万元专项经费予以支持。校县联合创办了科技推广工作站、产业服务平台、学生实习基地等科技兴农创新平台。

学校先后选派两批28名综合素质好、专业水平高、组织协调能力强的全日制在校优秀硕博士研究生,组建科技镇长助力团,挂职担任合阳县12个镇(街道)副镇长和涉农部门副职领导,为脱贫攻坚和乡村振兴注入新鲜血液,为培养一支懂农业、爱农村、爱农民的"一懂两爱"型基层高素质干部队伍奠定基础,为脱贫攻坚和乡村振兴提供人才支撑。2018年3月12日,第一批优秀硕博士研究生到合阳县正式上岗;9月20日,第二批科技镇长助力团开始工作。

图1-1 李兴旺书记(右)与合阳县委书记李县平共同为研究生助力团工作站揭牌

同时,由合阳县人才工作协调领导小组成员单位结合行业特点,各选派10名政治素质好、业务能力强、热心服务基层的行业精英,与学校农民发展学院合阳县分校合作,全面提升当地干部业务素质和能力水平,争取将他们培养成为"一懂两爱"型本土"三农"人才。截至2018年12月底,合阳县已组建优秀人才先锋服务队10余支、队员120余人,开展活动20余次,受益群众超过千人。

仅在2018年，学校已投入482.84万元帮扶资金，引进330万元帮扶资金；实施37项科技项目，先后有998人次（其中，校长、书记3人次，副校长、副书记10人次）专程赴合阳县开展定点扶贫工作；培训基层干部246名，培训贫困人口和专业技术人员7800余人次；引进大樱桃、红薯、葡萄、苹果、猪、羊等动植物新品种90余个；购买地方农产品600余万元，帮助销售贫困地区农产品3000余万元；直接带动发展的定点扶贫县建档立卡贫困户1688户，带动贫困人口8000余人；合阳县的贫困发生率由2017年的13.2%下降到2018年的1.41%。

在产业帮扶方面，学校和合阳县政府联合在坊镇建立了红提葡萄①示范园，在黑池镇建立了红薯示范园和标准化养殖示范基地，在洽川镇建立了九眼莲示范基地，在金峪镇建立了大樱桃示范基地，在甘井镇建立了矮砧苹果示范基地，在和家庄镇建立了中药材示范基地，共建立了8000多亩的示范园，吸纳贫困户1688户。同时，依托西农大合阳葡萄试验示范站，按照"1+10+10+n"的科技扶贫模式，校地两方建立了1个产业扶贫示范基地，组建了10支科技产业帮扶团队，实施了10个现代农业园区提升工程，开展了n项具体帮扶措施，构建了"政府+大学+产业园（合作社）+贫困户"的产业帮扶模式。

图1-2 吴普特校长（右）与合阳县长邓宽社共同为"产学研一体化示范基地"揭牌

① 红提葡萄一般是指红提，当地及农技员也称之为红提葡萄。

在教育帮扶方面，学校组织开展各类培训活动60余场次；农民发展学院在校内为合阳县举办了村党支部书记和村委会主任专题培训班、涉农职业教育系统骨干教师管理干部培训班；校团委派出第十九届、第二十届研究生支教团和35支大学生暑期社会实践服务队到当地开展支教活动；学校为合阳籍在校大学生建档立卡实现资助全覆盖；县、校团委联合组织坊镇中心小学、新池小学、新池中心小学部分贫困学生走进校园开展研学旅行活动；人文社会发展学院开展了"大手牵小手"教育三扶活动；葡萄酒学院开展了"农业科技一日营"活动等。

在智力帮扶方面，水利与建筑工程学院提出用沟壑地形解决沉沙和排沙问题的设计思路，为合阳县渭北高效节水灌溉工程项目的实施及后期运行节约成本数百万元；资源环境学院在同家庄镇为养牛企业提供牛粪无害化和肥料化技术实施方案，为农村生活垃圾的卫生填埋处理选择地点，为农村污水处理提供解决方案，为合阳县特色种植业采取测土、定制配方施肥；葡萄酒学院以智力和资金投入近50万元，完成合阳县"红提产业田园综合体"规划设计方案；风景园林艺术学院联合园艺学院、经济管理学院等多个单位，为王村镇200亩桃园进行规划设计；动物医学院在黑池镇吴仁社区引进陕西正能集团，引进2000头种猪和100吨饲料，帮助111个贫困户户均增收1500元；经济管理学院以首届农产品模拟营销大赛为契机，开展合阳县农产品系列推送活动，助力当地罗非鱼、九眼莲等特色农产品打开销售市场……

在文化帮扶方面，学校积极挖掘合阳县地域非遗文化资源，用现代理念对民间文化、民间艺术和传统技艺进行凝练升华，借用新媒体予以推广，帮助打造合阳文化品牌；捐资30万元，帮助合义村建成文化广场；协助洽川镇顺利拍摄"绿色观摩"宣传片；帮助洽川镇完成王村、天柱山环线景点绿化亮化的规划设计工作；组织校艺术团到合阳开展文化惠民演出，丰富群众文化生活；开展普法宣传，增强农民法律意识。

在志愿帮扶方面，校机关党委26个部门12个帮扶组结合各部门的职能特点，充分发挥学校科技优势，为帮扶贫困户鼓信心、献良策，投入帮扶资金7万多元；科技镇长助力团成员开展了关爱特殊儿童教育、保护环境捡垃圾、高考志愿者服务等活动；经济管理学院为洽川镇政府送去营销农产品的"金点子",为当地特色农产品进市场出谋划策;科技镇长助力团联合学校扶贫办、校团委、风景园林艺术学院和合阳县团委举办葫芦创意设计大赛,助力特色农村手工艺品发展。①

除此之外,学校还在人才帮扶、扶贫扶志和消费帮扶等方面都做了诸多工作,全面开创了整县域推进定点扶贫工作的新局面。整体来看,西北农林科技大学继承了建校以来"情系三农,服务民生"的扶贫传统,积极承担时代赋予的扶贫责任,通过强化组织领导,整合校内资源,实施全员参与,以科技扶贫和产业扶贫为主要抓手,全方面推动了合阳县的脱贫攻坚工作。2019年5月,合阳县退出贫困县序列,"三团一队"智力扶贫模式被国务院扶贫办认定为"好经验好典型"。7月,学校作为教育部指定唯一一所高校代表出席联合国教科文组织在成都举办的国际论坛"教育扶贫政策与最佳实践",交流定点扶贫工作经验。9月,在新中国成立70周年及第六个国家扶贫日即将到来之际,由学校报送的"'三团一队'精准发力助推合阳脱贫摘帽"项目,成功入选教育部第四届直属高校精准扶贫精准脱贫十大典型项目,标志着西北农林科技大学助力脱贫攻坚工作获得高度认可,"三团一队"成为高校助力脱贫攻坚战的典型模式。

---

① 本部分内容的材料主要来源于《西北农林科技大学2018年定点扶贫工作自评报告》和《2018年西北农林科技大学扶贫工作总结》。

第二章 为农业插上翅膀：科技助力产业扶贫

第一节 西农大助力合阳产业扶贫

农业科技在产业扶贫中占据重要地位，西北农林科技大学（简称"西农大"）通过试验站、产学研基地和"三团一队"与合阳县的农业产业园区、村级组织、合作社等主体对接，在品种培育、栽植技术、植保、病虫害防治、农产品深加工等方面予以专业的技术指导，并以试验站和园区为中心点向周边散户扩散技术，依托村级组织开展农技服务、形成规模产业，为渭北高原农业插上了科技翅膀，有效推动了合阳县的精准扶贫工作。

一 合阳县域的产业扶贫

依靠农业产业化进行的产业脱贫政策被誉为涉及范围最广、覆盖人口最多、扶贫任务最重、脱贫效果最可持续的精准扶贫模式。合阳县全县共有贫困户2.1万户，产业扶贫覆盖1.5万户，高达71%；2017年，全县扶贫资金共计3.16亿元，用于产业扶贫的资金有1.14亿元，足见产业扶贫所占的分量。在西北农林科技大学的定点帮扶下，该县形成了"一加三带五帮"的扶贫模式和运作机制，致力于实现"村村有园区、户户有产业、人均一亩致富田"产业扶贫全覆盖的目标。

"一加"即"党支部+"，树立党支部引领脱贫的鲜明导向，充分发挥村级党组织的战斗堡垒作用，对接产业扶贫政策、落实产业脱贫规划，引领群众增收和特色产业发展。西北农林科技大学的专家每到一个帮扶村，都主动与村党支部对接，询问需求和困难，制定相应的对策。如新池镇南沟村，学校专家陈越、张宗勤与之对接，为其出谋划策。该村尝试采用"党支部＋合作社＋贫困户"模式，通过党支部引领、党员干部带头、专业合作社承载、贫困户自主参与，取得了非常好的效果。2017年发展红薯500亩，按"三三三一"分红模式进行分红，入股土地按亩分红30%，劳务用工分红30%，资金投入分红30%，村集体提留公积公益金10%，亩均纯收入3500元，总收入175万元，集体收益17.5万元；入股贫困户每亩土地分红加劳务用工收益可达2100元。2018年该村继续扩大种植面积，目前已发展有机红薯500亩、黄花菜200亩，带动43户贫困户发展275亩。

"三带"即村集体经济组织带动、新型农业经营主体带动、现代农业园区带动。在充分征询群众意愿的基础上，依托村集体经济组织、新型农业经营主体及现代农业园区，统一流转土地、统一苗木栽培、统一设施配套，带动缺资金、缺劳力、缺技术、缺市场的"四缺"贫困户，通过务工、入股、托管、承包等形式建园区、建基地，把有条件的贫困户镶嵌在产业链条上，与贫困户建立稳定的利益联结机制。如路井镇新民社区集体股份经济合作社通过农村产权制度改革，统一规划发展了设施红提1500亩，带动79户贫困户发展产业；西北农林科技大学的产学研示范基地——丰阜现代农业园区新发展黄花菜1100亩，计划带动1300户贫困户通过产业脱贫致富。

"五帮"是指帮规划、帮建园、帮嵌入、帮技术、帮资金。西北农林科技大学充分利用自身知识、人才、技术和资金优势，助推"五帮"政策落实。

一是帮规划：指导镇街依托资源禀赋、优化产业布局，因地制宜、因村施策、因户定计，帮助编制贫困村产业扶贫规划。

二是帮建园：支持村集体经济组织、新型农业经营主体及现代农业园区围绕贫困村、贫困户，计划新建产业扶贫园115个（已完工72个，流转土地建园面积达到4.5万亩，栽植各类作物面积达到30734亩，带动贫困户6767户），与贫困户形成帮带联结关系，发挥引领带动作用，张宗勤全程指导了坊镇乾落村红提葡萄园的建设，蔡宇良全程指导了金峪镇现代农业园区的建设。

三是帮嵌入：鼓励支持新型农业经营主体和现代农业园区就近、就地与贫困户建立稳定的利益联结机制，通过订单生产、土地托管、股权合作、吸纳就业等方式,将贫困户嵌入产业链。全县现有60余家新型农业经营主体,带动贫困户6000余户,通过发展高效产业,取得经营性收入、租金收入、工资性收入及入股分红。

四是帮技术:依托西北农林科技大学科技团队和省市县产业扶贫技术服务110指挥平台,精心挑选经验丰富的中高级技术骨干,成立农技、畜牧、果业等技术服务队10支。全年计划培训贫困群众2万人次以上,使每个产业脱贫户至少掌握1门生产技能,实现有效技术需求全覆盖。

五是帮资金:加大涉农资金整合力度,确保整合资金的60%用于产业扶贫。

合阳县围绕贫困村贫困户增收致富,按照规模化、标准化、专业化、产业化的发展理念,以"党支部+贫困户"和"党支部+合作社+产业基地+贫困户"的产业精准扶贫方式,积极推广地膜覆盖等旱作农业技术,开展测土施肥,加强病虫害防治,加快高标准农田建设,落实种粮补贴,大力扩充现有产业提质增效,建设高标准优质苹果、红提葡萄、鲜桃、樱桃等时令特色水果,积极发展新优品种,推广矮砧、无病毒种苗。以贫困户发展饲养家畜、家禽为抓手,培植家庭养殖场,推进家庭生态农业。该县还制定了《2018年产业扶贫项目实施意见》,将重点支持以现代农业园区、新型农业经营主体、贫困村集体经济组织、镇政府为载体带动贫困户新建产业扶贫园,补助标准按照新(扩)建园区带动贫困户产业发展面积,原则上带动一户补助最高不超过1万元;园区财政补助资金原则上不高于主体总投资额度的50%,第一批产业扶贫园项目资金计划已确定26家,计划补助673万元,正按程序拨付。除了园区建设,合阳县还采取产业直补的举措照顾普通贫困户,2017年对1万余户贫困户发展产业3.6万亩,补助资金1800万元。

二 农业产业园区精准扶贫的运作模式

建设现代农业园区是各级地方政府努力的方向,因为它是现代农业科技的风向标,也是农业科技制度、土地制度、经营制度的试验田。农业产业园区建设恰逢精准扶贫政策实施之际,于是贫困户被政策性嵌入园区发展之中。总体上看,园区精准扶贫主要有以下模式:(1)务工模式:园区流转土地，贫困户前来务工获得租金和工资收入；（2）统分结合模式：园区统一规划建设并进行产前和产后的管理、服务，贫困户和普通农户分户经营；（3）入股分红模式：土地、劳动、资金入股，进而按贡献分红，贫困户从投资中获益。下面介绍几个产业园区开展的产业精准扶贫的状况。

（一）丰阜现代农业园区精准扶贫

1. 园区概况

丰阜现代农业园区是西北农林科技大学在合阳县建设的十个产学研相结合的园区之一。园区位于县城高速路口以东2公里处，涉及城关街道办的郭村、百里、顾贤3个社区6个行政村，由合阳县丰阜农业有限公司投资建设，主导产业以现代农业（设施红提、草莓、冬枣、苹果、樱桃）、现代养殖（生猪养殖）、农产品深加工为主。园区规划面积6000亩，由"一区五园"组成，"一区"为农产品展销检测、电子商务、冷藏物流区；"五园"为休闲观光园、设施采摘园、生态养殖园、苗木繁育园、科普体验园。项目总投资1亿元，自筹资金8000万元，银行贷款2000万元。园区基础设施实现"四通一平"，冷库、滴灌等现代装备先进，功能布局合理，品牌竞争力强，是渭南市2016年认定的第五批市级园区。

丰阜现代农业园区以丰阜农业有限公司为项目实施主体，2015年5月注册登记，注册资金2000万元，固定资产1800万元，2015年销售收入860万元。园区与西北农林科技大学、合阳县农科局/果业局相关专家和技术人员建立长期的合作关系，2014年获得500亩有机红提葡萄转换认证，注册了"硕丰圆"产品商标。园区内有硕丰圆果蔬专业合作社、金船果蔬专业合作社和后稷庄园三个农业经营主体，入社农户629户，社员2400人，下设技术培训部、财务部、物资供应部、产业物资仓储部、市场营销部，各项章程、制度健全规范，为园区建设和发展提供了坚实的组织保障。

2. 园区扶贫情况

丰阜现代农业园区通过成立硕丰圆果蔬专业合作社（以下简称"硕丰圆合作社"），带动贫困户113户397人。硕丰圆合作社采用"龙头企业+贫困户+园区"的产业扶贫模式，与113户贫困户签订帮扶协议和务工合同，探索"土地流转有租金，园区务工有薪金，反包管理有酬金，效益分成有奖金"的"四金"产业扶贫模式。

2017年园区实现产值1200万元，带动周边500余名农民发展产业，为28户贫困户支付土地流转费用10.9万元；45户贫困户在园区务工，年增加收入81万元，人均增收1.8万元；合作社将设施冷棚以两户承包3棚的方式反包给贫困户，对每棚年收入在3万元以上的贫困户，合作社按5%的比例为贫困户发放酬金2250元，按1%的比例为贫困户发放奖金300元；合作社作为合阳县富通农民专业合作社联合社成员单位，年终对48户产业精准扶贫户每户分红1391元。合作社对未吸纳的周边贫困户，利用园区的电子商务平台销售农副产品核桃1吨、苹果2吨、葡萄2吨、小米2吨，为贫困户增加收入10万元。此外，合作社对贫困户进行定期的技术培训指导，每月至少一次，聘请专家采取一对一的技术培训指导方式，不断提高贫困户用工人员技术水平。

2018年，园区为配合合阳县移民（脱贫）搬迁万众社区苏陕协作项目，流转土地1000亩发展黄花菜，由政府部门配套建设电子商务中心和黄花菜加工厂，实现户均1亩产业田，农忙季节可提供千余个工作岗位，可带动1300多户贫困户。由于万众社区距离园区的千亩黄花菜地有些距离，移民社区尚未入住，农业园区产业带动贫困户的效果仍有待观察。

3. 园区精准扶贫模式

丰阜现代农业园区的精准扶贫以务工扶贫模式为主，同时也尝试了分红制，具体运作机制如下。（1）土地流转。优先流转贫困户土地，园区以每亩每年500元的土地流转租金为贫困户带来了固定收入。园区和贫困户签约30年，合同规定根据市场行情每5年租金上涨10%左右。（2）园区务工。优先为贫困户提供务工机会，同时对劳动技能较差的贫困户免费培训。在园区务工，一年可出工250天左右，男性劳动力工资为120元/天（若管午饭则为110元/天），女性劳动力工资为80元/天（若管午饭则为70元/天），一天出工9小时左右。稳定的务工农民有50人，其中2/3以上是非贫困户。园区优先考虑贫困户，但贫困户不愿来或无法满足用工需求时，园区只得寻找其他劳动人口。

为进一步调动贫困户积极性，增加贫困户收入，2016年，园区以"反包分红的模式"，将设施冷棚红提葡萄反包给贫困户，一个大棚有2亩地，一年的劳动报酬是3600元，另外按商品率产值的3%给予分红。此外，还采取了合作社代管模式，贫困户可以在其中享有一定分红。园区还尝试了"产业入股、保底分红的模式"，以户为单位每户入股 100 元，每年付给贫困户务工报酬 1500 元、保底分红 500 元。

(二) 富源农业园区精准扶贫

富源农业园区与丰阜现代农业园区不同的是，园区的主体是南沟村村集体组织，而丰阜现代农业园区的主体则是公司。富源农业园区属于西北农林科技大学合阳葡萄试验示范站的试验点之一，试验示范站工作人员在园区的葡萄、红提栽培技术等方面给予多方面支持，西农大派到新池镇的科技副镇长是葡萄酒学院的薛婷婷博士，薛博士与富源农业园区紧密联系，为园区发展提供了技术支撑；同时，园区负责人即南沟村村支书多次参加西农大村干部培训，与西农大专家、葡萄酒试验示范站积极联系，是西农大培育的农村致富带头人和农技推广土专家。

新池镇的南沟村地处县城东南 9 公里处，辖 6 个村民小组，430 户 1598 人，其中精准识别贫困户 155 户 598 人，全村有耕地 4100 亩，属旱作农业区。近年来，南沟村以红提种植为主，目前集中连片、规模化栽植红提 1500 亩（新建园区 400 亩），红薯 500 亩，占全村耕地面积的 50%，辐射带动 112 户贫困户以栽植红薯/红提、土地入股、务工等形式参与产业发展，带动的贫困户占贫困户总数的 72%。

1. 村党支部主导

由党支部牵头组织，先后成立了南沟村农业产业化集团公司、富源红提葡萄专业合作社、惠农农副产品专业合作社等经营主体，其中富源红提葡萄专业合作社是合阳县富通农民专业合作社联合社成员单位，是现代农业产业精准扶贫载体单位，先后荣获"陕西省扶贫示范合作社""市级现代农业示范园区""示范合作社"等称号。由它们具体组织村民实施生产，提供全程服务，为产业发展和产业脱贫提供了强有力的组织保障，实现了全村产业布局统筹安排。

2. 统分结合的园区土地经营模式

南沟村村两委认识到，必须将群众零碎的土地集中起来抱团发展，才能取得效益最大化。村干部通过不厌其烦地做群众工作，采取机动地整合、农户流转、土地互换等形式，最终实现了集中连片经营。2008 年实现连片耕种120亩（涉及27户农户），随后逐步扩展至330亩，申请项目资金进行园区规划、道路水利等基础设施建设。园区2010年开始栽植冷棚葡萄，2013年前后开始挂果，2014年、2015年市场行情奇好，葡萄、红提收益显著，许多农户又向村委会申请反包大棚，村委会将大棚折价6500元一个转包给农户，转出去200余亩，村支书自己承包80亩。为了做好品牌，村委会进行统一供肥、药，统一销售，进行产前、产后服务，产中环节交给农户。

葡萄属于丰产快的水果，从栽种到上市前后仅需18个月，在园区带动下，周边农户及其他地区农民开始大面积种植葡萄，葡萄、红提价格迅速下降，2017年出现葡萄摘来下销售的价格抵不上采摘工人的工资的情况，合阳县多个葡萄园的葡萄烂在藤上。现在全村种植葡萄的农户有104户，40岁以下的仅有4~5户，其余都是50岁以上的。南沟村村支书估计，2017年100户中挣钱的不到10户，保本的最多50%，有40%的人都是亏本。

村支书承包的83亩土地，已经种了10年葡萄，基本没有挣到钱，园区门口那一块50亩的大棚葡萄，8年间则赔了80万元。

> 2013年葡萄刚刚结果时，由于技术不到位，大棚不规范，温度掌握不住，基本没有收成。2014年，葡萄刚刚挂果时，有人告诉我用膨大剂，我打了，结果第二天一看，果子全落了。2015年，葡萄都长籽了，有天我去西安出差，气温升到29℃，管理员忘记开棚通风，葡萄苗子全烧死了。2016年我新栽葡萄，2017年就遇到下大雪，棚倒掉了，重新搭棚。这几年挣的钱刚好够给工人开工钱的。而工人在自己家地里做工极为尽心精细，到园区打工则是凭良心、看心情，以基本合格的为主，但应付了事的也有。（南沟村村支书，20180512）

案例表明，农业生产尤其是现代科技农业生产是一个精细工作，需要全方位的技术支持，如果生产技术、植保技术、管理技术不过关，哪怕再好的品种、果苗和农资供应，都会使努力功亏一篑。统分结合的经营模式，有助于发挥村集体和农民两个主体的积极性和优势：村集体统筹可以向上争取项目资金为园区提供良好的基础，统一购买农资肥料还能在价格上享受优惠；在质量上进行监控，保证品质；最后统一联系客商，及时销售，争取占据市场优势。而农户个体为自己做工，劳动付出与收入直接相关，农田经营必然尽心尽力。

3. 入股分红模式

为响应县政府扶贫号召，2017年园区建立500亩精准扶贫生态红薯示范方，采取股份制模式，由南沟村农业产业化集团公司统一管理经营，纯收益按照"三三三一"分红模式，即入股土地按亩分红30%，劳务用工分红30%，资金投入分红30%，村集体提留公积公益金10%。预计红薯每亩年纯收入在3500元以上，总收入175万元，集体收益17.5万元；各入股农户每亩土地分红1050元，劳务用工收益1050元，仅此一项产业人均收入2100元，入股资金万元收益5250元。

500亩土地涉及80户农户，其中贫困户42户，土地入股即土地租金；劳务入股，即按劳分配，多劳多得，获得工资；资金入股，贫困户和所有农户都没有出钱，所谓的入股不过是村两委从村互助资金合作社贷款90万元作为大家的股金，每亩地投资为6000元。从流转土地到种植红薯再到收获、销售，全程都是公司（实际上是村委会）包揽。2017年红薯收获季节恰逢阴雨天气，请人工拔红薯，人工费很高，一年下来，红薯收益难以抵上前期投资，幸亏有政府项目补助①，才能勉强维持收支平衡。

村支书说："钱都被劳动力给挣走了。"然而，年终贫困户还获得分红收益500元，其实这是县政府给予的产业直补金。2018年，该园区在政府的支持下继续试行"三三三一"经营模式，但已决定不再大包大揽，而是采取统分结合的模式，主要进行产前、产后服务，产中环节交给农户，带动村民致富。

（三）产业扶贫模式比较

由上可知，园区产业扶贫模式主要有务工模式、租地模式、入股分红模式、统分结合模式。各模式的特点和优缺点如下（见表2-1）。

---

① 村委会注册公司"合阳益禾兴隆农业产业化有限公司"，2017年获政府扶贫项目补助22.4万元，该笔资金主要用于园区务工、收益分红、土地流转补助，扶贫效果是2017年112户参与产业贫困户年人均纯收入3000元，实现如期脱贫。

表 2-1 园区产业扶贫模式的特点和优缺点

园区产业扶贫模式	特点	优点	缺点
务工模式	到园区务工获得工资	受众面广	与劳动市场无差别，贫困户参与较少
租地模式	出租土地获得租金	租金略高于市场价	地块不连片，受众面窄
入股分红模式	按照土地、劳动、资本投入分红	作为投资主体进行参与	无良好的渠道和方式，农民无主动投入的积极性，结果与务工和租地模式雷同
统分结合模式	产前、产后集中服务；产中环节交由农户	发挥村集体和农户两个主体的积极性	"委托－代理"中的道德困境

模式一：务工模式和租地模式。园区建设的区位决定了贫困户的土地不可能完全被流转进园区，而贫困户作为劳动力的自由移动和选择性使得贫困户可以到任何一个园区务工。几乎所有园区都采用了模式一带动贫困户，这一模式也是最常见、最易操作的模式。调研发现，真正到园区工作的贫困户并不多，不到园区工作人员的1/3，例如丰阜现代农业园区每天的工作人员大约有80人，其中贫困户不到20人，园区管理人说"贫困户家里有事情，他们也不愿意来这里务工"。这一模式的特点是园区作为资本方，吸纳了土地和劳动力，进行市场化生产；土地出租者可以获得租金，劳动者可以获得工资，受众面广泛。缺点在于，大部分贫困户是老弱病残或家庭主妇，无法长期按时到园区工作，加之园区工资并不具备明显优势，在劳动力市场上仍有优势的人也不会到园区工作10个小时挣100元的工资。丰阜现代农业园区将大棚的劳务承包给贫困户，每个大棚上写上劳务承包户的名称，但实际上贫困户并没有去务工，最终不过是以这个名义将上级补助资金发给贫困户，园区从中也分得将近50%的利益。

模式二：入股分红模式。入股模式是该县探索的一种新模式，旨在提高贫困户的参与度。贫困户的资源无非土地、劳动，因而在入股模式中贫困户通常能够提供部分土地和个体劳动力。富源农业园区初次尝试，结果并不理想，由于劳动无法监督，劳务支出过高，最终的收入难以维持支出，公共基金无从谈起；富源农业园区负责人准备2018年秋季进行分户反包经营，最终走向第三种模式——统分结合模式。

模式三：统分结合模式。统分结合是我国家庭联产承包责任制的基本内涵，然而，自分田到户之后，"分"的元素越来越多，"统"的成分越来越少，在关中农村，水利供给也已私人化。农业规模经营首先要求土地连片耕种，今天已趋于固化的农地权利使得村集体调整土地无比困难。以村集体为主体进行土地连片调整的村庄在新池镇和金峪镇都存在。土地集中连片之后要进行基础设施供给、园区产业规划，当村集体组织将道路、水利等基本设施完善之后，村民就有积极性按照规范化的标准进行耕种。统分结合的模式重在村集体组织进行产前、产后的服务和管理，村民负责产中环节，充分发挥（村集体）统的优势和（农户）分的积极性。

第二节 合阳葡萄试验示范站的科技支持

农业科技在产业扶贫中占据重要地位，西北农林科技大学通过试验示范站、十个产学研一体化基地和"三团一队"，积极与合阳县农业园区、村委会等组织对接，在品种培育、栽植技术、植保、病虫害防治、农产品深加工等方面予以专业的技术指导。丰阜现代农业园区是西北农林科技大学对接建设的产学研一体化的园区，南沟村富源农业园区是西北农林科技大学合阳葡萄试验示范站的示范点之一。在此，以合阳葡萄试验示范站为例展示科技助力产业扶贫的运作机制和成效。

一 合阳葡萄试验示范站

西北农林科技大学合阳葡萄试验示范站于2009年11月开始建设。示范站由西北农林科技大学葡萄酒学院王华院长布局设计，西北农林科技大学与合阳县政府共同出资建设。示范站地处陕西省渭南市合阳县坊镇北渤海村西邻。为发挥西北农林科技大学的科技资源优势和渭南市及合阳县农业技术力量的作用，促进渭南及合阳现代农业发展，2013年5月，西北农林科技大学与渭南市人民政府、合阳县人民政府签订协议，共同合作建设西北农林科技大学合阳葡萄试验示范站。目前已有多个机构在此挂牌，整合各方资源推动试验示范站的建设。挂牌的情况如下："西北农林科技大学合阳葡萄试验示范站"、"渭南市葡萄试验示范站"、"合阳县葡萄试验示范站"、"陕西省果业管理局葡萄试验示范站"、"杨凌农业高新技术产业示范区农业科技示范推广基地"及"西北农林科技大学精准扶贫基地"。

示范站实行首席专家负责制，著名葡萄酒专家李华教授担任首席专家，葡萄酒学院院长王华教授担任站长，协助首席专家管理工作。首席专家是示范站专家团队第一负责人，站长为第二负责人，两位负责人负责示范站规划建设与发展，并组建多学科专家参与工作团队，多方争取资源，保证示范站正常运转和持续发展，有效发挥科学研究、示范推广、人才培养和国际交流合作功能。

目前，示范站驻站和参与专家共 27 人。早在 2009 年合阳葡萄试验示范站谋划建设时期，葡萄酒学院即设计了青年教师示范站蹲点、入户的工作制度。对于进入学院工作的青年教师，按照"走入实践，服务三农"的思路，要求每人制定一份为期一年的蹲点、入户工作计划，可以在五年之内完成，主要任务是在合阳葡萄试验示范站蹲点期间，深入示范基地和种植户，了解群众技术需求，及时发现并协助解决群众遇到的技术问题，同时利用专业优势，把种植新技术、产业新形势、营销新理念传播给群众。2010 年以来，学院先后安排 7 名青年教师（均为博士）在合阳葡萄试验示范站进行蹲点，对口联系农户 35 户。[①]

示范站园区占地 100 亩，其中试验示范种植区和鲜食葡萄引种研究四座日光大棚用地 75 亩，全部使用滴水灌溉；建有集科学研究、教学实习及科技培训等于一体的 2306.28 平方米的综合楼、农机具房和厨房餐厅；建有蓄水池和生活用水塔；光纤网络满足整个综合楼使用需求。

示范站在进行葡萄与葡萄酒产业技术研究的同时，不断向合阳县引介新品种、推广新技术。近四年来，针对合阳县的生态条件，引进了 13 个优良酿酒葡萄品种。通过对 13 个酿酒葡萄品种引种试验研究，确定了嘉年华、爱格丽、北冰红和媚丽四个品种适合在合阳地区种植推广，建立了酿酒葡萄标准化种植示范园 100 亩。同时，示范站确立了合阳地区葡萄架形的"爬地龙"模式，在严寒地区葡萄不减产的情况下，在后期埋土管理环节上能节约大量的人力投入，促使葡萄种植生产效益进一步提升。

2014 年 5 月，示范站启动了科技入户工作，目前已经完成了前期准备

---

① 教育部网站，http://www.moe.gov.cn/jyb_xwfb/xw_zt/moe_357/jyzt_2016nztzl/2016_zt19/16zt19_zsgxxm/16zt19_zsgxxm_qtxm/201610/t20161013_284772.html。

和培训工作，科技网络已于2015年1月完成构建并运行。示范站与县农科局、果业局配合，确定在合阳县葡萄种植密集的城关镇、王村镇、新池镇、路井镇、坊镇及百良镇6个镇，确立22个示范点，新池镇南沟村就是其中之一，其在专家的指导下科学规范化栽培、进行病虫害防治等管理，在本区域起到了很好的引领示范带动作用，达到了提高生产效益的目的。

2013年至今，示范站共举办陕西省葡萄栽培技术培训班14期，培训技术骨干人员2500人次以上。在合阳县葡萄种植区、渭南市临渭区，开展了技术骨干集中培训、现场指导果农培训、生产问题解答培训等多种形式培训工作30次以上，培训葡萄专业技术人员120人次以上，培训果农近1400人次，推进了葡萄科学规范化管理进程。为使广大葡萄种植户了解更多的农业综合信息，示范站建立了农业综合信息计算机网络培训平台。通过网络"培训引导＋科学技术指导"形式，使果农学习掌握鲜食葡萄科学栽培管理及酿酒葡萄科学栽培管理等技术，提高科学化管理技能。

西农大与渭南市人民政府、合阳县人民政府签订共建协议以来，示范站已围绕渭南及合阳葡萄产业发展要求，实施开展了以下项目：葡萄品种引进和良种选育研究与示范推广、葡萄丰产栽培技术研究与示范推广及葡萄酒产业化技术示范推广前期工作等。示范站的推广、科研经费得到地方政府的支持，2014年渭南市人民政府支持30万元，合阳县人民政府支持20万元，2015年渭南市人民政府支持资金增加到100万元。

示范站依托合阳葡萄试验示范站辐射全国，带动全国葡萄产业发展，2015年在山西省运城市和临汾市、新疆维吾尔自治区和硕县、宁夏回族自治区银川市红寺堡区、内蒙古自治区乌海市海勃湾区和海南区、陕西省榆林市和延安市等埋土防寒区，大力推广葡萄"爬地龙"栽培模式近15000亩。"爬地龙"栽培模式示范推广，减少冬季埋土大量人力投入，当年产生效益达1500万元。示范站同时推广了嘉年华、爱格丽、媚丽、北冰红、双红、赤霞珠、品丽珠、梅尔诺、黑比诺、马瑟兰、雷司令、长相思、贵人香及霞多丽14个品种，推广面积达到25000亩，为西部地区葡萄产业的发展发挥了重要作用。

二 南沟村示范点的产业发展

合阳县在农业产业结构调整上，按照"优先发展奶畜、主攻红提葡萄、优化苹果结构、扩大设施农业、提高粮食单产"的产业结构调整思路，加快15万亩红提葡萄基地建设。合阳县2003年被认定为全国无公害优质葡萄生产基地，目前，全县红提种植面积已达11.8万亩，逐步形成了以合洽路、合黑路和108国道南段优质葡萄示范长廊为主的红提产业发展格局。

新池镇南沟村是合阳葡萄试验示范站的示范点之一，也是全县较早种植葡萄、红提的区域，示范站在南沟村葡萄产业发展和产业扶贫中发挥了以下作用：（1）按照农业产业化发展要求，建立技术标准与生产规范，以示范点为基础打通技术传播通道；（2）开辟科技成果进村入户的快捷通道，增强技术辐射力；（3）培育一批现代农业的带头人，促进农业生产经营方式转变；（4）创新校地合作机制，促进科技资源统筹，推进精准扶贫、精准脱贫。

新池镇南沟村村支书肖万顺自2001年担任村党支部书记，2008年带领本村发展红提产业，组织成立了合阳县富源红提葡萄专业合作社。肖万顺多次参加西农大举办的村干部培训班，与西农大多个学院专家认识，如今已成长为村支部带头人、村庄经营大户和示范户。前文已述村支书肖万顺承包的83亩葡萄地，在前几年因种植技术不过关年年亏损，这充分说明，农业生产技术不过关，发展现代农业只能是梦想。

2014年、2015年葡萄市场行情看好，肖万顺也带着村委会和合作社成员将园区的基础设施做好，向农户分包葡萄园。按照专家建议，园区设置好间距、株距，并在园中做好了水泥支撑柱子等，200多亩葡萄大棚被农户承包了。然而，许多农户是第一次种葡萄，在技术上是"两眼一抹黑"，多数人跟风"见别人怎么干，就怎么干"，抱着"庄稼活，不用学，人家咋干咱咋干"的老观念。为解决好"产业技能"问题，南沟村村委会多次邀请西北农林科技大学葡萄酒学院专家教授到村庄开展技术培训，提高管理技术水平。同时，该村还争取到了新型职业农民培育工程计划在本村设点开班，为本村培育出初、中级新型职业农民33名，技术人员13名，满足了产业发展技术需求。据村支书讲，在苗木种植、打理期间，他曾经请西农大、县农技站的专家一个月来指导四次，以解决种植环节遇到的各类棘手问题。2016年，全园区葡萄获得大丰收；2017年全园区葡萄产量同样喜人，然而在采摘季节由于阴雨连绵，有些农户的葡萄无法顺利采摘，年终有些亏本；

同时发现，冷棚葡萄未受到雨水侵害，果品的产量和质量得到保证，这再次证明冷棚技术的效用，对该园区及周边园区的设施农业技术推广起到积极作用。

西北农林科技大学试验示范站以示范点为抓手助力合阳县脱贫攻坚。2017年5月，西农大葡萄酒学院院长王华教授带领一行人员，来到合阳县葡萄密集种植区新池镇南沟村开展精准扶贫工作，与王建康、秦安民两特困户直接见面对接，建立科技示范入户长期帮扶的"精准扶贫+科技示范入户"双入模式工作，建立科技示范入户长期帮扶关系。同时，针对全村近120个贫困户在红提葡萄陆地、冷棚种植时遇到的问题，张宗勤在南沟村社区富源农业园区开展了"夏季红提葡萄管理关键技术"专题培训。

为了使精准扶贫建立长效机制，解决合阳地区葡萄冬季埋土防寒投入大量劳动力增加资金投入问题，合阳葡萄试验示范站与防冻剂生产企业——杨凌明瑞生态科技有限公司在坊镇贺家庄社区谢界宁葡萄园进行了科技示范对接，建立了防寒防冻剂喷涂不埋土推广示范园，向广大贫困葡萄种植户推广如何使用防寒防冻剂喷涂和管理的方法。为进一步推进合阳葡萄试验示范站科技入户22个示范点与精准扶贫工作有效结合，在22个示范点辐射区域确定困难户帮贫对象，产业体系专家团队与崔永健副县长、县果业局王颖丹副局长等有关领导在合阳葡萄试验示范站还召开了专门会议进行工作沟通和安排。①

三　试验示范站与村级组织相结合

产业扶贫是陕西省及合阳县精准扶贫的重点和亮点。现代农业产业是高科技含量的产业，在品种培育、选择、田间管理、植物保护等方面都需要专业技能，因而，西北农林科技大学及县农技站等技术部门在全县产业发展中起到重要作用。西农大以试验示范站为据点，与村级组织充分结合，在合阳县脱贫攻坚中发挥了积极作用，在新型农业经营主体培育、农技推广土专家培养、农村产业发展和专业技术推广等方面都发挥了切实的作用，取得了显著的扶贫效果。

---

① 西北农林科技大学葡萄酒学院官方网站，http://wine.nwsuaf.edu.cn/xydt/xyxw/352901.htm。

南沟村示范点产业扶贫的最大特色是其统分结合的经营模式。试验示范站以园区为中心与贫困户对接进行直接的帮扶，在技术上起到示范带动作用，进而带动整个园区及周边农户的葡萄栽种和管理技术水平提升。统分结合模式有助于发挥村集体和农民两个主体的积极性和优势。村集体统筹可以向上争取各式项目资金为园区提供良好的基础，西农大示范点便是村集体争取过来的资源，本村村民可优先在专家的指导下学习科学规范化栽培、病虫害防治等管理技术。

第三节　黄土地上的农技推广专家

一　初识张宗勤

在坊镇乾落村调研期间，提起西北农林科技大学的张宗勤老师，果农都对他啧啧称赞，说"西农教授一点架子都没有"，"一有问题，张教授不用请都自己跑来了"，"4月6日霜冻那天，张宗勤老师一夜没合眼，果农一会儿电话、一会儿微信来咨询。他比一般果农都了解地里的情况"。

自2018年初成为西北农林科技大学合阳葡萄试验示范站的驻站专家，张宗勤原本忙碌、行踪不定的生活变得更加忙碌起来。他是国家"三区"人才、西安市科技特派员、杨凌农业科技专家团成员，负责全省多个市县农村的定点技术帮扶工作。学校的家对于张宗勤来说就像一个旅店——只有办事的时候回家住几天，其余时间都在合阳葡萄试验示范站。为了减轻张宗勤的工作负担，妻子也搬了过去，除了负责两人的衣食起居外，还帮忙照管试验示范站、代管实习生。很遗憾，笔者在坊镇调研期间恰好张宗勤外出培训。2018年9月18日，看到张宗勤微信朋友圈发了纪念"9·18事件"的消息，笔者随即与张老师联系，约定下午3点做访谈。

到葡萄酒学院张老师的办公室，迎面而来的是一位古铜色皮肤的中年男子，个子不高、身体微胖，热情的张宗勤首先做了自我介绍。如果不是在大学办公楼，很难看得出来张老师是一位大学教授，他与农民基本无异，这正是西农大诸多农业科学家的共同特征——正是整天与土地打交道才有了独特的诚朴的气质。

让人没想到的是，张宗勤的英语极好，2008年8月27日至9月2日，受陕西省渭南市外国专家局委托，他担任了法国葡萄专家让·雅克·卡巴西先生的专业翻译员，协助卡巴西先生完成了对渭南临渭区、高新区、澄城县等地葡萄种植现状的考察与技术指导，以及在葡萄育苗、栽培、整形修剪和病虫害防治技术、商品果生产等方面开展的培训工作。2008年，张宗勤开始在电视台等媒体上做农技传播工作，在陕西农林卫视做了八次葡萄栽培技术讲座，如今他已出版《葡萄栽培技术教程》、《葡萄设施栽培百问百答》（精品版）、《葡萄优质栽培实用技术》三本专业书籍。

二　结缘葡萄，驻站合阳

已是业内成熟的葡萄栽培专家的张宗勤，1985年毕业于西北农学院园艺系，同年进中国科学院西北植物研究所工作，主要从事蔬菜、花卉技术研究。1999年，杨凌地区的校所合并之后，张宗勤开始转向果树学，2002年跟随葡萄栽培界权威西农大园艺学院王跃进教授攻读硕士、博士，主攻葡萄栽培技术。博士期间，张宗勤曾在新疆葡萄培育基地驻扎三年半，他频繁往返于鄯善、吐鲁番、库尔勒、阿克苏、乌鲁木齐等地，工作异常辛苦。正是这段经历为他奠定了厚实的葡萄栽培技术基础，形塑了他接地气、朴素的生活方式。

合阳县地处渭北旱原东部，土壤含钾量丰富，地下水资源丰沛，在培育优质葡萄方面有着得天独厚的地理资源优势。近年来，合阳县委、县政府以打造"中国红提之乡"、建设"西部果畜强县"为目标，推动实施60万亩现代果业基地建设项目。截至目前，全县种植苹果25万亩，红提葡萄16万亩，时令水果10万亩，果业产业已成为合阳县农业增收、农民致富的主导产业之一。

在成为示范站驻站专家之前，张宗勤已多次随学校技术服务团到合阳做技术培训，并受乾落村第一书记韩锁昌邀请，多次到乾落村指导红提产业发展。2017年，张宗勤正式成为专家服务团"一对一"帮扶成员，2018年成为示范站驻站专家，他对口帮扶的园区是新池镇添缘现代农业园区。

在合阳，他引进新葡萄品种，解决品种单一问题；推动葡萄酒酿造等产业链延伸；在葡萄栽培关键时期，到田间地头进行技术培训与田间指导，邀请园区有关人员参加省市培训会,培养地方技术带头人;不断进行葡萄栽培技术资料创作,利用微信、QQ、微博等新媒体及微信公众号"西秦农人"推送不同阶段葡萄管理技术信息;为合阳县葡萄种植户引进生产资料供应与营销合作企业。在服务对口帮扶园区外,他还积极参与推动城关镇丰阜现代农业园区、南楼村、坊镇乾落村、坊西村、灵井村、新池镇南沟村、百良镇太枣村、和家庄镇等葡萄园区的产业发展。

三 一窍不得,少挣几百

1. 农民化了的农业科学家

陕西省是果业大省,非常重视果业技术传播,果业局、林业局、农技站、省苹果协会、省葡萄协会、合作社及农资公司都会请专家去农村给农民讲课。农技培训课,农民听得多,见得多,对前来培训的专家有自己的判断,好专家的课自然是供不应求。

张宗勤的足迹几乎遍布合阳县的葡萄种植区,在坊镇乾落村、坊西村、灵井村提起张老师,村民没有不认识他的,听说张老师来讲课,农民大老远地就跑过来等着。有位村支书告诉张宗勤老师,只要村头喇叭里通知张老师来讲课,村里人来得是最多的。他在介绍张老师时说,"咱们关中有句话叫'一窍不得,少挣几百',大家在张老师这里一窍不得,可是少挣几万元啊"。

张宗勤与别人不同的是:农技传播讲的都是干货,力求把技术细节讲清,而且要结合各地特点用农民的话讲技术,让农民听得懂。有次张宗勤到户县某村做培训,该村村支书一点都不热情,大概是来的专家太多,讲的干货太少的缘故,对专家很是不待见。张宗勤讲了一个上午,村支书下午就来了,他第二天、第三天对张宗勤非常热情,还非要拉着张老师到自己地里看看。180度的态度大转弯,充分说明张宗勤讲课的魅力。

张老师讲课受欢迎,是因为他突出农业技术传播的实用性,他对自己的要求是:农民看得懂、照着做、用得上、学得会、有效果。他传播农技力求"系统化、精简化、标准化",突出"可操作性",这些理念在他的三本葡萄栽培技术专著中得到充分体现。尽管已是葡萄栽培的专家,但他每次讲课都会精心准备,把最新的发现、消息和技术添进讲义里。村民反映,张老师讲课时经常给大家穿插些笑话，课堂生动幽默有趣，加上他的陕西口音，平常戴个帽子、穿双布鞋，和农民一样的衣着，都使得他与农民的距离越走越近。

作为国家"三区人才"，张宗勤对口支援的是扶风县城关镇南台村，然而，听课的人竟然辐射到了眉县。有的群众听完课，非要把张宗勤拉到地里看一看。有个蒲城县的农民向张宗勤请教葡萄修枝技术，张宗勤给他做好了样子，没想到第二年春天，该农户做技术员的侄子非要帮他再次修剪，把张宗勤留的枝条剪了一半，结果产量减半，一亩地原本应该产2500串葡萄，最后只产了1300串。多数农户种地是靠个人经验，跟着自己的感觉走。那个吃了亏的农户，第二年坚决按照张宗勤的技术标准修枝，结果获得大丰收。2018年8月到9月，该果农已经两次托人给张老师送葡萄了。

遇到重视技术和能够运用技术的人，张宗勤总是喜不自胜，不像传统的师傅带徒弟总是留一手，张宗勤和西农大农业专家恨不得把所知的知识都传授给他们，张宗勤在扶风、临渭等地带出了一批"本土人才"。在合阳县乾落村，张宗勤发现年轻人刘根红特别细心，能够把所学技术应用到农业种植中。他用了张老师推荐的有机肥，遵从"一腿毛"的技术要求——保留葡萄枝干中下部位的枝叶促进光合作用，如今他的葡萄长势最好。

2. 解决"最后一公里"难题

在农村做农技推广这么多年，张宗勤发现，农业发展的关键不是缺技术，而是缺技术的执行力，农技传播遭遇"最后一公里"难题。

2018年1月3日，合阳天降大雪，在此之前，一直关注天气变化的张宗勤已在微信公众号里发布了天气预警。前一晚上，张宗勤还特意给韩锁昌打电话，叮嘱他们做好巡逻工作。韩锁昌说，他正带着村民巡逻呢。张宗勤仍不放心，特意叮嘱他们晚上不能休息，要轮班巡查站岗，如果棚上积雪太多，就把棚划破，保大棚钢架。结果，村民巡逻到12点就回去休息了，第二天到地里一看，红提葡萄钢架全倒了，其中就有冯贵生家的大棚。

冯贵生是村里的能人，他不仅自己种红提，还给农户指导技术，承包搭棚的活计，是典型的"土专家"。然而，他的棚宽度太大，承受力有限，下雪当晚又未听"雪太大、划破棚"的劝告，结果第二天大棚、钢架和红提全部受损。有的农户因灰心而放弃了对园子的管理，但冯贵生还是清理了园子，为葡萄的雪后生长做准备。然而，在果树苗长势喜人的四月初，一场倒春寒袭来，一茬果子全落地了。这时，他找到张宗勤请教减灾办法，张老师建议他继续追肥，利用冬芽结二次果，2018年秋季葡萄价格喜人，冯贵生的园子再次获得丰收。

事实上，作为"土专家"，冯贵生对自己的生产经验深信不疑，对张宗勤的技术有时并不接受，这在疏花、疏果技术上尤其明显。冯贵生坚持留大穗葡萄，以追求高产量，而张宗勤根据栽培技术和市场经验，提倡疏花、疏果，追求高品质葡萄。张宗勤说，一串葡萄有2000粒花朵，开花前应疏花，每串保持200粒左右，花后要疏果，一串保持80~100粒，最终一串葡萄成果60~80粒，重量1.5~2斤，不但残果少，果子匀称，串形美观，而且果子一次性成熟，一次性采摘，由于残果少，采摘时无须挑拣便可以直接换包装上市，节约生产中的人力成本。根据这一方法，一亩葡萄可产5000斤果子。如果不控制花、果数量，一亩葡萄最高可产1万斤果子，然而，1万斤果子不但需要大量的水肥、劳动力，销售时需要请人挑拣次果、修剪果形，而且由于果子大小不一、颜色不一，很难进入中高端市场，价格上不去，出现增产不增收的现象。张宗勤说，2017年有个农户一亩葡萄产了13000斤，但只卖了3000斤的果子，因为地里的烂果、次果太多，最终得不偿失。

前两年，冯贵生非但不疏花、疏果，反而将不知从哪里学来的掐叶技术传播到本村，为了生产更多的葡萄，他将葡萄周边的叶子剪去，旁边的果农看了之后也跟着他学。张宗勤听说了，赶紧到村里告诉大家，叶子不能过分地掐，有正常叶片1/3大小的叶片就可为整株植物提供营养。有的果农听了劝，有的果农没有听。结果，采取不同方法的葡萄，在成熟时表现出明显差异：掐叶的葡萄在前期长势喜人，果子多，但后期由于营养跟不上，果子在着色期无法成功着色，不但颜色不一，而且成熟较晚，市场价格也不好。有了这次教训，冯贵生开始信任张宗勤，有问题就向张宗勤请教。

目前，西农大合阳葡萄试验示范站正在改造升级，从全园区60多亩地里规划20亩做葡萄栽培技术示范基地，希望能将葡萄种植的标准化技术在园区展现,以现场教学服务更多农民群众。

第四节 果农的"及时雨"和贴心人

一 助力葡萄园区产业升级

合阳县添缘现代农业有限责任公司(简称"添缘公司")成立于2012年4月23日,注册资本3800万元,位于新池镇马庄村,经营范围包括农产品的种植、初加工、储藏、销售以及农资的销售等。公司以建设"可视化、数控化、信息化、溯源化"为目标,成为合阳县"四化一体"智慧农业园区的排头兵。自2014年以来,该公司利用良好的生态优势和区位优势,调整产业结构,坚持以"有机生产抓品质,有机认证强品牌"的思路,着力发展有机葡萄产业,主要栽植了阳光玫瑰、甜蜜蓝宝石、红提、晨香、紫甜无核等葡萄品种。园区种植的600亩红提葡萄,已连续三年通过国家有机转化期认证,并于2017年8月取得有机产品认证证书,成为合阳县有机产品认证的"领头雁"。该公司生产的有机红提葡萄,有着完善的质量追溯体系,"生产可记录、信息可查询、流向可跟踪、责任可追究",产品质量得到广大消费者的认可。在该园区葡萄产品栽培管理技术的升级过程中,西农大专家张宗勤功不可没。

在合阳县,张宗勤看到许多农户和园区仍以老品种葡萄为主,果品串形、质量、口感、外貌始终得不到有效的提升。为此,他结合西农大葡萄技术优势,与种植人员充分探讨,最后为添缘现代农业园区引进了市场前景好的阳光玫瑰、甜蜜蓝宝石等品种,解决了品种单一的问题。同时,他还指导园区对老旧品种低产园进行了改造,为园区介绍了葡萄新品种苗木绿枝嫁接技术员4人。

葡萄不耐储存,采摘后的果品如果不能及时进入市场,则面临腐烂变质的风险。于是,张宗勤致力于园区的种植结构调整和产业链延伸工作,他建议园区建设水平棚架观光采摘园,以利于客户的综合体验;优化冷棚栽培、避雨棚栽培与大田栽培的规模、生产期,延长产品的供应时间,避开葡萄上市的高峰期。张宗勤还利用葡萄酒学院、合阳葡萄试验示范站技

图 2-1　引进的葡萄新优品种：阳光玫瑰（左图）、甜蜜蓝宝石（右图）

术与设备，为公司试验酿造葡萄酒 2 吨，切实延长了产业链，推动了园区产品的市场开拓。

尽管学校只要求张宗勤对园区进行"定期指导"，但张宗勤从来都是随叫随到的"不定期指导"，他在葡萄生长的每个关键时期都会亲自到场。每逢园区葡萄有疑难病虫害，张宗勤会综合各方力量为其会诊、制定应对方针。

2018 年 5 月 14 日，添缘公司近 20 亩葡萄出现葡萄叶片枯皱、周围变黄、根部截面变褐的现象，不少葡萄树开始死亡，正值开花坐果的 20 亩葡萄面临树死园毁的危险。张宗勤听说后，立即到园区查看病情并提出初步的防治措施。尽管如此，他还是不放心，特意邀请西农大植物保护学院时春喜教授和葡萄专业植保公司——西安北农华农作物保护有限公司技术人员到园区"会诊"，专家得出的结论是：病害葡萄是由于长时期相对干旱，突遇高湿气候，加之园区使用了未腐熟粪烧根，综合导致根系腐烂；春季气候多变，前期幼芽期营养尚够，幼苗长大后营养需求旺盛，地上部分消耗剧增，造成根干叶枯；同时，园区葡萄病症与土壤有机质少、果树根系差、冬季冻害根系恢复不足有关。基于问题原因，张宗勤、时春喜等人提出了有针对性的解决办法：（1）葡萄树留三节剪枯枝，剪下的枝叶带出地面；（2）用 100 倍多菌灵或甲基硫菌灵灌病树根，每树用药水 30 斤；（3）全园滴灌腐殖酸+菌剂；（4）尽快滴灌浇水，使得土壤含水量达65%；（5）全园喷药防病防虫；（6）平时注意土壤不可过干，否则突然遇雨易发生根腐；（7）树上其他干叶也应剪掉。

在张宗勤、时春喜的指导下，园区20亩葡萄树的病情得以缓解，并以最快的速度恢复原状。在这次病害治疗中，张宗勤提出"地下保根、地上保叶"的措施，并自掏腰包买了小分子碳肥和耐普九药物送给公司试用。小分子碳肥混在水里浇灌，一亩地一公斤，能够起到保护根系的作用；同时，实验表明，葡萄树在被喷洒非激素药物耐普9之后，叶片长势明显转好。尽管做了充分的治疗指导，张宗勤随后还多次主动到园区查看病树的恢复情况。

2018年6月9日，张宗勤到园区逐块逐行检查后，发现园区葡萄生长状况良好，病害植株恢复较快，新生枝叶生长健壮，为明年挂果丰产丰收打下了基础。

张宗勤在园区开展了葡萄夏季管理、果穗修剪、套袋、病虫害防治的技术培训，对小分子碳肥优美柯的施肥效果及其对干叶死树的挽救效果做了查验。实践证明，优质小分子碳肥优美柯与耐普9在红地球葡萄、阳光玫瑰葡萄上的应用示范效果良好，这一结论对于地质情况相似的其他葡萄种植地同样适用。

二 "及时雨"：农技传播中的新媒体应用

就像很多人见到张宗勤难以想象，这个头发花白、体态微胖的像农民一样的人竟是西农大的教授，他还能给法国葡萄专家做翻译，让人更难想象的是这个近60岁的人在葡萄栽培技术中对新媒体的运用达到了极致。微信公众号是近两年流行的信息推送工具，张宗勤自行申请了微信公众号"西秦农人"，为了更好地传播技术，他还用过微博，甚至尝试过直播。现代化新媒体的应用有力地助推了农业技术传播，使得现代技术甘霖惠及更多农户。

1. 霜冻见真情

2018年4月7日凌晨，陕西多地发生大面积霜冻。早上5时许，就有群众打电话、发微信给张宗勤了，果农说：这下子全完了，冻得厉害得很！

图 2-2　田间示范小分子碳肥喷施

正在临渭区讲课的张宗勤早早下地查看病情，并及时赴果园现场调查受灾情况。当天上午 10：46，张宗勤就通过微信发布受冻害后的挽救方案，他提出 4 条建议，即观察、修剪、留花序、喷施杀菌杀虫剂与补充水分等措施，该建议立即被网络媒体转载，有效应对了五十年一遇的霜冻害。

当晚 10：37，张宗勤发布了霜冻害发生原因剖析。第一，树势弱，抗性差。2017 年挂果量太大、叶数太少、病虫害严重叶片受损、秋施基肥不当今春促根保根不及时等原因导致树势较弱而防御灾害能力降低。第二，春季管理保护不够，导致根系吸收差，树体不够健康，最终导致抗性不强。他建议广大果农从此次受灾中多找自身栽培管理的原因，用科学的方法培养树势健康栽培。他还安慰果农，植物有自我修复机制，更不能灰心，果树受伤后更需要加强管理，争取 2018 年能有收入。为便于果农及时采取有效补救措施，将自然灾害带来的危害降到最低，他及时整理出"一等（观察一两天，等受灾症状充分表现出来）、二保（叶片受损不严重的枝芽摘掉叶片保芽保花穗）、三舍（摘掉完全枯萎的枝芽，以诱发新芽）、四管（加强病虫害防治、补充树体水分、诱发新芽确保叶果比）"的处理办法，并及时在微信公众号、朋友圈发布。4 月 8 日，合阳新闻网站刊出张宗勤的葡萄应对措施，推动了全区葡萄果农的挽救工作。这一解决方案同时被多个媒体转载，受到群众好评，群众评论称张宗勤为"果农贴心人、葡萄保护神"。

4月8日一早，在韩锁昌、科技副镇长李婉平的配合下，张宗勤一行早早到达西农大"一对一"项目添缘现代农业园区进行现场调研指导，随后马不停蹄奔赴在合阳县的峁梁间。每到一处，张宗勤就直奔葡萄园，仔细查看受灾情况，根据受灾严重程度给出补救措施，他还为自发而来的果农仔细讲解操作方法。在讲授过程中，张宗勤还不断接到来自华县、华州区、蒲城县、大荔县、扶风县、杨陵区、武功县、户县、长安区临潼、灞桥区等十多个地方果农的电话咨询。在短短两天里，张宗勤教授就查看了合阳县的乾落村、坊西村、灵井村和添缘现代农业有限责任公司以及临渭区多地受灾情况。

图2-3 2018年4月7~8日霜冻后即时现场调研指导

2. 巧用新媒体

张宗勤的妻子说："我们家有两个医生，通过看照片就开药方了。"张宗勤的儿子是医生，如今张宗勤通过果农发的照片来"治病"，被妻子笑称为"医生"。然而，张宗勤在葡萄病虫害会诊上从来不会轻易下判断，他要求果农针对一个病症至少发4张相关照片。他坚信，"高医在防病，中医在治病，庸医误导病"，他运营公众号的主要目的就是防病，其次才是治病。

39

葡萄易发的霜霉病通常在5月、7月出现，这时节温度高、湿度大，最适宜霉毒发作，而霜霉病发病6个小时就能毁掉整个园子，所以，霜霉病重在预防。陕西关中、渭北地区，2018年的连阴雨来得比往年更早一些，在这天气里葡萄地最易发生霜霉病。张宗勤密切关注葡萄生长和天气变化状况，根据实地调查研究及时通过现场和微信推送技术建议，例如，微信公众号在6月26日推送《近期雨多，葡萄园怎么办？》，6月27日推送《雨多湿度大，霜霉病高危发生与流行，防&治》，6月28日转载发布多地天气预报，7月3日推送《葡萄园遭遇连阴雨，怎么办？》。在7月4日推送的《葡萄园遭遇连阴雨会怎么样？》一文中，张宗勤指出葡萄近期可能发生的各类问题，并分析了传染性病害、生理性病害及自然损害发生的原因，还提出相应的解决办法，随后在7月5日继续推送《过几天还有连阴雨，霜霉病综合防治》。7月6日，针对群众普遍咨询的霜霉病用药问题，公众号推送了《葡萄霜霉病常用保护剂与治疗剂》一文。

张宗勤高密度的技术指导与文章推送，使得果农在霜霉病的治疗中不慌不乱，成功地抑制了葡萄园大面积霜霉病的爆发。群众评价说："重要事情说三遍，记在心中照着办；秋后硕果一串串，果农齐把专家赞！"

图2-4 现场传授霜霉病防治技术

张宗勤深入田间地头进行现场指导，通过微信新媒体推送实用技术，造福一方百姓，获得果农一致好评，群众亲切地称赞他是"及时雨、贴心人、果农挚友、专家典范"。在"西秦农人"微信公众号下面，群众留言道:"西秦农人张教授就是我们葡萄种植户的福星,带头人。过上了好日子,忘不了我们的福星。"

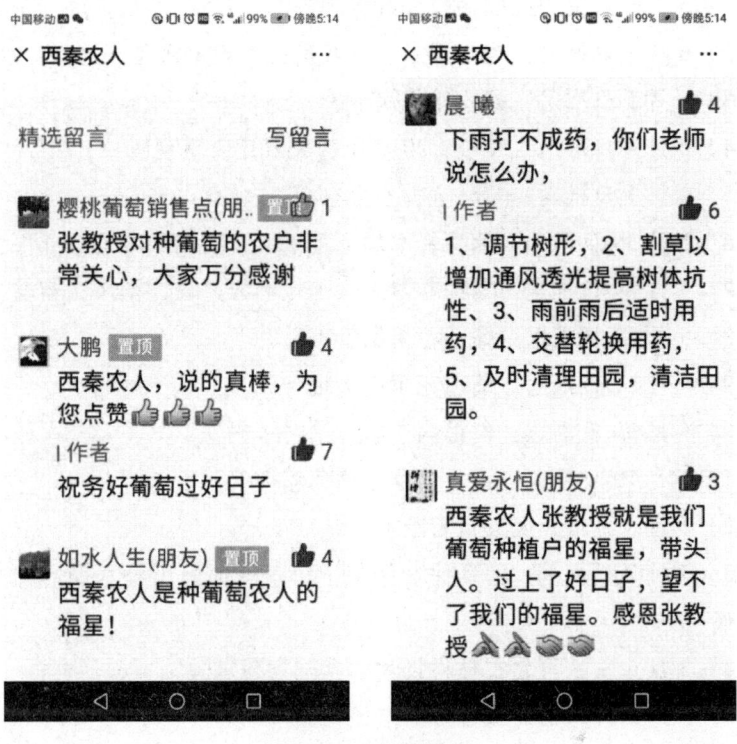

图 2-5 新媒体应用

2018 年 1 月到 6 月,张宗勤利用微信公众号"西秦农人"推送了不同阶段葡萄管理技术共计 45 条,题目如下。

(1) 6 月 29 日推送:雨多湿度大,霜霉病高危发生与流行,防 & 治
(2) 6 月 26 日推送:近期雨多,葡萄园怎么办?
(3) 6 月 24 日推送:优质商品果就像艺术品,您能够把葡萄生产为艺术品吗?
(4) 6 月 23 日推送:葡萄套袋有啥好?
(5) 6 月 21 日推送:葡萄套袋,按照套路,别说没有告诉您
(6) 6 月 20 日推送:葡萄套袋时期,果袋选择、疏果
(7) 6 月 19 日推送:葡萄膨大期管理技术
(8) 6 月 18 日推送:葡萄裂果,人之祸

(9) 6月12日推送：葡萄疏果定穗图解

(10) 6月9日推送：不只是霜霉病上穗了

(11) 6月8日推送：葡萄膨大期管理技术

(12) 6月7日推送：葡萄裂果，到底是自然现象还是人之祸？

(13) 6月5日推送：再谈霜霉病上穗

(14) 6月4日推送：2015、2017年的失误还要重现吗！！！

(15) 6月1日推送：蓟马危害不容忽视

(16) 5月30日推送：葡萄霜霉病上穗了，虫害后大发生，咋办？

(17) 5月29日推送：葡萄花蕾怎么了，尚未开花，落了，奇怪！

(18) 5月23日推送：葡萄花果期管理 –2

(19) 5月21日推送：葡萄花果期管理 –1

(20) 5月20日推送：霜霉病，防、治对了吗？

(21) 5月19日推送：进入雨季，葡萄霜霉病不可忽视

(22) 5月8日：新现象新问题求解 –1

(23) 5月7日推送：葡萄保花保果不仅仅花前施肥浇水摘心防虫……还有防病……

(24) 5月6日：西北农林科技大学合阳葡萄试验站

(25) 5月5日：葡萄虫害防治与保花保果

(26) 5月1日：葡萄防落花

(27) 4月30日：葡萄花前施肥技术诀窍

(28) 4月29日：不止有"花媳妇"，还有红蜘蛛

(29) 4月28日："花姑娘"来袭，怎么办？

(30) 4月19日：砍树or加强管理

(31) 4月18日：产品会说话，葡萄会说话

(32) 4月17日：葡萄霜冻后的不同表现与对策

(33) 4月16日：葡萄遭遇霜冻后，现在怎么办？

(34) 4月15日：霜冻后葡萄园的管理

(35) 3月5日：葡萄园清园石硫合剂，怎么用？注意啥？

(36) 3月4日：葡萄园春季清园怎么做？

(37) 3月3日：葡萄发生伤流怎么办？

（38）3月2日：葡萄伤流期管理技术

（39）3月1日：关于葡萄树的伤流期

（40）2月28日：设施葡萄春季管理技术要点

（41）2月12日推送：葡萄冬季管理技术－2

（42）2月11日推送：葡萄冬季管理技术－1

（43）1月10日推送：葡萄产业三产融合

（44）1月7日推送：雪是好的，就是大棚要疏垦

（45）1月6日推送：瑞雪兆丰年

三 推动村社产业发展和人才建设

1. 助力村社产业

肖万顺的50亩葡萄地近几年因种植技术不过关年年亏损，这充分说明农业生产技术不过关，发展现代农业只能是梦想。

事实上，新池镇南沟村有着发展现代农业的基础。2014年、2015年葡萄市场行情看好，肖万顺带着村委会和合作社成员将园区的基础设施做好，向农户分包葡萄园。按照专家建议，园区设置好间距、株距，并在园中做好了水泥支撑柱子等，200多亩葡萄大棚很快被农户承包去了。然而，许多农户是第一次种葡萄，在技术上是"两眼一抹黑"，多数人跟风，"见别人怎么干，就怎么干"，抱着"庄稼活，不用学，人家咋干咱咋干"的老观念。为解决好"技术"问题，南沟村村委会多次邀请西北农林科技大学葡萄酒学院的专家教授到村庄开展技术培训。同时，该村还争取到了新型职业农民培育工程在本村设点开班，为本村培育出初、中级新型职业农民33名、技术人员13名，为产业发展储备了人才。

据村支书肖万顺讲，在苗木种植、打理期间，他曾经请西农大、县农技站的专家一个月来指导四次，以解决种植环节遇到的各类棘手问题。2016年，全园区葡萄获得大丰收；2017年全园区葡萄产量同样喜人，然而在采摘季节由于阴雨连绵，有些农户的葡萄无法顺利采摘，年终有些亏本，但2017年凡是在冷棚里种葡萄的农户，其葡萄果子未受到雨水侵害，果品产量和质量很好，仍然是大丰收。这再次证明西农大合阳葡萄试验示范站一直向果农推荐的冷棚技术的效用。

西北农林科技大学合阳葡萄试验示范站以示范点为抓手，助力合阳县脱贫攻坚。2017年5月，葡萄酒学院院长王华教授带领一行人员，来到合阳县葡萄密集种植区新池镇南沟村开展精准扶贫工作，与王建康、秦安民两特困户直接见面对接，建立科技示范入户长期帮扶的"精准扶贫+科技示范入户"双入工作模式，建立科技示范入户长期帮扶关系。同时，针对全村近120个贫困户在红提葡萄陆地、冷棚种植时遇到的问题，张宗勤在南沟村社区富源农业园区开展了"夏季红提葡萄管理关键技术"专题培训。

2018年春，新池镇南沟村希望发展有机肥产业，请张宗勤前去指导。张宗勤看了后说：

> 那简直就不叫有机肥，就是堆肥。我给他们介绍了四川绵阳的一个有机肥厂，还专门请厂里的一个技术员到现场来指导，告诉他们到专业的厂子里看看标准化的有机肥生产是如何做的，产品质量如何。我还建议他们到渭南市临渭区三贤村看看有机肥的效果。

张宗勤说，重庆有个葡萄园子，他们主打的广告词就是有机肥，你到他们园区里看，半只胳膊能伸进土壤里，该园区的葡萄一斤卖到30元，而且是供不应求。在日益注重生活品质的中国社会，有机葡萄是葡萄业未来的发展方向。

每逢葡萄生长的关键期，张宗勤都要去各乡镇为大家做技术培训，例如2018年5月17日，与植物保护学院时春喜教授在城关镇南楼村举办葡萄栽培技术培训，5月20日赴百良镇太枣村葡萄产业园培训，6月6日赴和家庄镇葡萄园区指导。张宗勤曾做过多年的蔬菜和花卉培育，他多次到合阳县城关镇丰阜现代农业园区做实地调研、指导，并协助当地发展树莓产品。

2. 本土人才培养

2018年上半年，张宗勤在合阳县开展现场技术指导和培训7次，邀请公司、其他乡镇农户等有关人员参加省市葡萄专题培训会2次，积极为地方产业发展储备人才，一览张宗勤4月到6月的行程便可知晓。

2018年4月2日，张宗勤在合阳进行了春季管理技术指导和新品种引

图2-6 与贫困户座谈，免费赠送葡萄栽培技术资料

进培训会，并邀请添缘公司的领导与技术人员到试验示范站参观并探讨葡萄酒加工方案。

4月7日清晨，五十年一遇的霜冻在合阳发生后，张宗勤4月8日就到园区对田间霜冻害进行深入调查，并及时开展冻后管理技术指导。

4月18日，受丰阜现代农业园区邀请，张宗勤就该园区冷棚葡萄生长状况、萌芽晚及不整齐、有机肥发酵等问题进行分析指导。

5月3日，张宗勤就葡萄花穗处理技术、夏季修剪技术在添缘现代农业园区进行现场培训。鉴于园区土壤有机质含量低，推介实践业已证明效果优异的优质小分子碳肥等，开展优美柯与耐普9在红地球葡萄、阳光玫瑰葡萄上的应用示范。

5月13日，张宗勤对园区出现的树叶干枯问题进行查看并提出初步对策，5月16日，邀请西北农林科技大学时春喜教授、葡萄专业植保公司——西安北农华农作物保护有限公司技术人员对园区会诊分析，提出解决方案。

6月10日，张宗勤针对葡萄夏季管理、果穗修剪、套袋、病虫害防治等技术做专项培训。

四 "种好葡萄，卖好葡萄，过好日子"

张宗勤不但关心葡萄栽培技术，还特别关心葡萄种植是否能让果农过上好日子，他提出了"种好葡萄，卖好葡萄，过好日子"的葡萄种植理念。种好葡萄，不但要把葡萄种好，而且要种高品质的葡萄；卖好葡萄，同样也是不但要把葡萄卖出好价格，而且要卖高品质的葡萄赢得市场；只有如此，才能过上真正的好日子。张宗勤对葡萄产业有三个基本判断：第一，

图 2-7　春季冻害调查与现场指导

市场上不缺葡萄，但缺高品质的葡萄；第二，葡萄发展中不缺技术，真正缺的是技术的执行力；第三，不缺农资，但缺与农资配套的技术服务。

1. 不缺葡萄，缺高品质的葡萄

在葡萄业内，最理想的葡萄是：外形一见钟情，内在营养丰富，全程健康无残留，争取做到"吃葡萄不吐葡萄皮"。前段时间，户太八号葡萄的原产地户县的几个农户找张宗勤评理，要他帮忙鉴定"真假户太八号"，该地葡萄颜色有的是红绿交叉，有的是紫色，有的则呈黑色。张宗勤说，正常状态下的户太八号是紫黑色，有香味，那些颜色混杂的果子，多数是药剂过量所致。在葡萄的生长过程中，果农要给它上催萌剂、促长剂、保果剂、膨大剂、催红剂等有激素的农药。以上药剂可以适量使用，但为了追求效果，有的农户盲目用药甚至过量用药，结果导致果品质量下降。作为一个葡萄专家，有人问他在哪里能买到好葡萄时，他竟也很难回答。

如今的张宗勤提倡有机葡萄种植，张宗勤介绍说：深圳的一个商家坚持种有机葡萄，市场售价 100 元/斤；上海某家企业自 2003 年开始坚持种植有机葡萄，30 元/斤；而西农大葡萄酒学院毕业生张鹏同样坚持种植有机生产葡萄，且能够使葡萄提前一个月上市，36 元/斤。在张宗勤和张鹏的带动下，大荔县一个合作社也开始种植有机生产葡萄，2018年丰收，售价40元/斤，获得成功。中国正进入经济高速发展时代，满足中等收入群体消费需求成为葡萄业发展的趋势。张宗勤希望葡萄生产从头至尾都是健康的，人、环境和动物能在生态环境中共存。

2. 不缺农资，缺农资配套服务

当前农资公司为了拓展业务几乎都在做农技培训，扰乱了农技培训"市场"。有一次，大荔县农业局请张宗勤去讲课，县农业局与一个村支书联系时，村支书却问：群众问，培训发东西不？

县农业局：我们请的是西农大的教授，不发东西。

村支书：群众说了，不发东西就不去。

县农业局：这"二怂"村子，还要东西！

农民参加培训还索要实物报酬的问题，是农资公司形塑的。农资公司推销产品时往往打着技术培训的旗号，给农民发本子、笔或塑料盆，然后登记卖东西。农民把县农业局邀请的专家也当作卖农资的人了。

然而，为了多卖农药肥料，农资公司往往对产品功能夸大其词，技术传播也颇为片面。有个农民听从经销商建议，竟在一次农药喷洒中配了13种药物，结果葡萄树出了问题，他向县农业局执法大队反映问题，县农业局也无法确定责任。

面对混乱的农资市场，张宗勤提出农资配套服务——系统化的产品和技术指导，还时髦地称之为"套餐"。向来不代理和推荐农资的张宗勤，这两年也逐渐接受农户的农资咨询，而他只推荐自己熟悉、品质有保证的产品，例如小分子碳肥、耐普9等就是他验证之后的药物。

五　结语

田间地头奔波，汗水洒下终有收获。在合阳工作的一年多，葡萄果农基本上都认识了张宗勤，幽默风趣又讲究技术实用性的张宗勤成了农民的贴心人，果农的"福星"。朴实厚道的农民为张宗勤编了顺口溜："不往上走往下跑，唯恐葡萄种不好。拖家带口住合阳，誓将元宝送老乡。"

张宗勤眼下最希望的是，尽快带出本土优秀人才，将所学知识传授给农民，帮助农民过上好日子。张宗勤在自己的半年扶贫工作总结中写道：

> 与全国葡萄产业形势相似，合阳县近年来出现了产量大、优质果品少、效益低下等现象，极大地影响了果农生产积极性。究其原因多归结于天气气候因子、农资供应、市场销售与技术难度大等。看似葡萄总量过大销售难，事实上，主要是劣质产品多（过剩产能），技术落实欠到位，不是市场饱和，而是优质葡萄市场极端缺货。

如何让科学的葡萄栽培技术落地生根，让葡萄种植从注重量到注重质；如何整合混乱的农资市场和服务；如何让农民朋友真正实现"种好葡萄，卖好葡萄，过好日子"的愿望，成为张宗勤孜孜以求的梦想，无法停息的脚步是一个农业科学家对这片黄土地最好的交代。

第三章　书记帮镇助力团：定点帮扶的靓丽风景线

　　打赢脱贫攻坚战事关全面建成小康社会，具有重大政治意义和深远历史意义，如何解决贫困问题，组织领导是保证。书记帮镇助力团在学校党委领导下，制订工作方案，组建帮扶团队，落实工作经费，督促各项工作。发挥了高校科教人才资源集聚优势，推动了定点扶贫县产业结构调整、产业升级换代、产业链条延伸，切实发挥了党组织的战斗堡垒作用。

　　不断加强和改进党对扶贫工作的领导，建立并强化从中央到地方的五级书记抓扶贫的工作机制，形成了扶贫工作的巨大组织合力和组织凝聚力。改革开放40多年来，我国扶贫工作的基本经验之一就是在坚持党对扶贫工作领导的同时，国家还建立了扶贫工作组织领导机构，不断提升扶贫工作队伍的能力。此外，全面加强了贫困地区农村基层党组织领导核心地位，对于软弱涣散和能力不强的基层党组织要进行坚决的治理和组织重构，以切实提高基层党组织的战斗力。对于西北农林科技大学的定点扶贫工作来说，党建扶贫是学校扶贫工作的基本立足点和出发点，强化党建扶贫，一方面是为了回应党和国家关于参与扶贫攻坚队的号召与倡导，另一方面也是借扶贫攻坚的伟大实践让高校基层党组织建设获得强有力的抓手，成为推动高校发展的持续动力。

　　党建扶贫，一方面，要从学校自身的党建工作着手；另一方面，则要重点帮扶贫困地区基层党组织进行组织建设，提升其组织力、凝聚力、战斗力和领导力，也正是在这样的导向下，学校选派了党性觉悟高、业务能力强的干部担任贫困村的第一书记；同时，在组建"三团一队"的扶贫工作模式的情况下，书记帮镇助力团也肩负着党建扶贫的重任，通过学院党委与乡镇党委的交流与对接，可以实现党建工作中的优势互补，也可以通过党建与扶贫工作的结合实现党对扶贫工作的高水平领导。

坚持党对扶贫工作的全方位领导,需要不断提高党自身的政治掌舵能力和经济建设能力,需要为整个社会创造更加公平正义的环境与秩序,要能够建立起现代治理体系和提升治理能力。首先,党要"不忘初心,牢记使命",党一旦忘记了初心与使命,其领导力和执政地位就会动摇,这也是世界历史告诉我们的基本规律。其次,要坚定不移地推进全面从严治党,通过政治建设、思想建设、作风建设、理想信念建设与制度建设等内容,不断提高党的社会治理能力、执政能力和领导能力。最后,加强党的理论与实践相结合的能力。一般意义上,理论是行动和实践的先导,只有科学和有效的理论,才能够让党永远保持战斗活力和先进性,但是仅有理论是不够的,这是一个理论与实践紧密结合的时代,快速转型与发展的中国社会对党解决实际问题与现实挑战的能力提出了更高的要求,因此,我们党需要在实践中加强理论学习,也需要在理论学习中强化和拓展实践能力。对于扶贫攻坚工作来说,这就是一个理论与实践融合的重大现实命题。面对这样的现实命题,我们需要到广阔的实践一线去调查,去思考,去实践,去探索,同时也需要在国内、国际两个视野下对扶贫减贫的相关理论进行系统的总结与讨论,以形成能够与中国特色实践相结合的可行方案。

习近平总书记高度重视人才在推动经济发展中的作用。他早年在河北工作期间就提出了要念好"人才经"的号召。进入新时代以来,习近平总书记提出:"人才资源是第一资源,也是创新活动中最为活跃、最为积极的因素。"[①] 在扶贫攻坚工作当中,要充分发挥人才资源的价值与优势,而高等学校在这方面则恰有其最为合适的用武之地。西北农林科技大学定点扶贫工作,一直重视培育和挖掘本土人才,其在多年农技推广工作中形成的"西农模式"正是突出了学校专家对口培养乡土人才的工作,才让学校与地方经济的发展建构了紧密合作的伙伴关系。通过对乡土专家的培养和挖掘,地方真正形成了可持续发展的农业科技人才队伍。此外,重视人才在扶贫攻坚工作中的重要价值,也意味着我们需要引进和留住外来人才。西北农

---

① 曾鼐:《习近平强调人才是第一资源 专家解读四重含义》,中国新闻网,2018年3月18日,http://chinanews.com/gn/2018/03-18/8470546.shtml。

林科技大学引导学生到基层、到贫困地区创业与就业，让学校培养的部分优秀人才在基层扎根发展，通过他们的带动实现了地方人才的孵化与培养。

邓小平同志曾说过："农业的发展一靠政策，二靠科学。"[①] 党的十八大报告指出："科技创新是提高社会生产力和综合国力的战略支撑，必须摆在国家发展全局的核心位置。"脱贫攻坚对于广大农村而言，仍要大力发展农业，而农业和农村的发展需要插上科技的翅膀。西北农林科技大学作为国家重点农业高等学校，其本身就是农业科技的生产者与创新源头，在推动农业产业兴旺和农村富裕发展的进程中，其肩负着不可推卸的使命。为了强化农业科技扶贫，学校以大学为依托的推广模式共有28个试验示范站，46个示范基地，涉及15个省102个县市，未来硕士研究生的培养将与试验示范站进行更加紧密的结合。与此同时，在学校教师职称评审方面推出了"推广系列"，还制订了相应的制度、资金、农业科技转化等配套方案。最后，按照国家提出的科技兴农和质量兴农战略，学校鼓励和引导科研工作者突出自己的社会服务功能，提出了"将论文写在大地上"的口号。

可以说，书记帮镇助力团是西北农林科技大学定点帮扶合阳脱贫攻坚过程中的靓丽风景线。这道风景线不仅凸显了西北农林科技大学党委在定点帮扶工作中的责任与担当，更是对党建扶贫与高校定点扶贫结合后的实践创新。以下，本章将主要通过动物科技学院、化学与药学院、植物保护学院和人文社会发展学院书记帮镇助力团的定点帮扶展现西北农林科技大学对口帮扶合阳的创新实践与探索举措。

第一节 用好三个资源，发力精准帮扶

2018年，动物科技学院开展精准扶贫工作以来，学院党委高度重视、积极响应，准确把握精准扶贫行动的核心内容和总体要求，多次组织专家教授进村入户，为困难群众、贫困户问诊把脉，争取多方支持，寻求脱贫门路。书记帮镇助力团，以党委书记为核心，这就要求学院党委书记对定点扶贫工作形成系统全面的认识，同时也要给学院自身明确的帮扶定位，

---

① 邓小平：《邓小平文选》（第3卷），人民出版社，1993，第77页。

如此才可能实现相对精准的帮扶。

　　在动物科技学院党委书记赵延安看来，作为西北农林科技大学的二级学院，其参与定点帮扶工作，要注重发挥好三个优势：第一，要发挥好学院的科技资源与人才优势，这个主要体现在学院的专家技术人才方面，他们本身就是科技资源和人才资源的统一体，只有充分发挥他们的优势，学院的扶贫工作才有基本的抓手和落脚点；第二，要发挥校友以及学院教职工在特定行业资源的优势，对于动物科技学院来说，其有大量优秀校友活跃在畜牧水产行业，学院有一大批专家教授在相关行业当中具有较高的知名度和号召力，因此充分发挥校友资源与行业资源优势就会让学院的帮扶力量扩大数倍，这对于脱贫攻坚工作意义显著；第三，要注重发挥学生创新创业的优势，学生是学院的宝贵资源，青年人的特点也决定了其能够在扶贫工作中贡献自己的创意和智慧，其对贫困地区扶贫工作的参与同时也有助于形成开展扶贫工作的良好氛围，让贫困户的扶贫工作参与变得更加积极主动。

　　此外，在动物科技学院党委书记赵延安看来，学院帮扶工作的具体对接对象也要依据行业的实际发展情况来确定，而不是机械地与贫困户直接对接。从合阳县畜牧业发展的情况来看，小农户基本上很少从事养殖业，且小规模养殖也确实难以获得可观的收益，因此在对接地方扶贫工作的时候，动物科技学院选择了与农业龙头企业、专业合作社和大户等进行对接，但这种对接并非不顾及扶贫任务，而是通过创新扶贫工作形式来实现对贫困户的帮扶。比如，与地方养殖公司的对接，就实现了公司对贫困户育肥猪的代养，贫困户在不需要负担成本和承担风险的情况下就可以分享养殖收益。如果机械地要求学院科技专家与小农户进行对接，则无法很好地显现帮扶的成效，当然在针对养殖业所进行的各类培训活动中，贫困户都是能够积极参与的，贫困户养殖能力的发展也是学院帮扶工作的重要内容之一。

　　当然，在实施具体帮扶的过程中，动物科技学院党委书记也总结说，"学院对接乡镇的帮扶工作，一定要注重发挥地方政府的作用。我们学院的帮扶工作，一般情况下会有所在乡村的党委、政府与村干部出现。学院的帮扶工作也要与地方政府的经济发展规划和产业规划相结合，不然就会出现冲突，不利于扶贫工作"。作为外来的帮扶力量，高等院校专家需要通过地方政府的引入才能够使农民建立起对专家学者的信任，且地方政府干部的在场也是对学院扶贫工作的一种无形支持，因为学院扶贫工作并非日常性和常态性的，而地方政府的扶贫工作则是更具有持续性和预期性的，因此贫困户对政府的依赖和信任也是学院开展扶贫工作的重要基础和保障。

一 摸清贫困的基本情况是有效帮扶的前提

合阳县黑池镇东临黄河，西接金水沟，北依新池，南接大荔，距县城东南22公里，总面积146平方公里，辖9个新型农村社区，16个行政村，总人口53142人，主导产业以红薯、设施瓜果、黄花菜、畜牧养殖为主。全镇共有太定、西休、黑东、五丰社区、高池社区、马家庄社区、东洼社区、吴仁社区8个贫困村，2018年动态调整后建档立卡贫困户2764户9994人。2018年，黑池镇将有1376户4799人实现脱贫，东洼社区、吴仁社区、马家庄社区、高池社区四个贫困社区实现"脱贫摘帽"。该镇属合阳县贫困规模最大的乡镇，其原因主要集中在：一是谋富思路不宽，增收门路窄，基本都是靠种地为生，且人多地少，部分村民靠外出打工维持生计；二是土地贫瘠，村里连年耕种，土地生产力透支，土壤贫瘠；三是信息闭塞，村民整体文化水平不高，思想观念跟不上，接受新事物新知识的能力不强，并且农村实用科学种养殖技术掌握率低；四是村集体经济薄弱，产业结构单一，农村致富能手少，科技力量跟不上，缺乏新思路新方法；五是个别家庭由于老弱病残障等原因，经济收入来源少。在调查的基础上，才能有的放矢，也才能够让书记帮镇助力团的帮扶工作切实有效。

二 帮扶工作进展情况和主要做法

紧紧围绕"精准扶贫、精准脱贫"任务，动物科技学院书记帮镇助力团开展了扎实有效的扶贫行动。

第一，在学院党委的组织与动员下成立了定点扶贫"专家助力团"。根据学校成立扶贫"三团一队"工作统一安排，动物科技学院成立了由曹斌云教授任团长，孙世铎教授任副团长，胡建宏教授、王高学教授、吉红教授、任战军副教授、王立新副教授、宋宇轩副教授、董武子副教授为成员的专家教授助力团,对口合阳县黑池镇扶贫工作。助力团的主要任务是在学校扶贫工作办公室领导下,对接乡镇和产业园区,立足合阳县产业资源优势,协助做好农业产业项目提质增效。

第二,开展产业与科技扶贫的全面调研,掌握镇情民意。2018 年 3 月 20 日,学院党委赵延安书记、胡建宏教授随学校书记帮镇助力团赴合阳开展扶贫工作,考察了黑池镇产业示范园、申庄村、北吴仁养猪场及沿黄水产养殖场,通过与该镇镇长雷军、科技副镇长张敏娟进行座谈,详细了解该镇产业及贫困人口情况。同年 11 月 23 日,动物科技学院党委书记赵延安率领胡建宏教授、董武子副教授随校扶贫办副主任王增信赴黑池镇进行技术指导和产业帮扶,就合作社建设、贫困户带动、产业布局及养殖种植过程中存在的问题进行深入了解,及时准确掌握帮扶村和帮扶户的基本情况、存在的问题和下一步打算,帮助厘清发展思路、找准发展方向、选准致富产业、制定增收措施。

第三,聚力科技扶贫,助力脱贫攻坚。借助学校在农业方面的专业技术特长,动物科技学院党委组织专家教授在黑池镇面向养殖户先后组织 7 场技术指导与培训,切实解决养殖户在生产中遇到的难题。2018 年 4 月 9 日,王立新副教授针对黑池镇新兴村养鱼专业户开展养鱼技术培训,胡建宏教授在北吴仁村开展养猪技术指导与培训;同年 11 月 23 日,胡建宏教授和董武子副教授在黑池镇科技副镇长郝冬冬的邀请和陪同下到吴仁社区超越养殖专业合作社和天泉农产品专业合作社分别就非洲猪瘟及池塘养鱼技术进行工作指导和培训。还与第一批黑池镇科技副镇长张敏娟一同组织学校相关专家进行了核桃高效栽培管理技术、西瓜高效栽培管理技术和多肉植物种植 3 场技术培训。另外,动物科技学院书记帮镇助力团还积极联系农学院何一哲副教授为天泉园区引进彩色小麦新品种 35 亩。总计 7 场技术指导与培训累计培训 300 余人次。

第四,找准增收路子,支持产业发展。在充分调研的基础上,动物科技学院书记帮镇助力团为黑池镇制定了扶贫产业规划,重点围绕种植、养殖、基础设施建设等方面,找准帮扶立足点和切入点。该学院党委向黑池镇太定村天泉农产品专业合作社捐赠酸石榴苗木 300 株,价值 1.5 万元,支持合作社产业发展并持续开展技术指导;向黑池镇吴仁社区超越养殖专业合作社捐赠电脑1台,进行农业科技的"互联网+"推广;支持0.5万元为黑池镇太定村天泉农产品专业合作社产业园区检测土样和水样,为该园区种植业提供科学依据。学院共投入经费3万元,其中直接经费2万元支持黑池镇产业发展。

第五,搭建校、地、企合作平台,为扶贫点提供援助项目。引进校友企业,在建北吴仁生猪代养场,2018年陕西正能农牧科技有限责任公司向该猪场投放仔猪2000头,价值100万元,投放饲料价值100万元,同时,正在黑池镇再建一个育肥场,总投入超过5000万元,已征地施工。此外,动物科技学院书记帮镇助力团正在与合阳县政府洽谈,引进奶山羊企业,在合阳县建立挤奶站及奶山羊养殖基地。同时,实施"外婆家红薯"创业计划,解决黑池镇红薯产业中鲜红薯销售难的问题。

图3-1 西北农林科技大学学生帮花椒种植大户摘花椒

第六,积极推动学生"三下乡",为扶贫点营造良好氛围。西北农林科技大学每年暑期都组织开展内容丰富的"三下乡"社会实践活动,2018年共组织630支社会实践服务团队,7000余名师生奔赴陕西、甘肃、宁夏等20多个省(自治区、直辖市),开展科技支农、扶贫攻坚、文化宣传、教育帮扶、环境保护、社会调研等实践服务。而动物科技学院则在2018年暑期组织多支社会实践队伍参与合阳定点帮扶工作。

图3-2 胡建宏教授带领学生为社区养猪大户讲解夏季猪的饲养管理技术

第二节 依托专业特色，实现有效帮扶

打赢脱贫攻坚战，关键在于党的领导。为促进和推动高校基层党建工作与精准扶贫同向同行、融合发展，充分发挥高校基层党组织高知群体党员的先锋模范作用和党支部的战斗堡垒作用，将党建优势转化为扶贫优势，是西北农林科技大学书记帮镇助力团成立的初衷和背景。正如合阳县对书记帮镇助力团所评价的那样，书记帮镇助力团多次为各镇（街）产业规划开展咨询指导，全力提供全程技术培训和手把手技术指导，带动特色产业发展壮大，助推脱贫摘帽和乡村振兴。在我们看来，化学与药学院书记帮镇助力团之所以在定点帮扶合阳的过程中取得了较为显著的成效，得益于以下几个方面的工作。

一 书记领衔挂帅，强化精准扶贫认识

提高政治站位，强化政治引领。深入学习把握党中央和地方党委、政府对扶贫工作的方针政策，把各项安排和要求了然于胸，深深地印在脑海里；学习党章党规，做一名合格的共产党员，时刻以身作则去影响带动别人；帮助基层党员干部认真学习，努力学习，做到心领神会，不能混同于

普通老百姓。除此以外，在学院党委书记的带领下，学院党员还专门学习了《关于进一步完善定点扶贫工作的通知》《教育部关于做好新时期直属高校定点扶贫工作的意见》《中央单位定点扶贫工作考核办法（试行）》《教育部2018年工作要点》等中央、部委以及学校的扶贫工作相关要求。

正如中央关于定点扶贫工作所要求的那样，须建立定点扶贫工作机制，明确具体工作机构和责任人，制订定点扶贫工作规划和实施方案。单位领导同志每年应至少到定点扶贫县开展一次扶贫调研，推动工作落实。要将定点扶贫工作与党群工作密切结合起来，广泛发动本部门、本系统干部职工参与到定点扶贫中来，多方筹措帮扶资源，为定点扶贫县贫困群众办好事、办实事。定点扶贫的工作重点是，坚持精准扶贫、精准脱贫，协助地方党委和政府拓宽工作思路，改革创新扶贫方式，抓好中央各项扶贫政策落地。发挥自身特点和部门优势，利用当地资源，因地制宜开辟脱贫致富路子。采取培训、转移就业等多种形式，增强当地干部群众依靠自身力量脱贫致富的能力。基于此，学院党委通过组织生活会或专题工作会议等途径，强化扶贫工作的思想发动和政治引领，将参与定点扶贫工作的重要意义认知转化为广大党员教师的使命担当与自觉行动。广大党员教师普遍认为，扶贫工作与教学科研，在表面上看是冲突的，但本质上两者则是一致的。

二　发挥学院优势，突出帮扶工作重点

在化学与药学院党委书记王进义看来，高校最突出的优势在于：技术、智力和人才。针对合阳的定点帮扶工作一定要从自身的优势出发，实现自身的优势和当地的需求相结合。因此，在书记帮镇助力团的帮扶过程中重点选择了产业扶贫和科技支持方面的工作，一方面，帮助当地确立优势和主导产业；另一方面，为优势和主导产业的发展提供技术指导和支持。与此同时，地方产业发展中欠缺的信息、市场等问题，也可以通过书记帮镇助力团得到很好的解决。

尽管地方脱贫对资金也有很大的需求，但这并不是高校的优势，因此这不可能成为书记帮镇助力团扶贫工作的重点。在高校的定点扶贫工作中，也应该注意避免造成"等靠要"的现象，重点是培养地方发展的"造血"功能。当地贫困户在药材销售上不顺畅，化学与药学院党委就搭建药企与

农户的购销平台；农户在种植技术上不过关，其就组织技术培训；农户在品种选择上不清楚，助力团就通过专家来进行品种选择与市场研判，以确定最后的种植品种。

三　明确帮扶路径，专家资源转化为脱贫动力

为深入推动精准扶贫工作，切实加强对扶贫工作的组织领导，化学与药学院将扶贫工作列入重要议事日程，周密筹划，扎实推进。根据学校成立扶贫"三团一队"工作安排，化学与药学院成立以党委书记王进义任团长，舒志明为首席专家，其他班子成员高锦明、张继文、周文明、胡代欣以及张存莉、郭宏波、杨维霞、段琦梅为成员，学院办公室赵保魁、吕璐为秘书的专家教授助力团，对口合阳县扶贫工作。专家教授助力团的主要任务是在学校扶贫工作办公室领导下，对接乡镇和产业园区，立足合阳县产业资源优势，协助做好农业产业项目提质增效。为了做好定点帮扶工作，化学与药学院党委书记王进义与首席专家舒志明多次深入和家庄镇进行实地调查并积极了解村情民意，与镇党委、镇政府开展多次座谈以了解地方扶贫的具体情况，共同商定精准扶贫年度工作计划。

结合自身优势与特色，化学与药学院党委确定了以技术帮扶、智力帮扶、产业帮扶为主，通过培训、学习、座谈等形式让帮扶对象实现增产、增收的帮扶路径，增强了贫困乡镇和贫困户的脱贫信心，为早日打赢脱贫攻坚战奠定了基础。为了切实做好合阳县产业扶贫工作，促进合阳县中药材产业发展，促进农民增产、增效、增收，2018年5月24日，化学与药学院书记帮镇助力团由党委副书记胡代欣带队，学院中药材种植专家舒志明副教授、陕西康盛堂药业有限公司副总经理南刚等一行四人，赴合阳县和家庄镇，通过"讲、访、看、销"等扎实工作，助力和家庄镇精准脱贫。这次帮扶的主要工作内容是：舒志明副教授在和家庄镇举办了黄芩种植技术培训，其他重点围绕如何减少杂草、如何降低种植成本、如何科学施肥、黄芩秸秆和叶片利用等方面，做了通俗易懂的讲解。之后，舒志明老师与种植户进行了互动交流，就种植生产过程中的实际问题答疑解惑。此外，书记帮镇助力团在镇政府相关负责人及种植户的陪同下来到中药材种植基地，进行实地考察，舒志明老师仔细查看了药材的长势及土壤状况，并对

种植户现场指导，给他们提出很多发展的建议。

图3-3 西北农林科技大学中草药教授为种植户讲授种植知识要点

图3-4 西北农林科技大学中草药教授实地查看中药长势并提供现场指导

随后，书记帮镇助力团及镇政府相关负责人一同来到和家庄镇秦龙中药材专业合作社及渭北中药材交易中心，就全镇中药材的种植情况、药材质量及合作社在运营过程中遇到的困惑进行了深入交流。最后，陕西康盛堂药业有限公司与秦龙中药材专业合作社签订了购销合同，帮助和家庄镇解决中药材销路问题。

图 3-5　陕西康盛堂药业有限公司与秦龙中药材专业合作社签订购销协议

类似以上的调查研究与实地帮扶活动有很多，这里举例列出的只是其中的一次。2018年上半年，化学与药学院在学院党委的带领下，共开展实地帮扶活动3次，帮扶成效显著。2018年9月3日，由校党委书记李兴旺带队，化学与药学院党委书记王进义将化学与药学院专家技术团队编写的《中药材高效生产与销售技术》等专业技术资料送到和家庄农户手中。通过学习这些资料，合作社、贫困户、农户基本掌握了中药材栽培关键技术，懂得了如何根据市场去选择种植中药材品种，提高了农民种植中药材的思想认识，减少了产业发展中的盲目性。

四　拓展帮扶平台，专家教授为中药材销售牵线搭桥

为了帮助当地的贫困农户解决中药材销售的问题，同时也提升中药材种植合作社的市场议价能力，在西北农林科技大学化学与药学院助力团的帮助下，陕西康盛堂药业有限公司与秦龙中药材专业合作社达成了购销协议。综观全国范围内产业扶贫面临的现实困境，农产品的销售是一个棘手的难题，尤其是在扶贫政策的推动下，农业产业的产量会在短时期内快速增加，如果不能很好地解决销售问题，产业扶贫不仅无法提升贫困户的收入，甚至会给

贫困户带来负担。因此，通过专家教授助力团在行业内的影响力来引入可实现规模收购的药企则可以很好地解决农产品销售难的问题。同时，中草药采购企业的引入在一定程度上也能够推动中药材种植的标准化，有助于提升农业产业化水平，这对推动当地中草药产业长远发展的意义是十分明显的。

五　强化帮扶保障，推动责任落实、措施到位

为保障帮扶项目顺利落实落地，化学与药学院党委书记代表学院与学校（校扶贫办）、合阳县和家庄镇人民政府签署了定点扶贫帮扶项目——书记帮镇助力团合同书。合同书的具体内容，不仅涉及科技扶贫培训的内容，如中药材种植技术、联系企业帮扶中药材销售、教师和大学生帮扶困难家庭学生，还对培训项目的进度进行了明确的安排。以每个帮扶年度为单位，上半年主要进行科技支撑扶贫，以技术培训、联系制药企业、举办讲座为主；下半年主要进行科技智力扶贫，以教授、专家、研究生走进教室、走上讲台，开发智力为主。该培训项目以西北农林科技大学化学与药学院为牵头单位，以西北农林科技大学党委组织部和扶贫办公室为主要协作单位，化学与药学院承担项目执行的主要成员是学院党委书记王进义，院长高锦明，副院长周文明，副院长张继文，学院党委副书记胡代欣，教授张存莉，副教授舒志明、郭宏波、杨维霞和段琦梅。为了保障项目的顺利实施，化学与药学院筹资5万元，主要用以支付助力团成员的差旅费、专家讲课费和培训费等。

同时，为深化项目执行效果，明确双方的责任和任务，合同对项目执行的相关职责和要求进行了明确的约定。西北农林科技大学党委组织部落实帮扶项目经费，校扶贫工作办公室做好服务工作，两者共同负责协调、监督项目实施，检查项目执行情况和经费使用情况；项目验收及成果鉴定，按西北农林科技大学相关管理办法和有关规定执行。西北农林科技大学化学与药学院负责项目具体组织实施，进行项目日常管理及检查监督，并按规定每季度向甲方报送项目执行情况报告和统计报表；按合同规定支出范围，对项目经费实行专款专用；接受西北农林科技大学对项目执行及经费使用等情况进行检查监督或审计；项目完成后，负责提出项目总结报告，及时做出经费决算，接受甲方组织的项目验收及鉴定。

合阳县黑池镇负责为项目实施提供必要的条件保障和配合；负责协调帮扶项目实施过程中和地方政府、技术管理部门、农户等之间的关系，解决相关困难；负责项目实施过程的日常配合与监督，随时向西北农林科技大学反映项目进展情况，并与校方共同对项目实施结果进行评估和验收。

对于可能出现的违约责任，项目合同中也进行了明确的阐述。西北农林科技大学化学与药学院项目负责人因主观原因不履行合同内容，导致项目失败或部分失败，情节严重者将按学校相关管理办法追究责任。

关于中药材种植技术的培训方案，具体每一次落实都要提前做好文本，培训方案的重点是要对培训的具体内容进行明确，参与培训的学员数量及其构成要明确，对培训的预期要求和目标要进行基本测算，对培训的时间和地点也要明确。为了保证培训效果，要制定切实可行的组织措施，比如地方政府方面谁负责牵头组织，哪些部门进行配合等；培训工作要设计合理和可行的流程，对授课方式也可以做出相对具体的设计与规划，同时在每次培训会后要与培训学员建立日常性的互动交流渠道，如微信群等。

六 强化技术带动，培养中药材种植"土专家"

在扶贫工作中，我们深知授人以鱼不如授人以渔的道理，一次的培训并不能解决当地中药材生产当中出现的难题。为了让本地中药材种植能手得到尽快的成长，化学与药学院舒志明副教授将多年研究和技术推广的心得变成了药农可以简单掌握的文字材料，同时还建立了微信等信息化交流群，以随时通过网络探讨和田间实践的方式实现当地农户中药材种植技术的提升。

七 强化持续帮扶，夯实脱贫的长效机制

尽管按照地方的脱贫进度，陕西省合阳县将在2018年底整体退出贫困县行列，但是西北农林科技大学"三团一队"的帮扶工作并不会就此停止。化学与药学院党委书记已经明确了学院下一步的帮扶计划，一方面是要从产品的深加工方面做文章，尤其是中药材和农产品，以扩大农民增收的空间；另一方面则是要做好新品种和新栽培方法的示范种植园建设，通过示范种植将高校、地方与农户紧密联系起来，让新的科技成果能够更好地惠

及贫困农户。

当然，在持续帮扶贫困户脱贫的过程中，化学与药学院党委也始终坚持一个原则，那就是扶贫与扶志的并行，在扶贫过程中谨慎开展实物帮扶，避免扶贫工作出现负向激励。在帮扶项目实施的过程中，助力团将注重调动农民的积极性，让农民在扶贫工作中真正动起来，而不是被动地接受各种帮扶。关于产业的确立，作为高校一方，助力团选择尊重地方政府的规划与产业定位，这并不是逃避责任，而是强调扶贫工作中的多方参与和合作，高校技术专家着重在产业的可行性、市场前景与技术基础等方面进行论证和筛选。为了让学院扶贫工作的成效持续可行，化学与药学院正筹备在合阳县和家庄镇建立一个产学研基地，这样就将原本非常态化的扶贫工作变成了常态化、持续性和连续性的扶贫工作，将原本的短线扶贫工作变成了长期的人才培养、产业推动和技术研发延续。

正如化学与药学院党委书记王进义所言，"每个地方，都要做好一件事；每个地方，都要做成一个长效性的东西，一定要明确地方发展的主攻方向。学院党委书记带头对接定点扶贫工作，从全局上看是合理的，以党建工作推动扶贫攻坚和乡村振兴，这不仅是党中央的明确要求，同时也有利于发挥广大党员教师的先锋模范与党支部的战斗堡垒作用，让党员教师在扶贫实践中接受锻炼并获得快速成长"。

第三节　发挥农技优势，助力产业扶贫

植物保护学院两任党委书记都高度重视学院扶贫工作，先后三次亲自带队到合阳进行具体帮扶。在植物保护学院现任党委书记张俊杰看来，学院的定点帮扶行动一定要以科学全面的扶贫工作认识为基础和前提。他认为，精准扶贫战略的提出是党和国家领导人高瞻远瞩的决定，扶贫工作是一项系统而复杂的工作，打赢脱贫攻坚战不可能一蹴而就；短期集中帮扶工作能够解决一些暂时性的困难，但是客观上看，扶贫工作仍是一项长期而艰巨的任务。

一　科学地认识扶贫工作是精准帮扶的前提

高校在扶贫工作当中具备自身的优势，这个优势集中在科技扶贫工作

当中，而科技必须与一定的产业进行对接，如此才能发挥出科技的扶贫作用。高校具备人才、技术、信息和科研成果的优势，而这些恰恰也都是实施科技扶贫工作的重要依托，通过科技扶贫工作与产业项目的结合，延伸产业链，从而提升产业附加值，为相应产业的农民提供增收动力。

农业产业是当前脱贫攻坚产业扶贫与科技扶贫中的基础产业，农业、农民和农村的特性也决定了农业产业在所有产业当中的弱质性，恰恰是这样一个弱质性产业承载着最多数量农民脱贫与发展的希望，因此作为高等学校，我们的扶贫工作一定要瞄准产业，要帮扶弱质产业，要从关切多数农民实际利益的产业项目上、产业项目发展中面临的重点和难点问题上去着手。

高校参与扶贫攻坚，到底能做什么事情呢？首先，要扶持、培育合作产业，这个所谓的合作产业既要集合地方的产业基础与产业优势，同时也要将高校的技术优势、科研优势与信息优势等进行结合，正因为实现了两个结合，所以第一阶段的帮扶工作应该是形成合作产业，合作即实现双赢，高校可以依托产业进行科研和成果转化，而地方则可以通过产业实现经济增收和脱贫带动。在形成合作产业的基础上，要帮扶村镇建立长期合作的主导产业，这个主导产业一定是具有市场竞争力的，同时也是能够体现我们帮扶学院核心农业科技的，这样的主导产业可以实现相对可持续的发展。

以植物保护学院定点帮扶的合阳县城关镇为例，其农业产业呈现小而杂的情况，如何形成优势特色产业，或是一乡一品甚至是一村一品的产业格局，这也是书记帮镇助力团帮扶者需要深入思考的。在其看来，一定是确定了主导产业和特色产业之后，再紧接着跟上科技示范、产业服务等才能够把扶贫工作做到实处，而在这个方面，西北农林科技大学下属学院则可以很好地发挥其作用。在产业服务方面，生产技术与田间管理是相对比较容易的，但是后期的销售与市场方面则仍需要下大力气解决。

依托科技资源优势，在对接地方的科技扶贫工作中，高校应重点做好农技推广与技术培训工作，针对致富带头人、科技示范户、产业示范户和基层党组织等进行多维度和多元化内容的培训。

回顾一年来的扶贫工作，植物保护学院参与合阳定点扶贫工作的主要内容，可以归结为几个方面：第一，成立书记帮镇助力团，组织带领全院的教学科研人员参与扶贫工作；第二，与人文社会发展学院相结合（两个学院都对口帮扶城关镇），两个学院先后开展 6 次调研，在调查研究的基础上摸清产业发展的痛点与困境，之后进行有针对性的农民科技培训与农业生产的现场指导。合阳县城关镇下辖 17 个行政村，12 个农村社区，233 个村民小组；总人口 11.69 万人，其中农业人口 5.7 万人；总面积 161 平方公里，耕地 12 万亩；有贫困户 1632 户，贫困人口 5928 人。当地农业产业结构较为简单，以黄花菜、葡萄、樱桃、花椒、食用菌为主，种植面积为 500 亩到 1200 亩不等。

为了摸清农户生产中存在的主要问题，在两个学院党委书记的组织下，多位专家进行了实地走访调查，发现许多农户种植热情有余，但管理经验不足。针对农户反映的问题，结合植物保护学院病虫害防治的专业特点，提前做好 PPT，编印相关病虫害防治宣传彩页，带上投影设备，先后 5 次组织相关专家赴合阳县城关镇进行专业技术培训。

在 2018 年的扶贫工作中，植物保护学院书记帮镇助力团发生了不少典型事迹，张俊杰深刻地记得一次帮扶经历：一个草莓种植户，因为移栽草莓的时候，田地里面使用了太多的牛粪而导致草莓苗生长缓慢甚至出现死苗，而农户并不清楚其中的原因，在专家的指点下，迅速采取补救措施才将损失将到了最低。农业产业发展，说简单也简单，说复杂也挺复杂，这个方面，学院里专家很多，学院党委书记也是通过学习后得知很多产业的后期管护是非常关键的，蔬菜啊，水果啊，都是如此，中国农业已经出现了千年未有之大变局，在这巨大的农业转型中，传统农业将被逐步取代，而现代农业将成为主流，现代农业的典型特色就是农业科技普及率高、农业机械化水平高和农业劳动生产率高，所以技术技能培训越来越迈向了农业生产的全过程培训，以现代农业技术推动农业产业和扶贫产业发展是必由之路。

通过先解决认识上的问题，植物保护学院多位专家就在扶贫工作上达成了共识。不过，植物保护学院党委书记认为，在学院层面仅仅依靠党委书记抓扶贫还是不够的，尤其是在学院党委书记是纯管理干部的情况下，要真正做好学院对口帮扶工作，应该将扶贫工作作为学院党政领导的共同工作，这样就便于院长调动专家学者参与扶贫工作，这样的安排似乎更合理一些。扶贫是党政的大事情，齐抓共管，共同参与，也就实现了共同发展。当然，从植物保护学院书记帮镇助力团的帮扶情况来看，扶贫工作在事实上已经成为学院党政领导的共同工作，如此才让帮扶工作取得了明显的成效。

二　校地衔接，为定点帮扶铺平道路

按照学校关于2018年扶贫攻坚工作的统一部署，植物保护学院和人文社会发展学院共同帮扶合阳县城关街道办事处脱贫攻坚和乡村振兴工作。2018年3月20日，学校书记帮镇助力团成员植物保护学院党委书记郑英宁和人文社会发展学院党委书记王德连，带领冯浩副教授和何得桂副教授一行4人赴合阳县城关街道办事处进行了扶贫工作对接。

城关街道办事处党工委书记李小锋同志主持召开了座谈会，对学校两个学院的书记帮镇助力团表示欢迎，同时介绍了城关街道办事处脱贫攻坚工作的基本情况以及任务目标。赵晓东主任介绍了城关街道办事处产业结构和发展现状、脱贫攻坚主导产业建设进展情况以及存在的问题，并针对现状和问题就学院在扶贫助力工作方面的着力点提出了初步建议。

图3-6　西北农林科技大学相关领导与合阳县城关街道办进行座谈

座谈会上，植物保护学院郑英宁书记和人文社会发展学院王德连书记向与会同志介绍了西北农林科技大学书记帮镇助力团的主要任务和工作内容，表示将结合地方需求，进一步找准扶贫工作切入点和关键环节，协助城关街道办事处共同完成扶贫攻坚的光荣任务，发挥学校人才和科技优势，为合阳县脱贫攻坚和乡村振兴做贡献。之后，冯浩副教授和何得桂副教授结合各自学科专业特点，对下一步即将开展的专家教授助力团工作提出了一些设想。而在这次对接会议之前，学院的相关专家已经深入扶贫工作一线对贫困户的需求、地方发展规划与扶贫的可能路径进行了系统的调查。高等学校助力地方脱贫攻坚，这意味着书记帮镇助力团一定要扮演好助力的角色，要与地方政府形成紧密的合作关系，客观上看地方政府仍然是脱贫攻坚的主导力量，也是中国扶贫的特色，更是中国扶贫获得世界赞誉的重要经验。

会后，书记帮镇助力团一行先后到城关街道办事处两大农业产业园区"千亩黄花菜生产基地"及"恒源林牧基地"进行实地考察。西北农林科技大学挂职合阳县副县长崔永健同志以及挂职科技副主任黄兴发同志全程陪同座谈和考察。扶贫产业具有显著的地域差异和品种差异，因此在扶贫工作中，书记帮镇助力团成员十分重视实地调查，通过调查来发现问题并寻找可行的解决方案，这也是西北农林科技大学专家团队在长期科技工作实践中形成的良好品格。

图3-7　书记帮镇助力团实地查看樱桃产业

三　真抓实干，以帮扶促成效

植物保护学院书记帮镇助力团成员在学校扶贫工作办公室领导下，对接乡镇和产业园区，立足合阳县产业资源优势，协助做好农业产业项目提质增效。2018年助力团先后5次组织相关专家赴合阳县城关镇进行专业技术培训，分别是：城关镇葡萄园、樱桃园、巨丰产业示范园实地考察与培训（4月18日）；樱桃栽培管理技术专业培训（4月26日）；葡萄栽培管理技术专业培训（5月17日）；花椒栽培管理技术专业培训（6月29日）；助力团专家对城关镇巨丰产业示范园、丰阜产业示范园、硕丰产业示范园和后稷庄园产业园区进行实地考察，草莓栽培专家郁俊谊教授就设施草莓的种植管理进行了现场指导（11月1日）。

为落实包抓镇扶贫任务，2018年4月18日，植物保护学院冯纪年教授、祁志军副教授组成专家教授助力团赴合阳县城关镇开展科技服务和精准扶贫工作。专家团日夜兼程，到达合阳县城关镇就立即与城关镇党委副书记车亚丽、农办主任习武俊等就"一镇一对一"帮扶工作进行了座谈。座谈结束后，顾不上歇息，专家团成员进行了实地走访，考察了城关镇巨丰产业示范园并对园区存在的病虫害防治问题进行了技术指导。

随后，专家团成员走访了城关镇的樱桃和葡萄种植户。专家团成员对前期农作物的冻害情况和果树栽培过程中存在的问题进行了详细了解，针对农户关心的果树冻害、樱桃流胶病与小叶病、葡萄酸腐病与根腐病等问题一一做了解答，并提出了相应的补救措施与用药方案。专家团表示，下一步扶贫组将组织学院更多的专家对农户进行果树栽培与病虫害防治方面的专业技术培训，帮助农户做到科学种植，保产增收。

2018年5月17日，学院精准扶贫专家教授助力团赴合阳县开展工作。邀请农业推广专家兼陕西省葡萄产业协会技术顾问时春喜研究员，在合阳县城关镇南楼村村委会向果农讲解了葡萄病虫害及其防治的相关知识。

时春喜在培训过程中告诉果农，由于受到前期冻害影响，葡萄树势降低，花期推迟，红提等品种属于二次开花。一方面要通过结果枝多留1~2个叶片增加光合作用和根施氨基寡糖素营养肥等措施恢复树势，另一方面疏花、疏果时应严格控形控粒，提高后期葡萄品质和品相，多产优质商品果。

第三章 书记帮镇助力团：定点帮扶的靓丽风景线

图3-8 西北农林科技大学植物保护专家现场指导樱桃田间管理

针对有些果园出现葡萄树大量枯死的情况，他从机理上解释了树体死亡的原因并提出了相应的治疗和预防措施。

最后，时春喜研究员提醒果农，目前正值葡萄花期，是保产增收的关键时期，希望果农朋友忘掉冻害的阴霾，按照培训的技术要点做好管理，打好翻身仗，做到减产不减收。

图3-9 西北农林科技大学专家田间指导葡萄管护

2018年11月1日，学院党委书记张俊杰带领专家团团长冯纪年、园艺学院郁俊谊教授等一行6人赴合阳县城关镇开展产业扶贫工作。合阳县城关街道办党工委书记李小峰、主任赵晓东、人大常委会主任车亚丽、武装部长张波、农办主任习武俊，对专家团的到来表示欢迎，并就目前城关镇产业扶贫现状和工作中遇到的问题进行了协商和交流，希望学校专家教授能为辖区内的产业园区共同把脉，推进城关镇的扶贫工作。

近年来，合阳县城关镇以种植草莓、红提、花椒等为主导产业。由于技术跟不上，管理不到位，产业发展受到影响。

专家团了解情况后，先后前往丰阜、硕丰和后稷庄园等产业园区进行实地指导。针对园区内大棚草莓生长势弱、发育迟缓等问题，草莓栽培专家郁俊谊教授在询问果农相关信息后，认为种苗弱小、地温偏低是症结所在，提出尽早覆膜提高地温并配合叶面追肥的补救方案。同时，建议园区主管要提前谋划，做好来年自备育苗准备，聘请专业技术人员全程指导，确保增产增收。

图3-10　西北农林科技大学专家参观指导合阳县扶贫产业园

在葡萄园区，冯纪年教授就葡萄采后的秋冬季管理进行了现场指导，建议果农尽快修剪清园、施足基肥、做好冬灌和压埋，以利于果树复壮和安全越冬，为来年丰产打下基础。根据2018年春季倒春寒给农民带来的减产减收的教训，提出了针对倒春寒灾害的预防办法。现场接受指导的村民和园区技术人员都感到受益匪浅。

通过几次技术培训和发放培训资料，一定程度上解决了当地种植户在果树栽培中遇到的技术问题，种植户们对病虫害的种类和防治技术有了一定的了解。一些头脑灵活且文化基础较好的农户都很有潜力，有望成为相关产业的本土专家，而一些文化程度较低的农户也正在通过不断强化学习来提升自己的现代农业科技意识和农技应用水平，在现代农业科技的武装下，合阳县城关镇的产业扶贫工作已经具备可期的发展前景。

四 定点帮扶中的典型案例

1. 趴在大地上做诊断的教授

2018年4月上旬，在合阳多个红提种植园区出现了大量死苗的现象，冯纪年教授首先怀疑葡萄根部是否寄生了根瘤蚜。由于根瘤蚜个体小且隐藏在根际土壤中，为了查看其危害情况，冯教授将葡萄根部土壤翻开，趴在地上仔细检查。在排除根瘤蚜危害原因后，他认为2017年秋季掩土保温深度不够、冬季低温和2018年4月初的倒春寒可能是引起葡萄弱苗受冻致死的主要原因，分析了受灾成因后，冯教授提出了相应的补救方案和来年的预防措施。而对于现场陪同和接受技术指导的农户来说，最让他们难忘的一幕是这位60多岁的老党员、老教授趴在地上给葡萄做诊断。

图3-11　西北农林科技大学教授趴在地上为合阳农户葡萄做诊断

2. 面对困难，及时援手

2018年11月初，本该是设施草莓的孕育花蕾期，但合阳巨丰产业示范园的草莓枯黄、生长缓慢。植物保护学院党委书记张俊杰得知消息后，很快联系了草莓专家郁俊谊教授，并一同赶往合阳。在实地了解了情况后，专家判定出现问题的核心原因是种苗弱小、地温偏低，其提出要尽早覆盖地膜提高地温并配合叶面施肥进行补救。同时，建议园区管理者要提前谋划，来年做好育苗准备，聘请专业技术人员全程指导，确保增产增收。正如与西北农林科技大学相关专家有过接触的农民所言："这些专家是真的来帮扶我们的，不是走过场，走形式，像他们这样的大专家能够来到我们普通老百姓的田间地头，真的是让我们佩服，西农了不起啊！"学院对口帮扶工作也就是在危难时刻才能够得到充分的检验，而事实证明，植物保护学院书记帮镇助力团经受了考验，是贫困户脱贫致富的贴心人。

第四节　施展学科本领，服务定点扶贫

人文社会发展学院也是帮扶合阳县城关镇的重要力量。为深入学习贯彻党的十九大精神，全面落实学校党委关于打赢脱贫攻坚战的决策部署，学院党委高度重视扶贫工作，通过切实发挥学科优势和人才优势，在自己可行的能力范围内积极推进定点扶贫工作任务的落实。人文社会发展学院书记帮镇助力团的定点帮扶工作具体可以分为以下四个方面。

一　提升认识，有效动员

为了提升思想认识，在思想层面形成助力合阳脱贫攻坚的合力，人文社会发展学院党委多次召开中心组扩大会议，学院党委书记王德连领学了习近平总书记在中共中央政治局3月30日召开的2017年省级党委和政府脱贫攻坚工作成效考核情况汇报会上的讲话精神，学习了中央农村工作会议精神，传达了教育部关于教育领域脱贫专项治理有关文件精神和学校扶贫工作会议精神等内容。会议要求，全院教职工要提高政治站位，深刻认识做好扶贫工作的重要性；要按照校党委工作部署，厘清工作思路，发挥学院人才和专业优势，为"坚决打赢脱贫攻坚战"贡献力量。人文社会发展学院并

没有与农业产业相关的核心技术专家，因此书记帮镇助力团的扶贫工作并不能借鉴西北农林科技大学其他书记帮镇助力团的做法，但是人文社会发展学院也有自己的优势学科和特色专业，发挥好学科、专业和人才优势，这就是人文社会发展学院书记帮镇助力团扶贫工作的基本立足点和着力点。

在学院党委书记王德连看来，既然定位为"助力团"，"我们就要做好角色定位，所有的助力帮扶工作是不能给地方增加负担的，不需要地方领导干部陪同，更不需要他们接待，所有的费用也都是我们自己承担的；其次，助力团也意味着，我们不可能成为地方扶贫攻坚的主导力量，要着重从自己的专业优势和市场信息等方面为脱贫工作做好贡献。人文社会发展学院的专长不是农业技术与科技，但是我们也有自己的优势。比如，开展扶贫脱贫专项调查，对农民的需求、农民的困难、地方政府的需求和地方发展基础与优势等进行系统深入的调查，则可以为西北农林科技大学各个学院的扶贫工作提供第一手的信息和材料，这样也有助于我们开展更加精准的帮扶工作"。对于地方脱贫与扶贫的政策执行与实践优化而言，人文社会发展学院是很有优势的，专家教授助力团成员都是长期从事扶贫领域学术与政策研究的专家，且他们多次参加陕西省扶贫评估工作，在精准扶贫与扶贫退出方面积累了大量的经验，学院多位专家在扶贫领域形成的政策咨询报告获得过省部级领导的多次批示和肯定。

动员学院专家教授参与定点扶贫工作，这是将认识转化为行动的关键，对此人文社会发展学院党委书记曾多次召开专门会议，请书记帮镇助力团成员为合阳扶贫献计献策，同时还筹集专项经费为帮扶工作提供物质保障。对于助力团的多位专家而言，他们长期从事贫困机理、扶贫政策与脱贫实践研究，而这样的帮扶工作不仅为其研究提供了难得的平台和机遇，同时更对其理论与实践相结合的能力提出了更高的要求，对其实现学术研究的价值并转化学术研究成果也是极大的促进。因此，在学院党委书记的带领下助力团成员多次深入合阳扶贫一线，对地方的扶贫对策、贫困户的脱贫路径和贫困成因及其治理举措等开展了系统深入的调查研究，这些工作有力地推动了定点帮扶镇——城关镇扶贫工作的有效开展。

二　成立专家教授助力团，推进扶贫工作

为落实脱贫攻坚工作，全面落实学校下达的扶贫工作任务，更好地推动人文社会发展学院对口帮扶的合阳县城关街道办事处扶贫工作精准开展，2018年4月25日学院组建了"精准扶贫"专家教授助力团，由副院长赵晓峰担任团长，付少平、何得桂、邢成举、陈辉等为助力团成员，助力学院脱贫攻坚任务的完成。这样就形成了学院党委书记抓专家、专家抓扶贫的组织架构。学院专家长期从事社会科学研究且关注边缘与弱势群体的发展，因此助力团专家都十分积极地参与扶贫工作，这也是体现其社会责任感和担当意识的重要表现，更是新时代党员教师战斗堡垒作用得以发挥的重要平台和载体。

三 结合学院实际开展精准扶贫

为落实包抓镇扶贫工作，人文社会发展学院领导主动带领专家教授助力团成员，先后多次到城关镇开展工作。学院党委书记王德连分别于2018年3月20日、4月9日前往合阳县对接扶贫工作，通过座谈交流广泛听取意见和建议，深入田间地头实地考察扶贫项目，了解当地群众生产、生活实际问题，进一步明晰扶贫工作重点，为学院制定具有针对性的帮扶实施方案提供参考依据，确保学院帮扶对接工作满足实际需要，实现精准帮扶；同年5月4日，学院副院长、"精准扶贫"专家教授助力团团长赵晓峰带领10余名师生赴合阳县城关镇开展了为期12天的服务对接和精准扶贫评估调研工作，访谈农户50多户、农村基层干部10多人，参观调查现代农业扶贫产业园区4个，并走访县扶贫办、县农科局（园区办、果业局、农机局）、县国土局移民（扶贫）搬迁办公室、县信访局、县民政局及城关镇等相关扶贫单位，从总体上把握了合阳县及城关镇扶贫工作的宏观政策环境、中观操作机制和微观实践现状，与城关镇政府相关部门座谈，就精准扶贫中的精准识别、非贫困户心理失衡、扶贫衍生的新问题做出分析和评估，并提出相应建议；同年8月15日，由魏程琳、陈辉等9名师生组成的助力脱贫攻坚调研服务队前往坊镇乾落村围绕学校"三团一队"扶贫模式、精准扶贫和乡村振兴三个主题展开进村入户调研，在10天时间里，调研服务队访谈了村民、村干部、驻村扶贫干部20余人，并分别与该镇扶贫办、民政办、农办、科技副镇长等部门工作人员座谈交流，围绕高校助力地方扶贫的经验与机制、乡村振兴的社会基础、精准扶贫的运作机制、村级组织建设、乡村文化、农村产业发展、社会治理体系、城镇化等内容进行了研讨；同年10月10日，学院院长朱宏斌教授一行5人赴学院对口扶贫帮扶点——合阳县城关街道办开展对接帮扶工作，对城关镇鑫登家庭农场、七里食用菌产业园等开展调研，了解基地在基础设施建设、土地流转、贫困户带动、产品销售、投资建设、产品构成等方面的现状，提出了建设性的改进意见，并勉励学校在合阳挂职的科技镇长团成员积极加强和对接学院的联系，将地方需求和对接学院的科教资源供给有效结合，助力城关街道办脱贫工作。

学院重视发挥基层党支部在党建扶贫、文化扶贫、教育扶贫等方面的作用，结合学院科教资源特色，充分发挥党支部战斗堡垒作用。学院公共事业管理本科生党支部根据合阳县教育局推行的帮扶贫困户建档立卡贫困学生政策，开展了以"灯塔光明，伴你前行"为主题的"大手牵小手"教育三扶活动，对贫困学生扶学业、扶生活、扶志向，在近百册捐赠图书、印有"公共事业管理本科生党支部"字样的笔记本和学校的纪念明信片上写下一句句鼓励的话，并及时将爱心包裹寄往坊镇中心小学，该活动受到了陕西省教育厅网等多家媒体的宣传报道。

组织选派优秀研究生助力脱贫攻坚。学院党委书记积极动员研究生参加学校组织的科技镇长团助力合阳县定点扶贫工作，学院环境法专业研究生张少鹏入选首批成员，在百良镇挂职锻炼期间，走访全镇31个行政村，通过科技镇长团助力科技产业扶贫工作，受到了当地群众的一致好评。在第一期服务期满后张少鹏自愿选择延长服务期，在身边榜样示范引领下，学院5名硕士研究生加入第二批科技镇长团，立志投身基层，服务基层，为合阳脱贫攻坚形成了有力的推动。

学院通过青年红色筑梦之旅创业大赛、暑期"三下乡"等平台，组织青年学生前往合阳县开展主题调研。2018年暑期，学院组织5支青年红色筑梦之旅创业团队、2支暑期"三下乡"队伍，围绕"'农业星'农业技术推广平台培育新型职业农民模式项目开发"，"高校三农人才队伍培育"，"西农法治小组对城关镇法律调查与协助"，"基于'AI+法律'技术的交通事故智慧理赔系统——助推合阳县交通事故纠纷解决"以及"校园营养减肥餐配送"等多个主题展开，调研走访了合阳县城关镇、坊镇、洽川镇、百良镇四个地点，全面了解掌握合阳县城关镇发展情况，为合阳发展建言献策，也为合阳的产业扶贫、基础设施扶贫、文化扶贫和健康扶贫等工作提供智力支持。

爱心消费助力合阳镇脱贫攻坚，2018年中秋佳节来临之际，学院工会从合阳县贫困户手里集中采购2万余元农副产品运到学校，陆续发到人文社会发展学院职工手里。学院将职工送温暖与扶贫工作相结合，是贯彻校党委切实做好扶贫工作要求的具体举措，通过消费扶贫既能实现精准帮扶贫困户，也能体现广大教职工对贫困群众的爱心。消费扶贫也实现了优质农产品的优价销售，有助于提升贫困户的收入，在一定程度上有助于解决农产品销售难的问题。

四 关于定点帮扶工作的思考与规划

脱贫攻坚是党中央确定的三大攻坚战之一，任务繁重，使命重大。针对目前的工作，下一步人文社会发展学院书记帮镇助力团将进一步发挥自身优势，全力助推合阳县脱贫攻坚工作，同时建立起更多常态化、制度化的扶贫工作机制，通过在合阳建立农村社会发展固定观测点，通过建设乡村振兴实验基地等形成与地方的长效合作，通过引入社会扶贫资源等实现持续帮扶地方脱贫。

一是继续组织书记帮镇助力团和专家教授助力团对接相关工作。主动与合阳县城关镇有关部门联系，在人员培训、志愿帮扶、发展规划编制等方面，提供全力支持，助推脱贫攻坚。

二是及时总结扶贫工作经验，对好的模式、好的做法要继续实行，在巩固已有经验做法的基础上，对扶教、扶智两方面进行总结凝练，形成可推广的长效机制；对扶贫工作中出现的问题和可行的解决方案等进行深入的调查和讨论，以形成切实的行动计划。

三是充分运用学院学科优势，让更多的社会学、公共政策专家参与到乡村振兴中，为"精准扶贫"和"美丽乡村建设"提供学科贡献，为建设生态文明发挥更加重要的科技支撑作用，为早日实现小康生活而贡献学院力量。

第四章 专家教授助力团：矢志不渝志在富民

第一节 渭北高原的那些人

1990年，著名作家陈忠实、田长山为西农大农技推广专家李立科先生写了一篇人物报道，题目是《渭北高原，关于一个人的记忆》，该文荣获全国1990～1991年报告文学奖，李立科先生的故事感动了全国人民。现年85岁的李立科先生仍不辞辛苦往返奔赴于合阳与西农之间，他放心不下在合阳进行的高产小麦和高秆留茬保墒试验。2018年10月1日下午，笔者走进甘井镇旱区试验站小院，在试验站的厨房里与李立科先生畅谈了一个下午。李立科先生精神矍铄、和蔼可亲，讲到动情处眼泪扑簌。他俯首甘为孺子牛、为振兴农业农村奋斗终生的事迹震撼人心，令人动容。随后，我们采访了合阳县的县乡村干部和甘井镇农民，对这位早已名闻天下且已退休25年的老人的事迹做了进一步的了解。

一 渭北高原上的记忆

李立科，1934年出生，1959年毕业于陕西省农业学校，西北农林科技大学资源环境学院（原陕西省农业科学院）农业技术推广研究员，历任陕西省植物保护研究所、陕西省粮食作物研究所副所长，陕西省农业科学院副院长，旱地农业研究室名誉主任等，陕西省农业顾问、政协委员。李立科在1987年、1988年两次被评为陕西省劳动模范，1990年获全国农业劳动模范称号；1991年被评为陕西省有突出贡献专家，享受政府特殊津贴。

1989年，解决陕西粮荒问题的李立科病危，受陕西日报社委托，陈忠实专程采访李立科的先进事迹，他和田长山合著的通讯报告在《陕西日报》发表后引起社会轰动，陕西省委、省政府做出《关于开展向李立科同志学习的决定》，随后该报社集中报道李立科事迹，2个多月的时间里发表通讯报告、社论、评论、文章共计63篇9万多字。省电视台、省里其他报社、《人民日报》、中央人民广播电台也同时聚焦报道李立科，许多群众给报社来信，呼吁各级干部带头学习李立科，做"李立科式的好干部"。各农业学院、陕西省各事业单位、各级政府围绕"学习李立科先进事迹"组织召开专题学习讨论会。在学习活动需要进一步深入时，陕西日报社记者同省委宣传部、省农牧厅联系，召开了有理论界、科技界和各方面领导干部参加的"李立科成长道路及其价值"理论研讨会。副省长王双锡出席研讨会，对报社宣传李立科给予充分肯定和高度赞扬，并提出了要结合本职工作，联系实际深入开展学习活动的意见。

甘井镇一批农民写信给《陕西日报》编辑部，感谢报社宣传了李立科这样为农民做实事的好干部，他们还寄去了谱写给李立科的诗歌。延安农业局几位年龄较大的女同志，被李立科的事迹感动了，主动要求到条件艰苦的地方去工作。[①] 陕西日报社在总结报道李立科事迹的文章中指出，李立科身上表现出来的科学求实、艰苦奋斗、无私奉献、全心全意为人民服务、始终同农民打成一片的高贵品质，是共产党人党性的体现，是人民公仆思想作风的体现，也反映了一个先进知识分子的追求。李立科精神同时下存在的懒汉懦夫、个人第一、金钱挂帅等腐朽没落的思想和官僚主义、以权谋私等各种不正之风形成鲜明对照，具有很强的现实性、针对性。与陈忠实合作采访李立科的田长山说："并不是任何一个采访对象都可以激励和调动起记者的全副身心和创造欲望，也并不是任何一个采访对象都可以构成精彩感人的报道。我想说，记者采写李立科的成功，有'因人成事'的味道。李立科本人蹲点几十年，为民造福，与群众形成血肉联系，事迹感人肺腑，催人泪下，这首先给采写者以情感激励，素材充实，这是任何成功报道的前提。无论谁碰到都会唤起巨大的采写热情。"1990年，记者采访时

[①] 陕西日报社委会：《加强典型报道　宣传时代精神——关于宣传李立科先进事迹的总结》，《新闻知识》1991年第5期。

见到许多人说着说着便泣不成声，记者有时也是流着泪在记笔记。李立科本人在接受采访时也流泪，李立科流泪伤心之处，是群众当年的贫困境遇；群众动情，是李立科是个大好人，是真共产党，为了让他们由温饱走向富裕，十年如一日般呕心沥血地实干苦干，结果身患癌症，难保天年。①

陈忠实对李立科给予了很高评价："我在那一刻，真实地理解了作为一个人的生命的意义和价值；那些男女乡民的眼泪，无疑是对一个堪称伟大生命的礼赞。"②

无限热爱农民、无限热爱农业的李立科在渭北高原留下了可歌可泣的故事。令人没有想到的是，1991年至今28年的时间里，李立科从未停下脚步，李立科本身就是一个鞭策警醒世人的故事：一个人应该如何有意义地活着，一个领导干部应该如何服务人民群众，一个知识分子应该如何与社会需求相结合？

如今，85岁的李立科，不幸得了脑瘤，家里、单位已经没有人愿意送他来甘井镇了，但他还是不误农时地到了试验田里。在此之前，他每年都要在破旧的旱区试验站住上三四个月。

二　并肩作战：李立科和他的战友们

1942年出生的王均海是甘井镇原党委书记，1985~1991年，他与李立科在甘井镇并肩作战，在小麦技术推广、产业结构调整和李立科事迹宣传上发挥了重要作用。正是在他的陪同下，陈忠实才得以顺利采访关键群众，写出了《渭北高原，关于一个人的记忆》那篇轰动全国的报告文学作品。2004年王均海退休后，与李立科的联系更多了，2012年二人再度联手在王均海的家乡合阳县石城村搞起了小麦高产试验和秸秆留茬覆盖试验。

1. 把李立科留下

1985年，县委书记把王均海叫到办公室说："陕西省农科院的专家嫌地方政府不支持工作，想走，你的任务就是把李立科他们留住。留住李老师就是你的功劳。"见王均海答应了，县委书记连忙让他上车去甘井镇报到，

---

① 田长山：《思想、作风与文笔的磨炼：采写李立科的感想》，《新闻知识》1991年第5期。
② 王戈华：《陈忠实和陕西日报37年的不解情缘》，《陕西日报》2016年4月30日，第7版。

怕他反悔。临危受命的王均海到了甘井镇发现镇政府条件确实有限，如何留住李立科成为他日夜思考的一个问题。李立科所要求的并非个人物质享受，而是地方政府对他做系列产业结构调整和农业发展试验的支持。

既然条件有限，只能以情留人。直到1985年，李立科仍是一个人住在窑洞里，窑洞又湿又潮，吃不好、住不好。尽管李立科从未提过私人生活方面的要求，但见到此情此景的王均海，立即向县长汇报了此事。县政府知晓情况后，非常重视，立即筹划建设旱区试验站小院。试验站的小院建设由县政府出资，乡政府出土地和人工。今天到甘井镇，我们依然能够看到这所饱经沧桑、墙体斑驳陆离的小院，听当地人讲李院长的故事。

见到王均海真心支持旱区试验站工作，李立科决定留下来。他把长期与自己分居两地的妻儿接到了甘井镇。在别人都拼命将子女送到城市读书的时候，他把儿子、女儿带到了农村，并在甘井镇和农家子弟一起读完了初中、高中。20世纪80年代，"搞原子弹的不如卖茶叶蛋的"形象地描述了知识分子阶层的经济状况。李立科的儿子要结婚，但置办新房家具的钱还没有着落。甘井镇为此召开了党政联席会议，决定以组织的名义出1600元为李立科的儿子置办家具。王均海说："这事是我们开党委会决定的，镇长亲自抓这个事情，后面还公开了账目，怕人说这是不正之风。"乡村干部和农民群众都说，这个是应该的嘛!

1985年，王均海到甘井镇的时候，李立科提出的"以磷促根，以根调水"的经验已经顺利推广，农民将肥料配方俗称"一袋白（磷酸二氢铵，俗称二铵）、一袋黑（过磷酸钙，俗称磷肥）"。甘井镇的麦子亩产从100斤慢慢提升到200斤、300斤。到王均海调离甘井镇的1991年，小麦最高亩产已达到500斤了。李立科因此被当地农民称为"财神爷"。

2. 调整产业结构

1985年，有上级领导来甘井镇做社会调查，问乡村干部种什么农作物效益高。事实上，李立科和当地乡村干部已经开始思考这个问题了，并设定了实施步骤，他们当时称为"三步走"：第一步，解决吃饭问题，提高小麦产量；第二步，调整种植结构，增加农民收入；第三步，种草养畜形成小生态内部的循环。到1985年，第一个问题已经解决，李立科和当地干部开始考虑第二个问题，即进行产业结构调整。为便于群众理解，李立科把产业模式总结为一句话"一个二亩五个半亩",即户均每人种二亩麦子、半亩玉米、半亩烤烟、半亩苹果、半亩花生、半亩苜蓿,小麦、玉米是主粮,烤烟、苹果主要用来销售,花生可以榨油,苜蓿用来养牛,这样就可以实现有粮吃又有钱花的目标。由于人们刚刚从饥饿中解脱出来,挨饿的恐惧使得农民仍偏好种粮食作物,发展经济作物只能"小步走"。

新产业的专家去哪里找呢?这时,王均海找到了李立科,说:"李院长,你把苹果的事情给咱管上了。"李立科很热心,赶紧带着王均海去杨凌、扶风等地"抓"人才,对当地苹果产业影响最大的骆建军就是被他们"抓来的"。在此期间,陕西省农科院也陆续派出不少专家前来指导。

当时甘井镇主抓苹果种植,镇长亲自盯着西杨村栽了200亩苹果,并在西杨村开了现场会,号召各村"向西杨村看齐"。1991年,苹果收益形势喜人,群众自发种植了1万亩苹果。王均海说:"苹果种植成功后,我们敲锣打鼓到省委报喜。县上也非常重视李院长,每次开大会都让李院长讲话。"

3. 渭北高原的那些人

1989年,李立科病了,李立科的事迹经过陕西日报社的宣传报道,闻名全国。报道写作者就是陈忠实和田长山。当年,陈忠实等人在合阳县走访了1个月。陪同陈忠实走访的王均海回忆说:"陈忠实当时把娃上学还是工作的事情都给耽误了。他在赵家岭西下村走访时,看到文天才家房屋破旧、衣衫褴褛,流下了眼泪,还把身上带的钱都给了人家,文天才的媳妇在糜子底下摸出几个核桃,一定要塞到陈忠实的包包里。"深受感动的陈忠实写下了《渭北高原,关于一个人的记忆》,文章的第一句是:

> 因为面部手术后说话困难,李立科的事迹主要依赖他的同志,依赖他蹲点的县、乡、村的干部和村民来提供;当我们不止一次地面对人们泣不成声的场面时,我们握笔的手和心就止不住地颤抖……

时隔23年后,王均海和李立科谈起这段故事,仍充满深情。王均海在2012年9月9日的日记里写道:

> 旱农专家李立科今来我村做秋播调研,并登门造访(农户)。回忆

往事，谈及陈忠实，使我想起陪同陈忠实采访李立科事迹时，他上山下乡，走访群众，边问边记，一丝不苟。尤其到赵家岭西下村文天才家，慷慨解囊，帮贫解困，且掉下同情的眼泪。我深受感动，心想：站在我面前的陈忠实，跟李立科何其相似乃尔，这简直是又一个活生生的李立科！夜不能寐，成诗一首：

赞陈忠实

贵文载头版，神笔放光焰；事实全相符，情感满行间。
呕心采信息，沥血写典范；登上梁山顶，深入农家院。
含泪问贫苦，解囊助危难；锦上不添花，雪中来送炭。
唱响正气歌，呼出百姓愿；专家李立科，美名从此传。
打墙先夯基，础实墙必坚；作文先做人，品高文自灿。

王均海的这首诗既是在赞颂陈忠实也是在赞颂李立科，更是赞颂曾经给渭北高原农民带来实惠、带来希望的那些英雄人物！

去看望李立科时，他话都说不成了。现在他戴着假颧骨、假牙，说话说多了就会磨出血来，但他仍然坚持每年来讲课。李立科治疗期间，省委书记亲自去医院探望了他。

4. 为梦同行

"秦城和家庄，马尿泡馍馍"指的是合阳县和家庄、马家庄及其与大荔县相邻的近百个村子缺水严重的情形，这一区域又被称为"旱腰带"。王均海是和家庄石城村人，2004年退休后回村居住，过起了回归田园的生活。2012年，两位70岁高龄的老人再度"联手"，搞起了高产小麦和秸秆留茬覆盖试验。

李立科认为小麦亩产400斤以下是缺水造成的，[①] 亩产400~600斤是缺肥造成的，而他的理想则是渭北旱原小麦亩产1000斤以上。为了实现这个梦想，李立科找到了王均海，此时已退休的王均海"赤手空拳"并无任何资源，他想来想去，"就在自己家乡来搞试验吧，我带头做"。群众一开始

[①] 李立科、赵二龙、方日尧：《合阳县甘井乡旱地小麦亩产200-250kg栽培技术研究》，《干旱地区农业研究》1992年第2期。

并不相信李立科和王均海，王均海就把自己的 4 亩地都种上了高产小麦，然后带动整个生产队，最后是全村村民参与试验。为减少农民顾虑，李立科为试验申请了部分资金，主要用于补贴农户：农户每亩地出 50 元钱，其余投资皆由旱区试验站支付。在石城村的示范下，周边村庄不少农户也申请加入，试验田面积最大时高达 2000 亩。

2012 年到 2015 年，试验田里的小麦品种是金麦 54，研究发现，这个品种亩产超过 600 斤就会倒伏，在肥料上控制小麦秆——少施二铵多施复合肥，小麦亩产则为 600~700 斤，抗倒伏效果明显。2015 年开始，李立科逐步引进低秆小麦品种 8190，近三年试验结果显示亩产高达 900 斤，但该品种不耐寒，2018 年 4 月该地遭遇倒春寒，亩产有所下降，最高亩产 600 斤。

至今，两人已经合作做高产试验 7 年了，80 多岁的李立科坚持年年来指导田间生产。王均海说："补贴经费也不是固定的，都是靠老汉（李立科）去各部门跑的，听说 2018 年，老汉又要下了肥料钱，这次国庆节到合阳县来就是指导秋播的。"

早在 1985 年，李立科就提出了秸秆覆盖保墒的技术以缓解渭北高原旱情。王均海用行政手段予以支持，"领导干部包村，村干部包组，路边开始进行示范，但当年大风吹得厉害，田里没有什么可挡的，试验失败了。后来李立科提出留 2~3 厘米的茬子"。在一次次试验中，李立科完善了自己的理论和实践体系，留茬覆盖技术得以成熟。

2000 年，李立科和他的研究团队在《"留茬少耕或免耕秸秆全程覆盖"技术的地位和作用——西部农业大开发的切入点》①一文中提出："渭北连续 15 年的试验表明，传统的耕作方法对自然降水的保蓄率只有 25%~30%，只能达到中产水平。使用免耕秸秆覆盖技术，在年平均降水 550mm 的合阳甘井旱原地上种小麦，8 年的示范结果显示亩产平均达 407kg，较不覆盖的传统耕作方法增产 72.6%；5 年的玉米示范结果显示亩产平均为 572.5kg，较传统蓄水保墒方法增产 75.6%；该技术用于果园，能够解决间歇供水易产生裂果、软果、小果的问题。"

---

① 李立科、王兆华、赵二龙、洪晓强：《"留茬少耕或免耕秸秆全程覆盖"技术的地位和作用——西部农业大开发的切入点》，《西北农业大学学报》（综合版）2000 年 4 月。

留茬覆盖免耕的试验在王均海家乡已进行了 2~3 年，但效果不太理想，原因在于厂家无法生产出理想的机器。"免耕留茬全程覆盖虽然高产，但播种的问题始终解决不了。（李立科）老汉找政府要了 20 万元，定制的上海某厂的机器，3 年了，都没有成功。当前的点播机一小时才能种 5 亩地。"由于点播机耕种太慢，只得将秸秆打碎还田覆盖，从 6 月初收完麦子到 8 月末，秸秆覆盖保墒 3 个月。农民张振乾说："留茬免耕技术在旱原很实用，成本不高，也不麻烦，李立科老师还经常到街头发传单宣传呢。"

在家乡的试验并不轻松，能够和老朋友李立科再次合作为中国农业发展做点贡献，王均海感到无比高兴。他也一直被比自己大八岁、多遭磨难的李立科感动着，2012 年 9 月 29 日，王均海赋诗一首，追忆了李立科一生遭遇的三起祸患、努力做好的三件事。

李立科
年界七九岁，祸患遇三起。
坠井淹不死，翻车摔不死。
患癌病不死，生命坚如石。
蹲点六十年，办成三件事。
五改产量翻，增磷根调水。
覆盖保地墒，探索无休止。

正如王均海所说，李立科探索农业科学、教民稼穑的脚步从未停息。而今，李立科每年至少到和家庄试验田里五次：每年开春之后，他都要亲自来讲课，指导农民选种；6 月份麦子收割后，李立科要亲自看着麦秆粉碎还田；8 月份前后是麦芽草疯长的季节，李立科亲自来看着施洒草甘膦灭草，并观察效果；第四次来就是种麦之前的测土；第五次就是施肥、种麦子。王均海说，李立科虽然年迈，但每次下乡都坚持坐农家的"蹦蹦车"，从不让政府派车接送。2016 年 3 月，渭北高原春寒料峭，李立科像往年一样到了石城村，那一天风雨交加，李立科亲自到田地里铲土查看墒情感动了乡民，王均海赋诗《八三翁》以作纪念。

第四章 专家教授助力团：矢志不渝 志在富民

旱农专家李立科，顶风冒雨石城行。
走访座谈富民路，执铲取土查墒情。
瘦骨嶙峋惹人怜，精神矍铄壮志凌。
踏平梁罗崎岖路，往返途中坐"电蹦"。

图4-1 课题组成员在采访王均海同志

第二节 难以停下的脚步

一 志在富民：耄耋老翁念合阳

1985年建成的旱区试验站办公住宿小院，经过34年的风风雨雨，土院墙已经被雨水冲刷得不成样子，生锈的大铁门勉强支撑着自己，大门一侧挂着一块歪歪扭扭、已经生锈的牌子"西北农林科技大学合阳旱区试验站"，李立科先生在厨房热情接待了我们。站在我们眼前的这位声名卓著的老者就是李立科，与普通农民几乎没有什么差别：头发全白、身形瘦弱、衣着朴素，毫无大人物甚至是知识分子的一点架子。

在李立科"以磷促根，以根调水"理念的指导下，合阳农民吃饭的问题在1982年基本解决。从1984年开始，李立科的关注点也从解决温饱问题

85

转为帮农民致富、培育高产小麦品种、解决旱区缺水等更为复杂、持久的问题。20世纪90年代，李立科与地方政府一道推动地域产业结构调整，他们尝试过种烤烟、苜蓿、香菇、苹果等经济作物，甘井镇今天家家户户种苹果的产业优势就是那时打下的基础。

今天的李立科仍时不时走向街头向农民发放宣传册，建议果农发展玉米，改善花椒、苹果等生长环境，他想把自己看到的好做法、好经验迅速传播下去，化作农民致富的力量。

2008年8月，李立科在甘井镇集市上向农民朋友发放了两份印制好的传单。一份题为《向农民朋友提出两条建议》①，他告诉农民朋友，当年春季他在调查农业生产发展时看到很多花椒树被冻死，但也有没冻死的，这些花椒树未被冻死原因可能是土壤中的供磷条件好，植株体内的糖分含量高，抗寒性好。他建议果农摘椒之后于叶绿还在吸收水肥时，给苗木追些磷、钾肥，以提升植株的抗寒能力。

2008年7月，李立科在甘井镇调查农业结构调整时，佃头村的一个群众把他们拉到自家果园里，全园栽植的红富士苹果枝叶繁茂，但结果很少，果农说是开花时受冻授粉不好所致。他和同行专家分析后认为，原因是：红富士来源于日本，该国气候温和湿润，我国西北地区四五月份空气干燥，高海拔的渭北春季常有霜冻，因而影响苹果开花授粉和坐果。由此提出两条建议：第一，建议果农在采果后，为树体追施磷、钾肥，提高植株体内的糖分含量，增强抗寒能力；第二，建议果农在开花时给树枝上挂瓶装水，用针扎些小孔，让其在树干上缓慢滴水挥发，增加空气湿度，改变开花时的环境。李立科和同行专家带着这一设想到了甘井镇白家河水库周围的果园去调查，栽植6亩红富士苹果的席学民说水库周围的湿气大，他每年施氮、磷、钾肥料，苹果树年年挂果没有大小年，每年收入在2.5万~3万元，他还说距水库近的果园结果都好，远的不行。经过席学民果树园的证实，李立科增强了追施磷、钾肥抗寒，增加空气湿度促进授粉的信心。他在传单的最后写着："以上两点，望果农在自己的椒园、红富士果园中做试

---

① 该宣传单上的署名是：西农大李立科、张航、洪晓强、李旭辉、杨洁民，合阳县农技中心张润辛、魏世贤、魏立新、李宏娟。

验，看效果，以便大面积推广。"

李立科告诉笔者，搞农业的都知道"一亩园，十亩田"，农民想致富就要发展经济作物，甘井镇海拔高、缺水，适合种植苹果、花椒、大枣、柿子等耐寒作物。正如李立科所言，近几年合阳县种植花椒的农民越来越多，2018年花椒亩产值高达1万元，相当于种植20亩小麦。20世纪70年代，本地女孩出嫁"宁往南走一千，不往北走一砖"的现象早已消失，农村经济情况大为好转。

图4-2 课题组调查员在采访李立科先生

李立科还建议当地苹果果农发展优质苹果，加快更新换代步伐，他告诉农户："同样是一亩地的苹果，有人卖四千到五千元，有人卖七千到八千元，农户张建良的无公害苹果一亩卖到一万元。甘井村二组村民张建康两口子种了4亩优质苹果地，年收入5万多元，搞得非常好。"

85岁的李立科，不顾身患脑瘤，不顾家人、同事、学生阻拦，又到了甘井镇，又坐着蹦蹦车到了石城村的田间地头，他希望将余下不多的时间奉献给他热爱的事业和念念不忘的合阳。

二 老骥伏枥：让理想变成现实

李立科说，他这一生做了三件事，好友王均海将之表述为"蹲点六十年,办成三件事:五改产量翻,增磷根调水,覆盖保地墒"。

第一件事,是应用"四改三扩"耕作技术提高粮食产量。20世纪60年代初,李立科到武功县河道乡皇中大队蹲点时,粮田耕地亩产100公斤上下,农民吃不饱肚子。他在走访中听老农说"庄稼一枝花,凭的粪当家","要得不受穷,麦豆两茬平","豌豆一条根,总要种得深"。李立科思来想去认为,提高豌豆产量、增加复种指数、培肥地力是提高粮食产量的快捷方法。李立科经过做试验发现,豌豆种子深种在10厘米处生长得好、产量高,5厘米的不好,15厘米的也差。因为豌豆的根瘤多生长在种子以下3厘米的根上,种子在土壤中的位置决定了根瘤在土壤中的位置。浅种的豌豆土壤通气性虽好,但浅层土壤因散失水分多而含水量不足,满足不了根瘤固氮对土壤水分的要求;深种的豌豆水分虽好,但土壤通气性差,不能使固氮菌充分发挥固氮作用。

李立科在试验中还发现,壕地中豌豆生长好、产量高,原因是壕地土壤中不缺磷,于是他对豌豆的栽培技术进行了"四改",即改不施肥为施磷肥,改浅种为深种(10厘米),改不防虫为防虫,改老品种为大鹁鸽灰[①]。他还发现,应用"四改"技术在谷子茬地、糜子茬地、玉米茬地、棉花茬地种豌豆都能获得125~150公斤的好收成,而在豌豆茬地上种小麦都能高产。为了把粮田耕地亩产再提高一步达到"麦豆两茬平",李立科又提出改三年四熟制为两年三熟制,即扩大复种面积、扩大豌豆种植面积、扩大正茬小麦种植面积的"三扩"。"三扩"把粮田耕地亩产由100~150公斤提高到了200~250公斤。宝鸡地区的县市领导去现场看后,回去就在宝鸡市办了3个磷肥厂予以推广,每年增产两亿公斤粮食。李立科为此向省有关领导写信建议扩大磷肥生产,解决了农作物的缺磷问题。该项研究被《农业科技通讯》和《人民日报》报道,被展览在北京的农展馆,还刊登在毛里求斯的报刊上。这一切使他备受鼓舞,他总结道:把群众的生产实践经验加以试验和总结用于生产,是促进生产发展多快好省的路子,真是实践出真知啊!

第二件事,是李立科一生中最重要、最闻名全国的以磷促根调水解决

[①] 大鹁鸽灰豌豆为豌豆中的一个品种。

第四章 专家教授助力团：矢志不渝 志在富民

陕西缺粮事件。20世纪70年代末，陕西每年缺少1亿到1.5亿公斤粮食。陕南山大沟深，交通不便，土地少、土层薄，无法解决缺粮问题；陕北虽有土地，但干旱、水土流失严重，更不可能；关中川道土地平坦，交通方便，水利设施好，水浇地面积大，但夏秋两季粮食亩产量已接近750公斤，没有突破性的技术，产量上不去。只有渭北旱原区，地广人稀，是突破口。陕西省农业厅厅长提出要陕西省农科院派一名熟悉农业生产的院领导去研究解决这一问题，同时点名要李立科去。当时已有14年蹲点经验的李立科，满怀信心地承担了这一任务。临行前，不少同志告诉李立科，"文革"前后都有同志去渭北旱原蹲过点，解决几亿斤粮食的问题是件大事。

1981年4月，李立科来到合阳县甘井镇，当地小麦亩产48.5公斤，人民公社分给群众的口粮年人均不足100公斤，80%的群众是"借着吃，打了还，跟上碌碡过个年"，劳动日值0.35元，年纯收入35元。当地人说："天旱没方法，十年九旱，谁来也没救。"李立科也是急得团团转，天天戴个草帽到农田里看，找群众问主意，后来他发现个别田块产量不错，麦收后他测了不同产量田块的土壤含水量，结果发现：亩产250公斤以上产量的田块2米深的土层中基本没有剩余的有效水，250公斤以下产量的田块2米土层中都有不同量的有效水，产量越低剩余的有效水越多，如何能将剩余的有效水利用呢？李立科对小麦根系做了施不同肥料的影响试验：经挖土洗根测量观察，施磷可把小麦（陕合6号品种）根系由1.4米促长到2.7米。李立科根据渭北的地力（100～150公斤）、肥料的吸收利用率以及250公斤以下田块有剩余水的观测，给当地农民种地开了"药方"：亩施50公斤过磷酸钙、50公斤碳氨（即一袋黑、一袋白），能把小麦产量提高到200公斤。

然而，年人均收入只有35元的甘井群众没钱买肥料，李立科和乡政府领导商量后给群众贷款，但信用社又怕群众还不上贷款不给贷。李立科又托人找到合阳县人行的行长，把试验数据和调查结果向他说了一遍，他说"算你把我说服了，贷款可以，给你贷，收入和支出不符，你负责"。李立科答应由他贷款买肥料，并在当场写了来年11月份还款的责任书。有人说："李立科，你不会把这款子贪污了吧？"李立科说："我若贪污了，你可以把我拉到集市上去卖。"他用贷款买了300吨磷肥，300吨二铵，300吨尿素分给了群众，并在各村给群众讲施肥方法。李立科想，即使遇到天旱、降雨少的年份，土壤中留有剩余的有效水也可高产。第二年，凡是买了肥料、按技术施了肥的生产队，小麦亩产由50多公斤提高到了150公斤，农民交了公购粮，还了买肥料的贷款，留足了种子，每人分了150多公斤小麦，群众高兴地说"多年来吃不饱、吃不好的问题解决了"。

李立科在省委礼堂向省领导讲了这项技术，并向省领导写了扩大磷肥生产"以磷促根调水"解决渭北农田的缺水和缺肥问题的报告。省政府在合阳召开了现场会，李立科又到渭北的各县、合阳县的各乡镇、甘井镇的各村讲了施肥技术，群众用了这项技术，把渭北旱地的800万亩小麦由亩产100～150公斤提高到了200～250公斤，每年增产3亿公斤小麦，解决了陕西尤其是渭北的缺粮问题。1988年，《人民日报》在头版头条以《水路不通走旱路，陕西获重大突破，渭北旱原成为小麦生产基地，每年增产2.5亿公斤，'以肥调水'农业新技术在北方值得大力推广》为题进行了报道。该项技术经中央电视台报道后，被应用到了我国北方的旱地麦区，为中国粮食增长做出了重大贡献。

1989年，为中国小麦增产做出重大贡献的李立科得了癌症，《陕西日报》以《渭北高原，关于一个人的记忆》和《旱原情》为题在头版做了报道，他的事迹经过宣传、报道感动了一个时代的人，陕西省政府做出向李立科学习的决定，并以李立科为题材编了12集电视剧《秦川牛》。1991年，57岁的李立科从病房走出后，又像年轻小伙子一样，将全身心的力量再次投入他热爱的事业。

第三件事，是改革耕作法，开发蒸发水解决农田干旱、水土流失、沙尘暴和肥力递减等问题。1991年后的李立科日日夜夜都在想着解决两个问题，一个是旱地小麦高产品种的培育问题，另一个是旱地秸秆覆盖保墒的技术推广问题。

农耕文明前的广大北方地区，地表皆被绿色植物固定的枯枝落叶所覆盖，较少发生水土流失、干旱和沙尘暴等灾害。随着人类从游牧生活步入定居的农耕时代，人们不断开垦荒地，破坏了绿色植物及其所发挥的拦蓄降水、减少蒸发、防止水土流失的机制。我国北方气温低、降水少，以犁、耙、耱为体系的传统耕作法反复耕翻疏松的耕地，在日照充足、降水稀少、风多风大的北方农区，农地里60%的降水被蒸发。针对以上问题，李立科将美国仿森林地面生态原理运用于农田耕种中，提出"留茬少耕或免耕秸秆全程覆盖"耕作新技术，即收割农作物时留高茬子、不耕地，再在留茬上覆盖农作物秸秆枝叶。留茬相当于森林、草地中的杂草和灌木的根茬，所覆盖的农作物秸秆枝叶相当于森林草地中的枯枝落叶，它使自然降水"就地拦蓄入渗"，不产生水土流失，此法可将自然降水的保蓄率由传统耕法的30%提高到60%。秋、冬、春地面有留茬固定的秸秆枝叶覆盖，不产生扬尘，可大大缓解西北地区风沙问题。

经合阳甘井试验站试验示范，用穴播穴施肥方法种植农作物，小麦增产30%~50%，玉米增产50%至1倍；土壤有机质由0.93%提高到1.134%，试验地不会出现水土流失和沙尘暴。留茬少耕或免耕秸秆全程覆盖技术所开发的水源是自然降水的源头水，在北方，比流入河流、湖泊的水量大6倍，这一技术把耕种与防治干旱、水土流失、沙尘暴和土壤培肥结合起来，使资源得到重复利用，农业得到持续发展，也能实现人与自然的和谐相处。

留茬少耕的理论已经成熟、试验已经成功，对于一个学者、一个单位，这已足够了，但对于实干家李立科而言，这远远不够，他一定要用毕生精力把这项技术推广下去，目前这项技术遇到的难题是所需农用机器无法调试到满意状态，以至于无法大面积推广。

试验站试验田的高产小麦已经有望突破亩产1500斤，大面积推广试验的小麦品种亩产也已达到900斤。但李立科对此仍不满意，这还未达到他的理想状态，他说："我只有三年时间了，死，也要让理想变为现实！"

三 群众记得他

笔者在甘井镇调研期间住在麻阳村梁相斌的侄儿家中，而梁相斌就是《黄土忠魂》的作者，《黄土忠魂》的主人公正是李立科。梁相斌的侄儿说："老汉（李立科）在甘井镇吃了不少苦，1980年以前出生的甘井人没有不知道的，他可为甘井老百姓做了大好事啊。"甘井镇麻阳村是农业结构调整的示范村，在李立科的指导下，该村1982年到1990年家家户户种烤烟，合阳周边县市的烤烟技术员多数是从本村走出去的。1997年到2003年，该村又家家户户种香菇，号称"西北香菇第一村"，香菇技术指导专家正是李立科引荐的呼有贤。至今，呼有贤老师仍是该村香菇产业的技术顾问。

1. 口耳相传

甘井镇西阳村45岁的张振乾，现在是鑫富源苹果园区的技术员，年薪6万元，他还种了8亩苹果，亩产年收入1万元，这比外出务工强得多。张振乾的一身本领就是从1990年积攒下来的。张振乾说，旱区试验站专家李立科提出"以磷促根，以根调水"的理念，解决了渭北高原小麦种植难题，20世纪80年代中后期，试验站开始向农户推广苹果、苜蓿、蘑菇等经济作物，他就是在这样的氛围下成长起来的。

1984年分田到户之前，各村各队都有果园子，1993～1994年全县大量推广种植苹果，1997～2000年苹果生产过剩，价格下滑，随后几年果农砍去不少树木。但甘井镇砍树毁园的人比较少，主要得益于李立科等人到处做工作，鼓励果农挺过去。张振乾在2004～2011年，听从旱区试验站专家呼有贤的建议，做起了香菇养殖，他们利用废弃的苹果树枝做香菇培养基，刚开始几年形势大好，但随着市场的饱和，香菇价格下滑，张振乾放弃香菇行业，专注于苹果生产和技术传播。通过不断向旱区试验站专家、县农技中心专家和白水苹果试验示范站专家学习，又结合个人实践经验，张振乾逐渐形成一套成熟的苹果栽培管理技术。

相比张振乾，武阳村村主任耿银昌属于科班出身的农民技术员。"1984年李立科提出'一个两亩五个半亩'。我1985年进农广校学习，1986年结业，当时只有各村村主任和技术员能去，一个月学习两次，一年结业。我们的苹果技术主要是骆建军教的，县果业局的魏立新来指导施肥配方。当时群众学习的积极性高啊。这门技术到今天都用得上，我们忙完自家农活就结队到洛川帮人剪树枝，一天能挣150元，人家都欢迎我们去呢。"

耿银昌就是当年去省人民医院探望李立科的群众代表之一，他说："老汉确实给我们做了很大贡献。1991年镇党委书记王均海带着我们去省人民医院，我作为村代表也去了，大伙提着鸡子、土特产上了车，我们盼着李老师早点回来。"

李立科、呼有贤、骆建军等一批农业科学家在渭北高原上传播了技术，也传播了为人民服务的精神，他们培育了今天留守农村、支撑农业发展、实现乡村振兴的一批精英人士，李立科的感人事迹也被他们口耳相传。

2. 有生之年为他立碑

1991年,李立科病危,他怕花了钱又看不好病,给家人留下个烂摊子,就对合阳县的领导和基地的同志说,我死了就把我埋到试验田里,上面立个牌子,写上:"李立科在这块地里种的小麦亩产达到八百斤。望大家努力!"

其实王均海真心怕他过不了那一关,便和基层干部商议决定为李立科在甘井镇的梁山上立碑留名。令人欣喜的是,李立科不但越过了鬼门关,还得以长寿。而今85岁的他,依然走在合阳县的田间地头指导小麦种植、查看小麦长势。2018年10月,笔者访谈王均海时,他说:"我想在有生之年,给李立科立个碑。"2012年7月,他就写好了碑文,这是一首藏头诗:"立科精神,永垂不朽"。

立足甘井搞试验,
科研旱农卅余年。
精雕细琢根调水,
神注形趋秸盖田。
永结百姓鱼水情,
垂范同僚苦乐观。
不惜生命忘我干,
朽骨甘愿埋梁山。

四 与生命赛跑

无论是单位领导、同事,还是合阳县的地方干部,都不舍得让80多岁的李立科再受劳顿之苦了,起码他不用再亲自往返合阳甘井、亲自到田间地头了,这些工作,他的助手就能完成。

作为一个旱区农学专家,李立科深知小麦、玉米等作物都是有生命的,容不得半点马虎,只有亲眼看着才放心。直到2017年,李立科每年都还要在甘井镇住几个月。2018年,李立科时常感到头疼,检查发现他的脑袋里有肿瘤。无论如何,儿女都不让他再去甘井镇了,老伴也说:"你还没弄够？这么大的病，死了怎么办？"谁能拗得过李立科呢，尽管嘴上都说不愿意送李立科去甘井，但为免父亲劳累，儿女们还是去接送了李立科。

王均海2017年在日记里写道："旱农专家李立科，甘井蹲点卅载多。秸秆覆盖显神威，小麦高产八百多。只因成果未普及，八四老翁不歇脚。昔与癌魔赌死活，今向阎罗争日月。"2018年9月27日，李立科坐着蹦蹦车又到了石城村的田间地头查看墒情、播种效果。

2018年10月1日，在旱区试验站厨房里，李立科告诉我们："我脑子里有肿瘤，不敢动手术，怕动了手术一出血，人就完蛋了。今年看到试验田有亩产1600斤的苗头，我就特别想来继续搞。我最多只有三年时间了，死，也要让理想变为现实！"

与生命赛跑的李立科说，自己爱上了这份事业，因为爱，他才不惧生死、不计名利、不顾年迈体衰奔波于田间地头，他写在大地上的论文必将光辉永存！

第三节 樱桃好吃树好栽

2018年，蔡宇良教授培训果农3230余人次，推广新品种11个，辐射推广大樱桃新品种新技术种植面积28万亩，每亩提高产量300公斤，共取得社会经济效益62000万元。蔡宇良在合阳县指导栽培的樱桃种植面积达8000余亩，每年实现综合收入上亿元，直接带动了2000余户果农致富。而在渭南市和合阳县产业扶贫重点建设基地——金峪镇方寨村，全村188户贫困户中，2016年、2017年两年，栽种樱桃脱贫的农户达到了142户，其中贫困户王含林栽植樱桃2.7亩，年收入可达9万元，2018年，所有贫困户在樱桃产业发展中如期全部脱贫。

一 初见樱桃

樱桃好吃树难栽，充分说明了樱桃在人们日常生活中的珍贵地位。1964年出生的蔡宇良与樱桃的第一次见面，记忆并不美好。

"原来西北农学院有两棵樱桃树，专门用来给学生传授知识的，但学校为了防止闲人偷摘，每棵树下拴着一条大狼狗，学生们只能远远看着流口水。"

第四章 专家教授助力团：矢志不渝 志在富民

图 4-3 深受群众欢迎的樱桃专家蔡宇良

1985年从西北农学院果树系毕业后，蔡宇良被分配到陕西省农科院果树研究所工作。当时北方主要种植的水果是苹果，蔡宇良根据系所的工作安排，主要从事苹果树栽培技术的传播和改良工作。1986年，洛川的苹果种植面积已达3万亩，品种以"老三红"（"红星""红冠""红元帅"）为主，生产效益出现下滑，他和团队在西北星村建立了一个老苹果园改良基地，主要推广他们新研发出来的旱地矮化苹果品种。

蔡宇良工作的地方是黄土高原，古老浑朴的黄土高原沟壑纵横，往返都得骑摩托车，蔡宇良三年就跑坏了两辆摩托车，最终使得老果树品种改良成功，使得当地农民收益大幅上升，"当时一斤苹果一块钱，我们月工资才60元"。

二 樱桃好吃树好栽

1989年，陕西省农科院承接了联合国关于果品多样化的合作项目，果树所决定选派蔡宇良外出学习1年。1989年3月，蔡宇良到了有着百年历史的果树研究单位——英国国际园艺（董茂林）研究所。"一出去，就开了眼界。"原计划在英国、美国各学习半年，蔡宇良没想到自己在董茂林研究所一学就是一年，其间他不但发表了一篇SCI论文，还掌握了影响国内水果

95

产业的樱桃栽培技术。

　　蔡宇良在英国期间，无意中吃到了樱桃，"一吃，特别好吃，国内在这方面还是弱项，我就想着能不能把这些品种和技术引到国内"。回国后，蔡宇良一直琢磨着这件事。

　　20世纪90年代初，陕西省的樱桃种植面积共4000亩，樱桃价格奇高，一般人吃不到，但樱桃树品种老旧，樱桃个头小，不易储藏，无法长途运输，这大大限制了樱桃的发展。西安植物园的苏贵兴先生一直在研究樱桃栽培技术，但他退休之后无人接班，于是将所有相关资料、资源无偿送给蔡宇良。蔡宇良又向政府申请了5000元资金，就开始单枪匹马地做起了樱桃栽培技术的研究和推广工作。

　　为一举解决"樱桃好吃树难栽"的难题，蔡宇良带领团队开始了樱桃抗根癌矮化砧木的选育工作，经过20余年的艰苦探索，经过无数次筛选试验，最终育成了适宜我国的抗根癌砧木新品种马哈利CDR-1。这一品种不仅抗根癌性强，适应力也强，樱桃树的寿命从10年左右延长到50年左右。这一技术目前受益面积有13万余亩，每年新增社会经济效益6亿元，从根本上解决了我国樱桃好吃树难栽的难题，使我国樱桃产业稳健快速地发展。

　　然而，农业专家培育优秀品种，常常要深入山野寻找野生种质资源。一次，在云南密林中发现一棵野生樱桃树，蔡宇良拨开半人多高的杂草，兴奋地往前跑，只听见后面一个村民尖利地呼喊："蔡老师，你后面追着一条蛇！"

　　"五步蛇""烙铁头"……蔡宇良见过的毒蛇不可胜数。他在野外考察中养成了一个习惯：无论多渴，水壶里的水一定要留半瓶。"万一被蛇咬了，还要靠这半瓶水兑解药救命。"

　　付出终有回报。至今，蔡宇良教授的团队共培育出秦樱1号甜樱桃、马哈利CDR-1甜樱桃、吉美甜樱桃、短枝艳阳甜樱桃、玫丽酸樱桃、奥德酸樱桃、奥杰酸樱桃、玫蕾酸樱桃8个品种，大大提升了樱桃品质。蔡宇良教授主持的"优质大樱桃新品种及抗根癌矮化砧木选育示范与推广"项目先后获得2012年度陕西省科技推广一等奖和2013年度国家农牧渔业丰收奖农业技术推广成果奖一等奖。卡若利教授是世界樱桃协会会长，蔡宇良通过他引进了许多优良的樱桃品种，这不但保证了果树质量，而且引进的品种都非常适应中国的气候环境,为中国樱桃产业的发展做出重要贡献。2015年9月底,樱桃课题组专家卡若利教授荣获由国务院副总理马凯颁发的中国政府"友谊奖",卡若利教授与夫人玛利亚在人民大会堂受到国务院总理李克强的亲切接见。

蔡宇良教授是一位"两条腿走路"的农业科学家,他一方面坚持长期在田间地头推广农业新技术,另一方面埋头实验室做研究,他坚信只有好的科学研究才能真正推动农业技术发展,才能真正让农民的腰包鼓起来。近年来,他发表论文60篇,其中SCI收录8篇,主编教材、书籍2部,参编教材、书籍5部,大大丰富了樱桃栽培技术的科学研究。

第四节　小樱桃带动大扶贫

一　田间地头传播技术

合阳县金峪镇省级现代农业园区——方寨樱桃产业扶贫基地,总面积5100亩,参与农户686户,其中带动贫困户188户,人均栽植2亩,发展樱桃产业1124亩。基地樱桃树2018年挂果面积4200亩,预计总产500吨,产值1250万元,贫困户人均樱桃纯收入3500元。方寨村188户贫困户通过发展特色产业樱桃获得经营性收入,通过土地流转获得土地租金,通过园区务工获得工资性收入,确保实现提前脱贫,在这场脱贫攻坚战中,蔡宇良功不可没。

20世纪90年代,樱桃在国内的知名度并不高,天生保守谨慎的农民不会贸然去栽种。这让蔡宇良很是着急,他挨家挨户去讲,农民不懂怎么栽,他就到田间地头做示范手把手地教,他全年200多天都在农村指导农民种植樱桃,有的年份将近300天,家对他而言成了"客栈"。

为了推广樱桃种植,28年来,蔡宇良上山下乡、日晒雨淋、摸爬滚打,当年的小伙已成两鬓斑白的中年人,他常说:"只要农民得实惠,我们吃点苦没啥。"想起当年在洛川跑坏两辆摩托车,蔡宇良一边慨叹年轻气盛的工作热情,一边也说当时没掌握农技推广的要领。

"我们到农户家里说技术,他们说,好好。等你走了,他不采用新品种，还按照老方法来。你没办法！跑十五趟，他也不接受，这种传播方式太过死板无效率。"

如今的蔡宇良已深谙农技推广技巧了，他每次到合阳县做培训，都是上百人来听。他分享了一个故事：试验站在铜川设立后，当地果农都说，种了十几年樱桃了，没有什么新技术需要学习。蔡宇良告诉他们，我种了二十几年樱桃了，你们还是按我的方法来。栽培一批，你们先看看效果如何。新老品种、方法对比成效是最好的教科书，按照蔡宇良的栽培方法种植的樱桃树不仅更早进入盛果期，而且产量也大幅提升。

"你不建样板不行，试验站就是最好的样板。把试验站建在核心区，做成样板，效果是可见的。我们进行技术比较，他吃亏了就会采用新技术。周边农民可以就近学习，不用跑到西农来。"

"现在每年试验站都会有大批果农前来参观学习，只要用事实说话，转变他们的传统思维，新技术就很容易推广好。"

2013年，西农与陕西铜川市政府在铜川市耀州区小丘镇移寨村设立铜川果树试验示范站，主要为陕西省果树优生产区果业发展提供技术支持和技术服务，"身为试验站的一分子，自然也肩负技术培训和人才培养任务"。蔡宇良介绍说，"比如我们团队就研究出纺锤形、V字形和多主干篱壁式三种栽培模式，推广给周围的果农"。

有的果农认为如果枝条过于茂盛，把它剪掉就好了，但这根枝条来年长得更旺盛。蔡宇良告诉他们，你先不剪，试一试。其实，枝条长到一定年限自然会停止生长，而且开始挂更多的果子。蔡宇良还给农民推荐纺锤形超细长樱桃树，这种树不用拉枝，越大越省工。同时，农技传播团队还传授多枝轮流更换技术，以免出现外围结果、内围空虚的现象。

"十年前，我向汉中地区果农推荐种植大樱桃品种，他们不接受，4～5年前，我在汉中城关镇新建一个100亩大的果园，专门种植大樱桃。大樱桃4月份成熟，1斤30元，特别好卖，小樱桃无人买了，他们自然就更换了品种。"用事实说话，蔡宇良推动一个又一个老果园实现技术更新。在他的推动下，西安市4000亩老果园这几年也完成了技术改进工作。

二　把樱桃种到渭北高原上

地处渭北高原的合阳县，海拔高，光照充足，少雨干旱，是北方水果的优生区。苹果、红提、葡萄、桃李等果树在该县被成规模地种植已有相当长时间，但成规模地种植樱桃是近几年的事，这主要得益于蔡宇良教授。

1. 村里来了蔡教授

"樱桃是在同类水果中单位面积产值最大的水果，扶贫带动效果最好！"目前樱桃市场均价为15元/斤，果树管理好的一亩樱桃能卖3万元，差的即受灾或新挂果的樱桃园子一亩地也能卖3000~4000元。方寨村自2014年起，在蔡宇良的指导下，618户农户种植了5000多亩樱桃，2017年、2018年樱桃开始挂果上市，经济效益显著。如今，只要听说蔡老师来讲课，村内家家户户都会来人听讲，唯恐错过了关键技术，耽误果树生长。

事实上，蔡宇良2006年就开始在合阳县推广樱桃栽培技术了。他的大学同学王雪英就在合阳县果业局工作，二人经常探讨果业发展，蔡宇良也不断推介樱桃品种。2006年，在王雪英的引荐下，蔡宇良到洽川镇、金峪镇、百良镇尝试推广樱桃树，当年推广面积为200~300亩，而今合阳县的樱桃种植面积已有1万亩，其中8000多亩是由蔡宇良亲自推广指导栽培的，8000亩中的5000亩都在方寨村。

图4-4 蔡宇良在方寨村做技术培训

2. "家家有园"的方寨村

方寨村由朱家河、小寨、方寨三个村于2018年5月合并而成，辖19个村民小组，常住人口935户3197人，耕地面积9532亩，贫困户271户900

人。该村种植作物以樱桃、花椒、核桃等为主。村庄规划整齐，布局合理：巷道路灯安装到位，排水系统基本完善，巷道全部水泥硬化，人饮用水安全可靠，巷道和庭院绿化合理，村上建有卫生所，可满足村民的日常就诊，整村村容村貌干净整洁。

原方寨村辖12个村民小组，有600多户2400人，耕地面积6000亩，机动地500亩[①]。该村自2014年陆续发展樱桃园5000亩，主要品种有艳阳、红灯、匈牙利AB、先锋、萨米脱、秦樱1号和3号、吉美等，果树成活率高、易挂果，果实颜色艳红。2016年，该村进入盛果期的樱桃园有260余亩，产值500余万元（亩产2万元），2017年进入盛果期的樱桃园有500余亩，产值在800万~1000万元，2018年4200亩进入盛果期，由于遭遇霜冻灾害，有50%的园子受到重创但基本能够保本，未受损害的园子每亩收入在3万元以上。

方寨村在樱桃种植上采取"三统三分"的经营管理模式，即统一规划布局，分户经营实施；统一技术服务，分期进行建设；统一苗木供应，分类科学指导。

同时，不断发挥当地资源禀赋优势，大力发展樱桃特色产业，主要做法如下。一是党支部带动。方寨村成立脱贫攻坚领导小组，通过座谈交流、外出考察、党员带动、结对帮扶等措施，引导群众特别是贫困户选准特色优势产业。二是合作社组织。金雨果蔬专业合作社实行苗木补贴、设施配套、技术服务、互助贷款等政策，扶持群众特别是贫困户发展壮大特色优势产业。三是园区引领。金峪现代农业园区采取专家培训、科学指导、因户施策、统一销售等方式，带动群众特别是贫困户管理好特色优势产业。

按照精准扶贫、精准脱贫的要求，方寨村把培育樱桃特色产业作为精准脱贫的主抓手，把樱桃种植作为发展乡村、带动当地群众增收致富的重点产业来抓，该村产业发展实现了贫困户全覆盖，2018年，贫困户全部实

[①] 机动地不允许栽树，以每亩150~200元的价格出租，每年一租，各组自行管理。沟北村500亩机动地，同样由各组管理；马阳村500亩耕地，无法收回租金；同样，南百坂村的机动地也无法收回租金，根本问题在于村干部不愿意得罪人；乾落村的租金能够收上来，由村集体统一管理，宅基地每片4000~6000元，由小组提供，由村委会收钱，别组村民不可使用本组的宅基地。

现脱贫。

3. 乡贤助力

方寨村最早种植樱桃的是村主任王进民，他 2000 年去山东考察时带回了一棵樱桃树苗子试种，后来，他带动 7 家农户种植，最后只有两家种植成功——王主任家 1 亩，另一家 3 亩。令农户没有想到的是，樱桃价格一直稳定在 15 元/斤，1 亩地能卖 2 万~3 万元。2009 年，村里又自主发展了大约 200 亩樱桃树。在方寨村使得家家户户受益于樱桃的是，本村乡贤王高德的资助和樱桃专家蔡宇良的专业指导。

陕西省体育馆原馆长王高德是方寨村村民，一直想为村里做点贡献，好多次回乡都说："咱们村没啥发展的，给十万二十万元的也没啥用处。我看咱村樱桃品质好，让群众发展樱桃产业吧。"

2014 年，在王高德的热心帮助下，以陈银榜、王进民为首的两委干部不断努力协调、动员群众，当年就建成了占地 4200 亩的樱桃产业园。王高德联系几个企业老板捐资资助樱桃苗木，每株苗木成本价 13 元，农户出 2 元，王高德等乡贤出资补助 11 元，累计补助 273 万元。

地方政府也给予樱桃园区建设大力支持。2015~2016 年，水利局为全村打了一眼井，并为 6000 亩耕地做了输水管道，使得每块地都能浇水，其中 2000 亩做了滴灌设施。2018 年，产业支持项目为园区硬化田间道路 4.8 公里，铺碎石白灰路 7.6 公里，做围栏 1 万米，同年，园区又成功申请 4 眼机井，正在施工中。系列举措不断引导樱桃种植向规模化、标准化、区域化、品种化方向发展。

4. 专家指导

经人介绍，王进民认识了蔡宇良教授，邀请他来做园区建设的技术顾问。2014 年方寨村开始建樱桃园时，蔡宇良每个月都要来一次，每次待一周左右的时间，全方位指导园区建设。

在方寨村樱桃园建设方案上，蔡宇良采用最新研究成果和技术，为园区苗木、栽培、基建提供了最佳方案。

> 在方寨村，我首先要帮他们选好苗木，选真苗子，绝不能在苗子上出问题。其次就是设计株距，传授栽培技术，树形整形，病虫害防

治。农民有什么问题,我就去解决什么问题。

经蔡宇良推荐,方寨樱桃园里有艳阳、红灯、匈牙利AB、先锋、萨米脱、秦樱1号和3号、吉美等多个樱桃优良品种。

在凛冽的寒风中,蔡宇良在田间地头拿着喇叭向几百名农民现场传授樱桃树整形技术和冬季病虫害防治技巧。这种场景在方寨村每年都会出现。为避免果农在樱桃栽培技术上出现混乱、误用等现象,方寨村坚持以蔡老师的樱桃栽培技术为"正统"。果农说,蔡教授讲得好,通俗易懂,还亲自示范,有时在村上待十来天。到田间地头采访,果农说,我们种樱桃的技术都是蔡教授教的,我们感谢蔡教授啊!

图4-5　在方寨村委会办公室做技术培训

5. 村两委组织连片种植

多年的农业技术推广经验使蔡宇良认识到,村庄产业发展,村干部是关键。方寨樱桃产业的发展离不开村两委的组织工作。

"尤其是方寨村村支书,非常有权威,他们组织大家一起行动,不能我打药你不打药,我锄草你不锄草,回头你地里的病虫害、杂草传染给大家。很多村庄连人都组织不起来,如果农民不好好管理樱桃树,技术传播也就失效了。方寨村能够管住人，每次培训都是300~400人参加，家家来人，人多了，专家讲得也有劲。"

目前，金峪现代农业园区（方寨樱桃园区）做到了统一培训、统一施肥、统一打药，就得益于村集体号召和组织安排。

2014年，方寨村村两委在宣传种植樱桃时，多数村民不敢冒风险，村委会当时也未承诺有苗木补助。经与王高德、镇政府联系，村委会最后确定了乡贤支持的苗木补助政策和乡政府支持的农田水利设施政策。听说种植樱桃，政府会给予水利设施支持和苗木补助，已看到樱桃甜头的农户跃跃欲试。当年，全村686户中有616户都种了樱桃。

村两委在宣传动员农户种植樱桃之初，就设想过将细碎的土地进行整合，但看到农户在是否种植樱桃上尚且犹豫，若再加上地块调整，工作便会难上加难，于是只号召各生产队进行地块调整，但不做强求。最后，全村11个生产队中只有2队和9队自行整合了土地。例如，2队杨某家有14亩樱桃树，分作上下两块地，一块面积是9亩，另一块面积是5亩，而那块9亩的樱桃地原本分散在四个地方，村民小组主导下的土地整合大大便利了农户种植。"他们种起来真是方便得很！"

樱桃种植地块的细碎化既不便于耕种、管理，又增加了生产经营成本，还浪费了土地，得不偿失。而今，农户纷纷表示后悔。但樱桃树已种上且已挂果，想要调整地块更加困难。

"现在大家都后悔了！"王进民说。据统计，方寨村农户最多的有4块樱桃地，他们的其余零散土地只能种些红薯、玉米等低产值作物。而整合了土地的2队和9队，每户最多有两片樱桃地，每户樱桃种植面积为6~10亩，家庭种植面积10亩以上的有20%。

6. 收获的季节

2016年，金峪现代农业园区荣获全省"省级农业园区"和"省级示范社"称号。园区以生态农业为抓手，以打造种养加销游产业基地为目标，2016年注册成立合阳县裕鑫生态农业科技有限公司，注册了"方寨红"樱桃商标，取得了樱桃无公害和有机转换认证，初步形成区域化、规模化、标准化、品牌化的产业格局，产业发展实现贫困户全覆盖。

2017年基地樱桃挂果面积为4200亩，总产1230吨，实现总收入3690

万元，带动686户2714人发展樱桃产业，人均实现收入13600元。2018年樱桃全部挂果，樱桃价格为10~15元/斤，最高亩产值为2万~3万元。

樱桃采摘期为5月1日前后的一个月，这时，方寨村热闹非凡：在外打工的壮劳力纷纷回乡，忙上一个月再次出去打工，周边村民都会前来方寨村打工，摘一斤樱桃1元钱，一个人一天八个小时能挣80元左右。

2016年，政府投资600万元，为方寨村建设了产业服务中心。销售期间，村委会为外地客商提供免费住宿，1人1个摊位收购樱桃。2017年，方寨村出现了客商抢购樱桃的现象，有的客商直接到田间地头找果农收果子。这让原先持观望态度的果农开始认真管理田地，群众种植樱桃的积极性大大提高。2018年，全村栽植樱桃面积达5100亩。

"从冬季规划建园、春夏修剪，到施肥、病虫害防治，再到采摘收获，各个环节我都参与。只要农民得实惠，我累点没关系。"蔡宇良说。

百良镇56岁的王中民身患残疾，家里基本没有收入来源，一次，蔡宇良带他到铜川试验站参观学习，他看到篱壁式樱桃树，说这个不需要上树，他能管理，回家后就在蔡宇良的指导下种上了樱桃树。王中民家栽种了12亩樱桃，每亩收入有望达到2万~3万元。

百良镇伊尹社区共有新建樱桃产业扶贫园区1180亩，通过樱桃产业扶持带动贫困户115户459人，其中北尹村贫困户王社军种了6亩樱桃园，2018年收入达9.2万元，2018年伊尹社区全部完成脱贫任务。

三 让樱桃造福全国

甜樱桃是我国目前新兴的一项具有较高研究和开发利用价值的朝阳果树产业，单位产值效益在同类水果中居于首位，市场需求量极大，前景广阔。2016年我国鲜樱桃进口总量为109152吨，进口总额为7.9363亿美元，2017年进口总量为101885206千克，进口总额为7.6932亿美元，2018年一季度进口总量为136332吨，进口总额为9.0556亿美元。这充分说明国内市场对樱桃需求量很大，国内樱桃生产能力还满足不了市场需求。这与国家重视程度、基础研究、科研经费投入、相关农机研发等密切相关。

蔡宇良在澳大利亚参观考察时了解到，澳大利亚有一套全链式樱桃采摘包装系统，该套系统全程有20多个摄像头，30多个出口，不但能够用冷水洗净果子，而且能够精确地区分出樱桃的重量、颜色、大小以及是否有裂果，然后分类处理，裂果直接做果汁，优良果品按级包装。不过，一套这样的设备需要 1500 万元，一般农户和企业无法承担。同样，国外也有较为成熟的樱桃采果平台，国内亦未出现。

除了机械技术研发跟不上，国内樱桃果品质量尚有较大提升空间。目前国内几个樱桃种植大省有山东省（100 万亩，其中 60 多万亩挂果），陕西省（51 万亩）和辽宁省（40 多万亩）。果树品种多数是早熟果，早熟果的好处是上市早，成本低。蔡宇良已经开始推广早、中、晚熟搭配的樱桃树品种，但果农认为，"卖不动了再说"。早熟果还有着绝对的市场空间。晚熟果子的特点是：花期长，生长期长，耐储存，果质更好，产量更高，能够避免霜冻灾害，但易裂果。

全球目前有加工用樱桃 350 万亩，中国为零，事实上樱桃具有较强的抗寒性（可在零下 25℃的环境中生存），因而蔡宇良建议国家在沙漠地带边缘种植加工用樱桃树，一方面提升沙漠边缘区农民的经济收入，另一方面切实改善沙漠化的生态环境，使得人与自然和谐相处，实现经济效益与生态效益双赢。

28 年来，蔡宇良带着他的樱桃技术走遍了祖国的大西北，在新疆、西藏、甘肃、宁夏、陕西等地不断地做试验，研发新品种，传播新技术，践行着一个农业科学家对大地的承诺和爱护。

第五章　第一书记：扎根基层　深入群众

第一节　群众眼中的第一书记

一　驻村第一书记的由来

驻村工作队通常是中央或省政府为了解决某项特定、重大任务而向特定地区农村派驻国家正式工作人员，工作队完成任务方才撤离村庄，20世纪60年代的"四清"工作队，80～90年代的社会主义教育工作队，1989年各省从大学、机关、事业单位抽调成员组成的农村社教工作队都属于这一政策的具体体现。

新时代，脱贫攻坚成为一场席卷全国的"战役"，为打好这场战役，中央组织部、中央农村工作办公室、国务院扶贫办联合发文，要求各地市、各机关选派优秀干部到贫困村做第一书记。三部门发布的《关于做好选派机关优秀干部到村任第一书记工作的通知》（以下简称《通知》）指出，实践证明，选派机关优秀干部到村任第一书记，是加强农村基层组织建设、解决一些村"软、散、乱、穷"等突出问题的重要举措，是促进农村改革发展稳定和改进机关作风、培养锻炼干部的有效途径。《通知》要求：对党组织软弱涣散村要实现第一书记全覆盖。这些村庄主要是指那些党组织班子配备不齐、书记长期缺职、工作处于停滞状态的，党组织书记不胜任现职、工作不在状态、严重影响班子整体战斗力的，班子不团结、内耗严重、工作不能正常开展的，组织制度形同虚设、不开展活动的，尤其是换届选举拉票贿选问题突出、各种黑恶势力干扰渗透严重、村务财务公开和民主管理混乱、社会治安问题和信访矛盾集中的村。由此可见，第一书记不仅是脱贫攻坚的重要推动者,更是基层组织建设的主要负责人。第一书记的主要职责有以下四项。

第一,加强基层组织建设。重点解决村两委班子不健全以及两委成员齐全但班子不团结、软弱无力、工作不在状态等问题,同时防范应对地方黑恶势力对基层组织的干扰渗透,物色培养村后备干部;严格落实"三会一课",严肃党组织纪律,过好党组织生活。同时也要推动落实村级组织工作经费和村干部报酬、服务群众专项经费,建设和完善村级组织活动场所,努力把村党组织建设成为坚强的战斗堡垒。

加强基层组织建设是第一书记的第一目标和第一责任。在长期运行中,农村基层党组织与乡村社会充分融合,有的村两委组织沦为宗族的工具,有的则被地方黑恶势力把持,还有的则深陷债务纠纷、派系斗争之中无法运转。陕西省延安市城管局驻富县榆树村第一书记张文妮到村第一天,就被村民堵在村委会门口闹着要上访,第四天,上任仅3个月的村两委成员集体辞职,村情之复杂、村两委建设之艰难可见一斑。

第二,推动精准脱贫工作。驻村第一书记的核心工作是推动村庄精准脱贫,大力宣传党的扶贫开发和强农惠农政策,深入推动政策落实。在此期间,驻村第一书记要带领驻村工作队开展贫困户识别和建档立卡工作,帮助村两委制定和实施脱贫计划,组织落实扶贫项目,参与整合涉农资金,促进贫困村、贫困户脱贫致富。还要帮助村庄选准发展路子,积极培育农民合作社,发展壮大集体经济,增加村集体收入,增强村社"造血"功能。

自1994年实施"国家八七扶贫攻坚计划"以来,我国有组织、有计划的扶贫工作取得令人瞩目的成绩。然而,伴随着经济发展的不平衡,区域之间、区域内部的贫富分化加大,识别不精准成为困扰扶贫工作的难题。2007年,汪三贵等人发现,贫困村的瞄准错误率高达48%,越来越多的贫困户并没有生活在贫困村中,而是"插花"分布在更广大的农村地区,[①] 同时,李小云等人指出,扶贫项目对贫困群体的覆盖率仅有16%,而对中等

---

① 汪三贵、Albert Park、Shubham Chaudhuri、Gaurav Datt:《中国新时期农村扶贫与村级贫困瞄准》,《管理世界》2007年第1期。

户与富裕户的覆盖率分别达到51%和33%，真正贫困的农户遭遇排斥。①由于贫困瞄准率低，扶贫资源的精准投放效果大打折扣，加之基层政府截留和乡村精英俘获，② 扶贫工作面临多重难题。针对扶贫工作中的问题，2013年底中央提出精准扶贫的理念，中国扶贫模式随之发生重大变化，即由以往的"整村推进"转为"到户增收"模式，扶贫工作的精细化和数字化程度越来越高。当前，精准扶贫是一场全国性战役，更是第一书记的政治任务，精准扶贫识别是否精准、村庄能否脱贫、村民能否致富关涉村庄长远发展，也是考验第一书记的最核心指标。

第三，为民办事服务。驻村期间，第一书记要带领村级组织开展为民服务全程代理、民事村办等工作，打通联系服务群众"最后一公里"；他们还要经常入户走访，听取意见建议；与群众同吃同住同劳动；关心关爱贫困户、五保户、残疾人、农村空巢老人和留守儿童，帮助解决生产生活中的实际困难。

《通知》要求驻村第一书记切实走群众路线，打通联系服务群众的"最后一公里"。毛泽东同志经常强调，只要我们依靠人民，坚决地相信人民的创造力是无穷无尽的，因而信任人民和人民打成一片，那就任何困难都有可能克服，任何敌人最终都压不倒我们。群众路线，就是从群众中来，到群众中去，一切为了群众，一切依靠群众。③ 在20世纪60~70年代的农业集体化时期，县乡干部带着粮票下村驻点调研，与农民同吃同住同劳动，与群众不分彼此亲如一家。税费时期，县乡干部为了尽快完成农业税费和计划生育工作，也经常组成工作队进驻农村，在收粮过程中为村民提供公共服务，与村民形成熟人关系，尽管收粮工作不太好做，但他们能够通过收粮来体察民情民意，掌握农村发展动态，为国家"三农"政策的调整提供经验依据。后税费时期，乡村干部不再向农村收取农业税费，村级组织行政化，原本在田间地头工作的村干部也"洗脚上岸"坐进了办公室，乡

---

① 李小云、唐丽霞、张雪梅：《我国财政扶贫资金投入机制分析》，《农业经济问题》2007年第10期。
② 邢成举、李小云：《精英俘获与财政扶贫项目目标偏离的研究》，《中国行政管理》2013年第9期。
③ 《毛泽东选集》（第3卷），人民出版社，1991，第1095页。

村干部与农民直接打交道的机会和时间越来越少，干群关系逐渐松散。驻村第一书记能否在农村住得下、留得住被群众认可，是第一书记驻村工作成功与否的重要指标，正所谓"金杯银杯不如群众的口碑"。

第四，提升基层治理水平。驻村第一书记加强基层组织建设的目标就是提升基层治理能力和治理水平，重点是推动完善村党组织领导的充满活力的村民自治机制，落实"四议两公开"，建立村务监督委员会，促进村级事务公开、公平、公正，努力解决优亲厚友、暗箱操作、损害群众利益等问题。同时，驻村第一书记还要帮助村干部提高依法办事能力，指导完善村规民约，弘扬文明新风，促进农村和谐稳定。

中共十八届三中全会首次提出国家治理体系和治理能力现代化，党的十九大报告中再次指出要健全"自治、德治、法治"相结合的乡村治理体系，充分说明党中央对农村基层组织建设和基层治理能力的重视。村民自治制度实践长期以来局限于村民选举活动，很难延伸到民主决策、民主监督、民主治理等内容，村干部"一言堂"现象较为普遍，村民监督流于形式。如何运用科学的议事规则，塑造村两委民主决策和村民民主参与的机制成为基层治理水平提升的关键。

陕西省根据本省情况为本省驻村第一书记设置了第五项内容——发展壮大集体经济。2006年之前，农业税费中的大部分资金是"乡统筹、村提留"资金，乡统筹经费用于乡镇公共品供给和教育服务支出，村提留经费主要用于村组干部工资、办公经费和村庄公共建设。① 后税费时代，村干部工资由政府财政负担，村集体资产也在20世纪80年代分田到户时被"分光吃净"，多数村庄因公共建设、农业税费拖欠等而负债累累，村集体经济有名无实。如何发展壮大村集体经济成为摆在县乡基层政权面前的一道难题，而由上级政府部门下派的驻村第一书记在实践中很可能会探索出一条道路来。

---

① 为了适应各地的不同情况，农业税条例只规定15.5%的全国平均税率，而授权各地县级以上人民政府自上而下地逐级规定差别税率。2000年起从安徽开始，通过逐步扩大试点省份，到2003年在全国全面铺开。改革的主要内容是：取消乡统筹、农村教育集资等专门向农民征收的行政事业性收费和政府性基金、集资，取消屠宰税，取消统一规定的劳动义务工；调整农业税和农业特产税政策；改革村提留征收使用办法。

党的十八大以来，全国共有 19.5 万名第一书记奋战在脱贫攻坚一线，他们用激情与赤诚践行驻村诺言，用拼搏与奉献推动脱贫攻坚，让一个个派驻村旧貌换新颜，赢得了群众的信任、社会的认可。[①] 韩锁昌同志是西北农林科技大学响应中组部号召，选派到校对口帮扶县合阳县挂职驻村第一书记，自 2015 年 6 月担任合阳县坊镇乾落社区第一书记以来，他深入群众访贫问苦切实解决贫困户难题，带领村两委成员修屋扩路提升人居环境，为村两委立规矩推动基层民主提升治理水平，联系校村促进农村发展，用实际行动兑现了第一书记的担当，树起了基层党组织的旗帜，2016 年 6 月他被评为"渭南市优秀党务工作者"，2017 年 4 月被评为"全省优秀第一书记"。下面从群众评价、实干事务、制度建设等方面对校地合作和驻村第一书记工作的经验、机制做一总结提炼。

二　群众眼中的韩锁昌

43 岁的韩锁昌皮肤黝黑、衣着朴素，说一口标准的关中方言，与群众打交道毫无架子，如果无人介绍他是大学机关工作人员，大伙都以为他是农民。

"他第一天来村里，先到村委会，没有找到人，顺着那条路就到了我们幼儿园，与我谝闲话，一点儿架子都没有，后来才知道他是西农大派来的第一书记。"村幼儿园园长贾英说。

校党委书记李兴旺说"让我校与合阳县的关系像'走亲戚'一样，越走越近"。韩锁昌就是这种精神的具体体现者，韩锁昌与村民打成一片，深入群众、依靠群众、动员群众成为他开展扶贫工作、加强基层组织建设、带领村民发展致富的重要方法。来村 3 年，韩锁昌已成功融入村庄社会，就连幼儿园的娃娃见了他都喊"韩书记"。住在村委会附近的村民都知道，只要韩书记在村里，十二点之前他屋里的灯从没有熄灭过，韩锁昌伏案工作到深夜一两点是常有的事。

在乡土熟人社会，人情往来是乡邻互助的重要机制，也是村庄共同体

[①]《全国共选派195万名机关优秀干部到村任第一书记，奋战在脱贫攻坚一线》，《人民日报》2017 年 6 月 27 日，第 17 版。

的表现与确认。在物质匮乏时代，农户办红白喜事，大家都要送红糖、鸡蛋、馒头、布料等实物，帮助他度过人生中的坎。在物质极大丰富的今天，乡土人情往来多数已经货币化，可度量的人情费既是关系远近的体现，也是个人村庄地位的体现。无论谁家办红白喜事，韩锁昌都会去"走人情"，不同于村民按远近亲疏"走人情"，他坚持一律平等对待，无论谁家都是100元人情费。在当地农村，人情费通常是50元、100元、200元，韩锁昌送100元算是比较合适的钱数。他一视同仁的做法让人感到"韩书记看得起咱"。

"前几天我家给爷爷办葬礼，韩书记正好出去做演讲了，咱想着人家不在，也不好意思通知人家。昨晚上家里人统计'人情'礼单时发现，韩书记还是行了'人情'。他肯定是听说了，让别人替他出的礼金。"贾英提及此事，很是感慨。就连一些平时不在村庄居住、韩锁昌也不认识的人回村办红白喜事，韩锁昌听说了也要去"走人情"，有人劝他"这娃你也不认识，他平常也不在家，你可以不去'走人情'了"。他认为这不是钱的问题，而是对人的尊重，更是在生活中与群众拉近距离的重要途径。

来村的前两年，乾落村村庄交通和居住环境差，生产设施落后，历史遗留问题较多，扶贫任务繁重，为了早日解决以上难题，韩锁昌经常忘我地工作和加班，方便面成了他的主要食品，饮食问题未能得到妥善解决。当地人习惯一天两顿饭，早上4～5点起来到田里干活，9～10点钟回家吃饭，下午三四点再吃一顿饭，然后到田里干活。县里文件要求驻村工作队五天四夜在村居住，但限于村庄食宿条件，多数扶贫干部晚上还是要返回家中休息。家在500里之外的韩锁昌扎扎实实地住进了村委会，这一住就是三年半。

刚到村时，村委会帮韩锁昌和驻村工作队联系了一户农家定点吃饭，一人一顿饭10元钱，随着农户的吃饭时间走，一切从简，未到半年，农户觉得麻烦挣钱也少，提出一人一月1500元伙食费，驻村工作队通常一天只吃一顿饭，想来不划算，因此作罢。韩锁昌随后只能跑到镇上吃饭或者自己泡面，他都是一箱一箱地买方便面。群众发现后，经常主动邀请韩锁昌到自家吃饭，还有群众不打招呼就给韩锁昌送水果。这些生活中的小事说明群众已经接受、认可了韩锁昌，将韩锁昌视为本村人，吃"百家饭"也成为韩锁昌走进农户的又一方法。

显然，若只是"走人情"、吃"百家饭"，是无法改变群众对韩锁昌下村的第一反应的——"下基层几天，镀个金，就提拔走人了"。踏踏实实为村民办好事，是获得群众良好评价的基础。

图 5-1　韩锁昌入户了解村情

第二节　走群众路线扶真贫

在脱贫攻坚战中，驻村第一书记的重要工作内容是带动村庄经济发展，做好政府扶贫工作。到村之后，第一书记韩锁昌就与贫困户发生了深刻的关联。通过以下三个案例可以直观地感知当下农村扶贫工作之复杂，扶贫人员之努力与辛苦，亦可感知政府扶贫必须与家庭情况相结合，农户脱贫必须由外在帮扶转为内在主动。

一　马秋莲的危房改造

74 岁的马秋莲有两个儿子，大儿子结婚后搬出老宅单独立户。马秋莲和丈夫及小儿子同住老宅，几年前，她的丈夫去世，小儿子外出打工十多年没有音信，她的住所已非常破旧甚至是"四处透风"，村里因此把她评为贫困户。考虑到马秋莲一个人住在旧宅里不安全，韩锁昌希望她搬到大儿子家住。但马秋莲死活不愿意，因为她不知道小儿子已去世了，还在等着小儿子回来建新房娶媳妇。

2017年6月，韩锁昌见一夜下雨未停，早上6点就起身去了马秋莲家里看看是否有险情，见到房子周边已有积水，韩锁昌和村干部连说带哄地把老太太背到他大儿子屋里，没想到天一晴，她又回老屋居住。有一次，马秋莲拦住韩锁昌说："韩书记，你帮我把房子建好了，否则我死在房里，老天爷看着呢。"

韩锁昌说："马婶，你说老天爷看着，老天爷咋不给你修房子啊？为啥不给你送米面油啊？咱日子过好了，要感谢共产党。你这屋可以修，但你应该在大儿子的旁边修，这么大年纪了应该有儿子照应。"老太太不愿意，仍执意在老宅院里建新房。

随后，韩锁昌找到马秋莲的大儿子说："去年下大雨，我们早上6点去把老太太背到你屋里。要是房子倒塌把老太太压死了，你这一辈子都抬不起头啊。你老娘，你不能不管。"

大儿子说："咋能不管了，我们管，但有点担心老娘搬来和我们住，贫困户的政策不能享受了。"

韩锁昌告诉他，按照政策规定办，不存在例外情况，于是和马秋莲的大儿子商量。某天，韩锁昌找个由头把老太太请到她大儿子家里，帮她把东西搬出来之后就把房子给推倒了。老太太听说房子倒了，见了韩锁昌就骂。通过危房改造项目，马秋莲的一间新房子建在大儿子房子的旁边，房屋结实宽敞明亮，老太太高兴得不得了，此后见了韩锁昌，大老远就喜笑颜开闲谝起来。

二 刘正田的人生翻转

每天两瓶酒两包烟是刘正田日常生活的必需品。54岁的刘正田，一米八的大高个，二百多斤的体重，在农村是一个结结实实的壮劳力。然而，刘正田自小就很"好吃好喝"，结婚后仍是旧习难改，家里存不住钱，第一个老婆和他离了婚。他第二次结婚后，育有一子，但他的老毛病很快就犯了。韩锁昌每次见到刘正田，刘正田都是一身酒气。

如今，刘正田的孙女已经6岁，家里的房子破旧不堪，大门还是从废品站捡回来随意安上的，土院墙已被风雨侵蚀得高低不齐、几近于无，儿媳妇只得住在娘家。刘正田的媳妇高血压，久拖不治，已经成了脑血栓，对于老婆的病，他也并不特别关心："死了算了，娃回来一埋，干净了事。"刘正田对家人不关心，对人生无希望，得过且过的生活态度让家不像家。

2016年的春节是韩锁昌来村后的第一个春节，他代表学校给特困户发1000元慰问金，刘正田是其中一户。但早上发给刘正田的1000元慰问金，下午就被他打牌输了800元。有人把情况告诉韩锁昌，并抱怨说当时就不该发给刘正田。韩锁昌听说后很震惊，甚至有些生气，随即把刘正田叫到房间里问个清楚，"嗯，没有……"刘正田说话吞吞吐吐的样子说明村里所传非虚。

"正田哥，咱不能这么干。我好心给你发放慰问金，你却拿去赌博，这说出去我还是助纣为虐啊！"韩锁昌说。2017年，韩锁昌将春节慰问金1000元，直接替刘正田补交了医疗保险费。

2017年，精准扶贫工作要求的各式表格突然多了起来，帮扶人到贫困户家里的次数也日渐增多，有些贫困户比较忙，没有时间接待扶贫干部，甚至产生了厌烦情绪。韩锁昌说："那段时间，我整天找他（刘正田）填表，他把我骂出来两次，还说'操！这个贫困户我不当了'。"

如何找到帮扶贫困户的切入点，韩锁昌几次入户后发现刘正田一家人特别疼爱6岁的孙女，他对孙女是有求必应，而韩锁昌每次去他家时都会给小女孩带零食、书本等礼品，小女孩和韩锁昌的关系也比较好。后来，韩锁昌再去刘正田家主要是拉家常，聊聊小姑娘的教育问题。孙女平常跟着奶奶在家，但她奶奶患有脑血栓，口齿不清晰，孙女跟着学，也出现了发音含混的问题。经过韩锁昌提醒，刘正田平常尽量自己带孙女。见到韩锁昌是真心实意帮自己，刘正田的态度也慢慢好转。事实上，刘正田是个性格耿直、毫不计较的人，也能下苦力干活，每到收麦季节，他都要开着收割机工作一个月，他最大的问题是爱吃喝，对生活没有信心。

党的十九大报告提出"扶贫与扶志相结合，注重贫困户内生动力"。刘正田家庭的贫困正是他日常生活无计划、内生动力不足所致，要激发刘正田脱贫的内生动力，必须找到切入点，事实上，小孙女就是一个切入点。刘正田的孙女马上就要上小学，无论是在镇里上学还是在县城上学，每年都要花费不少钱，按照他目前这个状况，是带不好孙女的。韩锁昌问，你希望孩子今后过得好不？刘正田的答案是肯定的。想让孩子过好日子，自己是不是应该努力工作呢?"你得积极点,你得打工。"韩锁昌鼓励他,但迈出这一步似乎并不容易。

2017年底,韩锁昌协助刘正田申请的危房改造项目正式启动。刘正田的房子虽然破旧但不属于危房,只能维修不能翻新,政府补助1.5万元,整体维修再加上砌院墙得5万~6万元,他没有钱。韩锁昌就和审计局的驻村工作队去审计局、民政局跑钱。同时,韩锁昌告诉他:你建房子政府出钱,你不但应该感谢,也要工作。刘正田从自己建房子开始就跟着工程队打工,他喜欢机械,开车是一把好手,他跟着工程队开拖拉机清运建筑垃圾,一个月能挣3000元左右。这半年没日没夜地干活,不但为家里挣来了足够的生活费,而且让他体验到作为正常人从工作中获得的价值感、尊严感,在这半年里,他还努力戒烟戒酒,整个人精神焕发。刘正田"愿意把日子过好,有了奔头"。随后,韩锁昌给刘正田介绍了附近牛场的工作,主要是开挖掘机清运垃圾,工作1天能挣180元。

有的人成熟得早,有的人成熟得晚,现年54岁的刘正田似乎才成熟、懂事,逐渐为家人考虑,为未来计划。他爱人生病,以往的他总是说"管她弄球,死了埋了算了"。他以前的生活也是有一分钱就吃一分钱,没有钱就吃差些或不吃。现在的他,开始为爱人的病情发愁,并主动想办法解决问题,他说:"我得出去打工,我媳妇得找个人看着。"

在韩锁昌的帮扶下,贫困户刘正田从一个消极、慵懒、贪吃、自私的人变成了一个积极向上、关心家人、努力工作的人。

三 扶贫路上的马婶

初次认识马婶是韩锁昌刚到村后不久,村里低保户评议入户走访核实。马婶沉默寡言,瞥了一眼贴在墙上的低保户公示名单欲言又止。随着驻村时间的增加,韩锁昌对马婶的情况有了深入的了解:她原本有一个很幸福的家庭,丈夫有点手艺,勤劳善良,子贤孙孝,日子过得也还不错。但天有不测风云,中年时丈夫突发疾病撒手人寰,不久儿子又暴病去世,儿媳改嫁,剩下婆孙俩相依为命。突如其来的变化带给她的是常人无法承受的精神剧痛和生活重压,她一直保留着丈夫在世时用过的农具,而目前唯一的精神支撑,就是还未成年的孙子。

对马婶的遭遇，韩锁昌的感受像是同情，更是对她坚强的敬佩，他想着怎样才能表达自己对她的敬佩、帮到她呢？马婶的低保户申请获得全票通过，村里保洁员的公益岗给她，村民也无任何异议。韩锁昌时不时去看看她，说些暖心鼓励的话，每年慰问时，给她争取最高的慰问标准。

2016年底，韩锁昌见到马婶的孙子——孩子上学很少回家，2016年高考落榜外出打工，偶然回家看望奶奶碰到了韩锁昌。孩子给韩锁昌留下了深刻的印象：有点腼腆，但懂事、有礼貌。乡亲们对孩子的评价是懂事、上进，尤其孝敬奶奶。

韩锁昌的好朋友张学全（西安学亚商贸有限公司总经理）问他：村里有没有合适的青年人推荐给他？韩锁昌立马想到了马婶的孙子，于是马上着手联系：孩子经叔叔介绍到乌鲁木齐去学做水工，待遇还不错，老板也很赏识。韩锁昌也在左右思考，孩子目前学的是做技术，张总的工作是商业管理，孩子到底适合哪条路，会不会好心办坏事呢？到底怎么决定，还需孩子自己拿主意。

韩锁昌及时与孩子进行沟通，给他分析两个工作性质的差异，希望孩子在充分考虑的前提下自己做决定，没有做出决定前一定要珍惜目前的工作。随后，他郑重地向张总介绍孩子的情况，利用孩子回家探亲的机会安排孩子和张总见面，希望张总为孩子保留这个机会。沟通的结果非常理想：孩子表现出来的稳重让韩锁昌和张总都给他加了分，张总更是坚定地表示：给孩子充分的考虑时间、更好的工作待遇、更多的锻炼机会！①

一个月后，孩子在充分考虑、征求亲友意见后表示：他愿意尝试商业管理工作，而且西安离家更近些，可以有更多的时间回家看望奶奶。2017年7月至今，孩子已经参加工作1年了，张总对孩子非常满意，经常带在身边言传身教手把手教，孩子很珍惜、很努力、很感恩，目前在公司已经是一个可以独当一面的小干将啦！

四 链接校方资源推动村民脱贫

经过韩锁昌的链接，西北农林科技大学校机关党委在乾落村对口帮扶9

---

① 参见韩锁昌《脱贫路上的马婶——合阳县坊镇乾落村第一书记韩锁昌工作纪实》。

户贫困户，这9户贫困户都是因病、因学致贫，有发展能力和发展意愿的农户。校组织部送给冯续祖4只优质品种山羊，据农户说，这个品种的山羊吃得少、长得快，冯续祖家的山羊刚刚生的一窝羊娃已被村民预订完了。

冯续祖一家原本在西安开旅馆，前几年他检查出脑瘤，做了三次手术还是没有康复，因病致贫，校党委听说情况后，向他捐赠3000元，韩锁昌的朋友看到消息后也表示有意捐赠，但冯续祖表示感谢后告诉韩锁昌："今后不要这样（捐赠）了。"这些人虽然穷，但穷得有志气。

田根栓也是一样，他爱人子宫肌瘤做了手术，女儿在读研究生，还有一个老父亲无法自理，但田根栓从来都是积极阳光向上地过日子，从来不抱怨、不诉苦，夫妻两个照顾父亲十余年，无论他们夫妻自己穿得怎么样，坐在轮椅上的父亲永远都是穿着干净得体。2017年，田根栓的爱人做手术，学校向他捐赠了4000元，在韩锁昌的鼓励下，他2017年种植了11亩红提葡萄，西农大专家张宗勤只要来指导葡萄栽培，都优先在他的地里做现场指导。

图5-2 韩锁昌与贫困户共同寻找脱贫路径

在扶贫工作中，韩锁昌坚持：（1）尊重他人，让他有尊严感，自立自强起来；（2）找到他在意的东西，触发内生动力机制；（3）帮找就业机会，让他有发挥作用、体现价值、创造财富、改善生活的平台。他认为，脱贫攻坚作为一个阶段性工作总有结束的一天，但通过脱贫攻坚工作的开展，汇聚更多爱心的力量，更好地帮助那些应该帮助、值得帮助的人和家庭，更好地弘扬传承积极进取、自强不息的优良传统,把真善美的正能量发扬光大,去教育、影响更多的人,才是这项工作更深刻的内涵和意义所在。

第三节 把乡村振兴战略落到实处

一 改善环境奠定发展基础

走进乾落村,立即感受到一股浓厚的文化气息:村庄主干道两旁的墙壁上画着宣传乡村振兴战略、孝道文化、道德文明、乡土风俗的壁画,村庄道路干净整洁,路两旁是农户或村委会栽植的果树、景观树或花草,俨然是一座田园式村庄。

事实上,乾落村是坊镇八个重点贫困村之一,位于县城以东10公里处合洽路边,5个村民小组,347户1543人,其中贫困户96户375人,社区现有耕地3940亩,其中800亩耕地已流转至牡丹园,660亩种植红提、苹果等鲜食水果,200多亩花椒、核桃等杂果,其余耕地全部种植小麦、玉米等粮食作物。这个普通的农业型村庄的人居环境曾是脏乱差,通过美丽乡村建设和环境整治,村容村貌大为改观。

(一)村务办公现代化

在中国大地上,不少农村社区仍然采用手写纸抄的办公模式,与信息化、现代化的行政要求相去甚远。此次精准扶贫工作所需的各类数据、表格都要村委会自行上报,客观上推动了村庄办公现代化。但现任村干部主要是五十岁左右的人,几乎都不会使用电脑,更不会打印、复印资料,而且多数村庄在相当长时间里也没有电脑、打印机等设备。为解决这一问题,韩锁昌向政府部门和学校反映,为村委会先协调了两台电脑、一台打印机,随后又通过学校捐赠的形式为村庄添加了三台电脑。现代办公设备到了,但大家都不会使用,韩锁昌只得慢慢教大家,一两年下来,村两委人员几乎都能完成数据录入、打印、复印等工作。

2015年6月,韩锁昌刚到村挂职时,村委会只有两间办公房屋,韩锁昌也只得住在镇上的旅馆里。村委会准备修建新村委会,由于村主任和村支书意见不统一,村委会办公室修建计划迟迟无法开展,韩锁昌在其中多次协调，最后通过"四议两公开"的做法启动了村委会修建计划。仅仅三个月时间，480平方米的村活动中心就竣工了，村卫生室、文化活动室、会议室、村委会办公室、图书室、脱贫攻坚办公室都有了单独的办公间，韩锁昌的住宿也有了着落。

（二）生态宜居型村庄建设

关中农村的房屋建设通常是高墙大院，农民对宅基地颇为看重，为防止村民邻里纠纷，村庄往往有着统一规划、分配宅基地的习惯。乾落村，20世纪70年代就做了规划，对宅院大小、走向及道路宽窄都有明确的规定，90年代，村两委曾做出村庄规划蓝图，对规划做了进一步的细化，并对阻挡道路延伸的宅院进行了拆修，2000年到2010年，村两委再次填坑修路、规划村庄房屋建设布局。自20世纪60年代起，村庄新扩建宅院都要由村委会审批。村庄建设总体上以老村为核心，向四周扩散。

乾落村村民建房以巷道原有房屋为中心向两边扩展，巷道宽度通常在15米到20米，农户建房讲究前后左右对齐，巷道房屋整齐有序。农户的住房与生产生活相适应，门前空地放置农具、木柴甚至堆放粪肥、垃圾，人居环境较差。2016年，韩锁昌协同村两委成员积极申报美丽乡村建设项目，着力提升村庄人居环境，劝导村民清理、转移门口杂物，并对道路两旁进行美化、绿化，若村民家门口没有绿植，村委会统一提供景观树。

然而，改变村民的生活习惯是困难的，韩锁昌和村组干部逐户讲解环境整治的好处，"你门前干净了，娃找媳妇都好找呢！"韩锁昌一边开玩笑一边做工作。为了解决垃圾堆扰民问题，村里专门在村边集体土地上修建了一处垃圾场，还安排了专门的保洁员清运垃圾、维持道路整洁。每户村民一个月10元的垃圾清运费，没有住人的宅院减免一半，运行两年多来，还未有农户不愿交清洁费的。以前村内不远处就有一个垃圾堆，虽然也清理但总是臭气熏天、苍蝇蚊虫密集，现在那些地方都变成了花坛、绿植，村庄面貌焕然一新。

渭北旱原最大的自然环境约束是水资源稀缺，村民长期饮用地窖水。近些年，村庄打了两眼机井，村民饮水逐渐从地窖水向自来水转变。韩锁昌和村干部还为村里争取了自来水项目，为村民免费安装自来水管，其间，村饮用水机井出现问题，只得将水龙头接到私人水井上，村民向私人付水款，但私人的水井总有许多不便。于是，韩锁昌积极奔走，向县水利局、西农大争取项目资金，专门修建了一口人饮水井，这口井除了满足人饮水外，还可满足部分田地的灌溉需求。

2016年、2017年合阳县都遇到了暴雨，乾落村无地下排水管道，主干道积水达一尺深，有些农房泡在水里岌岌可危。平时村民的生活污水也是在公路上任意流淌。韩锁昌和村委会又积极申请地下水网建设工程，成为全县地下水网工程改造试点村，解决了村庄雨天涝灾、日常污水横流的问题。

村委会所在地曾是该村历史上的庙宇集中地。为延续该公共活动场所的历史记忆，村委会决定在村委会办公楼对面一处空地上建设村庄文化广场。在政府项目资金的支持下，一个面积达2900平方米的文化体育广场落成了，广场成为村民健身、休闲、娱乐的公共场所。平时村民会到广场上跳广场舞，村里的秦腔自乐班也会到广场上演唱，村庄公共文化活动日益兴起。

为弘扬社会正能量，提升村庄文化氛围，韩锁昌请来西北农林科技大学的学子为村庄设计文化墙，2018年7月，韩锁昌专门请了主攻绘画的表弟前来指导西农学子第二次设计文化墙。文化墙的内容主要是弘扬孝道，歌颂祖国大好山河，宣传乡村振兴战略，贴近农村生产生活，望之心旷神怡，自然而然地影响了村民的审美、品德和趣味。

在村庄既有规划的基础上，韩锁昌和村两委成员积极申请项目、带动村民改善村庄环境，提升人居环境质量。在村民的积极参与下，村庄地下水网齐全、人文气息浓厚、花草自然环境优良，乾落村成为一个生态宜居型村庄，吸引了不少在城市工作的退休人员回村养老，该村毕业于西北大学现在西安工作的年轻人表示，看到村庄变化这么大，他非常想回村居住。

（三）抓好党建工作

我在学校做的就是党务工作，中组部下派的第一书记有个微信群，群里经常转发一些政策、新闻、案例，我就拿来给大家讲。我发现学校那一套"太过文气"，书面语言较多，农村党员不太感兴趣。于是我用方言讲，大家听得懂；我还要把政策和村里的事情联系起来，大家可以趁机讨论一下；组织部给我们发了不少廉政案例，我就拿来给大

家讲，党员干部有哪些事情不能做，请大家自律，也请大家监督公共权力的运行。（韩锁昌，20180820）

每到冬季农闲，韩锁昌都会带着村里党员来一场环境清洁运动：义务清扫垃圾、规劝村民保持门前整洁；春季，党员们会给村内公路两旁的树剪枝、拔草。赵义民、刘受益两个老党员在公共活动上特别积极，他们经常得到群众赞扬，充分体现了党员的先进性。

2017年底，西北农林科技大学组织部从党费返还经费中划拨10万元支持乾落村党建工作，其中4.9万元用于硬件设施建设，剩余经费作为党组织活动经费。2018年8月，乾落村党员活动室的桌椅板凳、投影仪、电脑等配置齐全，随后党支部将进行村庄优秀党员、好儿媳、好公婆等评选活动，弘扬社会正能量。

韩锁昌到乾落村没有搞轰轰烈烈的大型活动，而是沉下去从细节入手，从村民日常生产生活所需入手，改善村庄办公环境、人居环境，抓好党建工作，为村庄长远发展奠定基础。

二 引智助力产业兴旺

（一）"你不是来镀金的"

找准和发展地域优势产业是群众增收、脱贫攻坚的关键。为此，韩锁昌带领干部群众多次外出考察、咨询专家、了解市场，村两委会、群众代表大会反复讨论，确定了"依托地域优势，发展设施有机红提，实现脱贫致富"的工作思路。

水是渭北旱原农业发展的瓶颈，红提种植首先要解决水的问题。为此，韩锁昌四处奔走：找扶贫办要机井，联系移民局落实水塔，跑水务局申请灌溉管网，跑电力局申报专用变压器……一次不行两次、两次不行三次，在一次次的努力中，事情一件一件落实、工作一步一步推进。通过多方沟通协调，乾落村最终建成了310米的深水井，铺设灌溉管道2350米，预留出水桩28个，打破了村级产业发展的瓶颈约束。机井试水那天，清澈的井水喷涌而出，哗哗地流进农田果园，更沁入每个老百姓的心间。"韩书记，我看出来了，你不是来镀金的，你是真干事，你当第一书记我放心。"说这话的是一位当过支书的老党员赵义民。

（二）要对农户负责

为了发展村庄产业，韩锁昌做了很多尝试。2015年下半年到村时，全村有312亩桃子、苹果等经济作物，但这些水果的品种老化、果品质量一般，不具有市场优势。韩锁昌联系西农大的苹果专家赵政阳，专家问他所处的位置，当即给了他一个否定性答案，因为这个地理位置不是苹果的优生区，苹果的含糖量、着色都不好。近几年，村里有些村民种花椒，收益不错，但花椒是劳动密集型产业，只适应小农户分散经营，且合阳花椒依靠韩城的品牌和平台往外销售，利润折损不少。

2017年起，西农大专家教授助力团到达合阳，韩锁昌想方设法请专家到乾落村指导产业发展，在乾落村的座谈会上，与会专家提出这里是红提葡萄的优生区，应该考虑种植红提葡萄。合阳县20世纪80年代开始种红提葡萄，有一定的基础。加之，西农大合阳县葡萄试验示范站就在坊镇，技术支持力量雄厚。在交流会上，西农大葡萄酒学院的王华院长、张宗勤老师为村民讲解全球形势和本地优势，为大家鼓劲。然而，合阳县甚至全国的红提葡萄产业目前存在的问题是：中低端市场饱和，高端市场稀缺。但种植有机、高品质葡萄的成本太高，村民投资不起，也等不起——农民抗风险能力低，通常会选择收益周期短的行业或产业。外出务工和种植小麦、玉米的逻辑是一致的——能够很快见到收益。经过综合考虑，韩锁昌和乾落村干部决定发展设施农业——冷棚葡萄。

冷棚设施可以抵抗干旱、阴雨、霜冻等不良天气，降低农业损失，也会降低管理成本——少打农药、少锄草。冷棚葡萄的果品质量相对较好，2017年八九月份合阳地区阴雨连绵，无设施的葡萄都发霉烂在了树上，而冷棚葡萄的果品未受到影响。8月份是葡萄的成熟期，这个季节农田灌溉不能大水漫灌，否则会导致葡萄裂果，故而只能采用滴灌。2018年8月，乾落村葡萄园的果树已经挂果，韩锁昌着急的是滴灌设施还未到位。建设园区时，地方政府和学校达成协议，双方按照1∶1的配套资金进行支持。这钱说起来容易，真正落实到位却没有那么简单。韩锁昌回校向相关部门和校领导汇报产业园建设扶贫工作后，校领导立即召开协调会予以支持，66万元已划拨出来，但地方政府的配套资金迟迟没有到位，这让韩锁昌犯了愁。

韩锁昌心里想，如果地方政府的资金没有落实，农户的投资已经进到地里去了，园区后续建设跟不上，农户赔了钱，自己岂不成了村里的罪人？为了让农户放心，建园初期，他还将自己的表哥请到村里承包了30亩地发展红提葡萄。有时候，韩锁昌做了最坏的打算——如果赔钱了，他要为表哥和农户负责任。

图 5-3　韩锁昌带领群众建冷棚设施

看着初具规模的乾落村红提葡萄产业园（300亩），韩锁昌思索着农户的投资收益比例。2017年，省农村供销社拨给本村合作社30万元的发展资金，主要用于园区地上附属物赔偿，其余资金由合阳县政府和西农大按照1∶1的比例配套。2018年8月，地方政府已初步确定从苏陕对接扶贫项目中兑现承诺资金，预计2018年底能到位。如此算来，每亩红提葡萄的设施费用大概为1.8万元，这个投资额度超过普通农户的承受能力。在学校和地方政府的项目支持下，每个农户每亩地只需投资3000～5000元，基本上在可接受范围之内。2017年、2018年，西农大为乾落村发展红提葡萄产业的农户提供了全额种苗补助，助推了村庄产业发展。2018年8月，笔者在乾落村调研结束时听说，县水利局负责的滴灌工程已经开始施工，韩锁昌悬着的心终于可以落地了。

(三) 做好后续技术服务

韩锁昌和西农大合阳葡萄试验示范站的驻站专家张宗勤是老搭档了,乾落村红提葡萄产业的发展离不开张宗勤的大力支持。韩锁昌架起了农民与专家之间的桥梁,努力解决村庄红提葡萄产业发展的后续技术难题。

提起张宗勤,乾落村果农没有不知道的。幽默风趣、爱讲笑话是果农们对张宗勤最直观的印象。每次听说张宗勤老师来村了,村民们马上就会围上去问果树上的各类问题。

高校农技推广专家恨不得把自己知道的东西全都传授给农户,但农民不喜欢记笔记、不喜欢看资料,只关心眼前遇到的问题。于是张宗勤改变原定一个季节讲一次课的授课模式,改为每到一个时间节点到田间地头讲一次课。

到了春天,葡萄秧苗需要从地下刨出来,张宗勤会在这个月告诉大家应该怎么做,以及后续的一个月最需注意哪些问题。到了葡萄开花季节、收果季节他也都会准时来做技术指导。

乾落村果园出现的所有问题,几乎都是张宗勤第一时间到达田间地头予以指导解决。2018年农历二月,陕西、山西、山东等地发生了大面积的倒春寒,那一晚正在渭南市开会的张宗勤一夜都没有睡着觉,第二天回到合阳县他就和韩锁昌坐车到地里查看受灾情况。二人在路上看到一个老农倒在葡萄地里,以为老农受不了灾害打击而倒下了,两人下车走近一看,原来老汉趴在地上看苗子。张宗勤随即进行了现场指导,告诉老汉如何做好灾后工作。

尽管合阳县20世纪80年代就开始种植葡萄,但很多农户并未掌握科学的田间管理技术,多数农户是跟风种植,技术上也是相互模仿、一知半解。2017年,乾落村不知从哪里传来了一项疏花技术:把果树上的叶子打掉,让养料最大限度供应果子。张宗勤主张的技术是控制一串葡萄的个数,打掉多余的花,一串葡萄留下100粒左右,成熟期剩余80粒左右,可达1.6斤左右,果子不但着色均匀、颗粒饱满,而且果味甚佳。韩锁昌前去劝农户,农户坚信自己的技术,把十几亩的葡萄全部做了打叶处理,还有几个农户跟着做了。既然如此,张宗勤就以此为契机,拿疏花和打叶的两块田做对比,看看哪块的产量高效益好,2017年秋收时打叶的果树果子虽然多,但因后期营养跟不上而颗粒瘦小,果品品相、品质明显不如疏花的果树。

图 5-4　田间地头观察红提葡萄生长情况

从选定产业上的谨慎小心、相信科学，到发展设施大棚时的积极奔走，再到滴灌设施不到位，韩锁昌为发展村庄产业，一直"提心吊胆"，甚至一度做了最坏的打算。好在政府及时提供了滴灌配套设施，也多亏有张宗勤老师的悉心指导，乾落村的红提葡萄在灾害之年（倒春寒）大获丰收，赚了钱的农民坚定了发展红提葡萄产业的信心，更多的农户申请入园，乾落村的红提葡萄产业呈现一片勃勃生机。

第四节　立规矩推动基层民主

一　打破"一言堂"

农村空心化、基层组织软弱涣散、村两委班子凝聚力不强，成为基层组织建设的难点。2016年，韩锁昌在乾落村挂职工作的压力很大，因为他似乎什么事情都应该管，熬夜加班到深夜一两点是常有的事情。但在村里的许多工作上，都是韩锁昌着急，村两委成员没有跟上他的步伐。作为外来的第一书记，撬动民主的杠杆是一个相当困难的过程。2017年，韩锁昌从党建找切入点，以"四议两公开"为抓手，查资料、学习《农村组织工作条例》，设定会议议程，推动基层民主。

村里的议事机构有村委会、党支部、村民代表大会和村民大会,其中经常议事并起决定作用的是村委会和党支部会议,又称村两委联席会议。2017年,村两委班子成员尤其是村主任和村支书的关系已经恶化,两人的对抗性态度已经公开化,很多事情要么无法决策,要么陷入一个人说了算的境地,许多工作无法推动,村两委有瘫痪的危险。

基层民主首先从党内民主开始,2017年全国各党支部开展了"两学一做"学习会,在农村,农民白天在田间劳动,晚上才有时间学习。乾落村2017年春召开"两学一做"会议时,全村33个党员到会人员17人,未到会人员多数是外出打工、年老生病的人。由于还未开春,村里也没有安装路灯,有党员提议夜晚开会若无重要决议性事务,70岁以上的老党员可请假不来,关于这项动议,17个党员中的16人都同意了,唯独村支书一人不同意。村支书或村主任说了算是村两委几十年的老规矩。在这个事情上,村支书一个人不同意的情形多少让大家感到意外和唐突。为预防"一言堂"现象的发生,韩锁昌让大家先发表意见,他和村支书最后发言。村支书先发言很可能会造成如下情形:有一部分人会主动附和村支书的提议,有一部分持观望态度的人也会顺着村支书的话往下说,而持相反意见的人则不好意思表达反对意见。出乎大家意料的是,最后发言的村支书竟然持反对意见,第一书记韩锁昌说"那咱们民主决策,少数服从多数,不可能一个人将大家的决议推翻了"。在韩锁昌的坚持下,党员会议通过了决议。

一件事做成了,就有了一定的规矩意识。在韩锁昌的推动下,村里诸多公共事务开始采取"四议两公开"的程序运作,"一言堂"现象消失了,村两委班子成员间矛盾消解在党员会和代表会之中,决议具有了大众性。党员和代表通过参加会议,有了参与感、主人翁意识,对村庄公共活动更加支持。同时,民主参与的民主决策方式既避免了"一言堂"现象,也避免了一人担责的情形。

二 用好"四议两公开"制度

1. 建设葡萄产业园

2016年11月,一向平静的乾落村突然骚动起来——村上要建葡萄产业园的消息不胫而走。

第五章 第一书记：扎根基层 深入群众

"一组土地交通便利，能浇上水，产业园肯定要在一组建。"

"四组空地多，应该选在四组。"

"就四组的路，车都进不去，还想建产业园？"

葡萄产业园建于何处，成为村民们茶余饭后的谈资。

把冷棚葡萄作为乾落村的主导产业是韩锁昌及村两委成员和西北农林科技大学苹果专家赵正阳、葡萄专家张宗勤、核桃专家翟梅枝等果业方面的权威专家充分调研论证后，给乾落村选定的一条脱贫致富的发展路子，县扶贫办、农业局等单位提供了多种支持。建葡萄产业园，必然要先做好基础设施建设，要走管道、拓宽路面等，园区自然会有这样那样的好处，最大的好处是土地价格会上涨。在利益面前群众说说自己的好也是可以理解的，村两委如何决策才是最为重要的，靠拍脑袋肯定会引起大的纷争，村支书、村主任拿不定主意，两委会上也是各说各的理，争持不下。

"上大会吧，让群众自己决定。"这个当口，韩锁昌坚定地提出建议。

"交给群众？"刘支书有些不解。村主任也有些按捺不住了："那还不乱了套呀？"

韩锁昌说："群众的事群众说了算，把问题摆到桌面上，把道理说透，群众就不会有意见。"

"咱村矛盾这么多，建园子又涉及所有村民的利益，咱走'四议两公开'，不仅可以做到公平公正，还能提高两委的威望值，逐步解决这么多年积攒下的矛盾。咱的两委班子都是想干事、想干大事的人，咱得把民心聚起来，为以后做更多更大的事积蓄力量。"韩锁昌耐心解释自己的观点。与会干部停止了争论，但刘支书、冯主任还是没有明确意见。

晚上，韩锁昌约村支书聊天："刘支书，从今天会上的情况来看，感觉你对'四议两公开'能很好地解决这个问题还有些怀疑。"

刘支书稍作沉默后说："原本很简单的事情，这样一搞就变得复杂了嘛。"

"咱是村民的当家人，咱不拿出公正的态度，怕是对不起大家的信任哦。一分为二地看，'四议两公开'工作法，既是对群众的尊重，也有利于整合群众的力量，对村干部也是一种很好的保护。"

一个多小时的交谈后，刘支书同意了上大会讨论。

韩锁昌又来到冯主任家。

"你是第一书记,你说咋办就咋办!"冯主任淡淡地说。

"'四议两公开',并不只是一个简单的议事程序,这是对咱村干部管理行为的规范,也是对村干部的负责和保护,群众参与的人越多,力量越强大,决策越科学,大家都参与了、了解情况了,后面做起来就会顺当了。"韩锁昌给他细细地解释着,期望得到他的认可。

"咱们办事,特别是涉及群众重大利益的事情,都应该严格按照相关制度和要求办,而不是由某个人或某一部分人来决定。"村主任的态度有了明显转变,语气没有那么生硬了。

过了几天,村两委就葡萄产业园选址的问题达成一致意见:按照"四议两公开"程序进行决策。很快,村民代表大会召开了,各种倾向性意见都提出来了,各说各的理,把心里的想法都摆出来了。当然,符合实际的意见最终占了上风,形成如下决议。

一是鼓励有发展意愿的村民集中入园发展。在园区有土地但没有发展意愿的农户,可以通过置换或者租赁方式把土地流转出来。

二是村委会负责协调,做好土地流转等相关工作,同时负责解决二组、三组非产业园土地灌溉用水问题。

会后,村两委立即把大会决议张榜公布,公示栏前,村民们围了一圈又一圈,笑谈间,明显多了一种主人翁的感觉:"哈哈,想不到我们也有话语权了。"一次成功的大会决议,不仅得到了群众的认可,使产业园的建设顺利推开,而且提高了村民参政议政的自觉意识。

在产业园的实施过程中,村两委又因为生产路的问题争执不下。这次争议的焦点在修路的标准上,一方从成本的角度考虑,建议在现有生产路的基础上适当修整,方便生产就行;另一方从长远发展的角度出发,要求拓宽、硬化,起码达到大货车能够入园作业的标准。

"既然都是修,为什么不能从长远发展的角度考虑?"

"就是一条生产路,修得那么宽、那么好给谁看啊?"

说实话,双方的建议都有充分的理由来支撑,但意见相持不下,已经影响了园区建设进度。

"不行就上会!"就在双方争执不下的时候,一方自己提出了解决办法。

"上会就上会,谁怕谁?"与前几次不同,这一次的争执,还没有等到韩锁昌插手过问，他们已经找到了解决问题的办法。

思维定式是个很奇怪的东西，会影响人思考问题的深度和高度。必须改变陈旧的、落后的、与事物发展规律相违背的思维定式，才能引导人们走向正确的轨道。

2. 以民主方式化解公务纠纷

老村委会办公楼已经不适应阵地建设的要求和工作需要，在村部改建的工作中，两委成员因为不同意见争执起来。

"5年前我修建村部的时候，每平方米造价不过550块钱，你现在报出这么高的价，谁能接受？"

"5年前的材料费、人工费是多少，你看看现在是多少，这个报价范围是附近村子近一年内村部建设的价格。"

"你弄吧，我不管了，出了事情别怪我没提醒你。"双方唇枪舌剑，你来我往，不可开交。

在村委会办公楼的修建问题上，2015年，村主任考察之后报价1100元/平方米，村支书则不同意，他说自己2009年当村主任修建的村会议室才750元/平方米。事实上，问题的关键在于村支书和村主任意见不合，村支书曾经是村委主任和村支书一肩挑，新村主任是他推荐的，他认为村主任应该听他的，更为关键的是他认为村主任应该把他当村主任期间欠下的168万元的公共债务接过来。

韩锁昌只能在二者之间做协调工作。2015年的下半年里，他经常上午找村支书交谈，下午找村主任交谈，等思想工作做通了，晚上把两个人找过来一起谈。韩锁昌还拿来村委组织工作条例和其他文件，将村主任、村支书、村监委会的职责讲清楚，"不要把手伸到别人的锅里"，村支书不能参与经济事务。在村委会办公楼修建的问题上两个人仍然争持不下，在维护大局的前提下，韩锁昌及时将"四议两公开"作为解决争议、规范决策的有效方法提出来。

经两委会几次商议后，议题先后提交到党员大会、村民代表大会。会上，双方向代表们陈述各自意见，代表们根据现行的市场价格对村部建设的成本进行详细核算，充分讨论后通过了支持建设的决议并及时公之于众。工程很快开工实施，3个月后，崭新的村部投入了使用。

这件事给了我们一个重要启示，当工作中遇到意见不统一时，坚持按章办事、依规行事是打通干部思想、维护群众利益的有效途径。形成一种民主议事、民主决策的风气，不是一蹴而就的。一旦在村干部的思维模式中建立了规矩意识，好多矛盾就提前化解了。

三　民主的陀螺

群众直接参与决策，也让村干部主动改变了惯于发号施令的工作方式，学会了与群众协商沟通，个人的转变带来两委的转变，最终促进了凝聚力和战斗力的提高，赢得了群众广泛的认可和支持。韩锁昌尝到了"人管人气死人，制度管人管根本"的甜头，更坚定了执行"四议两公开"的决心和信心。

"韩书记，赶紧给我们选一个组长吧。"三组组长由于身体等原因不适宜继续担任组长。群众在跟韩锁昌打完招呼之后，直截了当提出要求。

"组长的产生是村民自治范围的事情，我插手太多不合适。"韩锁昌有意避重就轻，想了解一下群众的想法："大家是什么意见？"

"什么意见，'四议两公开'啊，用制度给我们选一个组长。"群众的话让韩锁昌忽然意识到，群众在心里已经开始认可和肯定"四议两公开"工作法了。

为了及时巩固提升干部、群众对"四议两公开"的认知，激发大家更广泛的积极性，韩锁昌再一次将三组群众的愿望转达给村两委。很快，两委会启动程序，将选举三组组长的事情通过"四议两公开"落实到位。

一件件村里的大事小情就这样通过"四议两公开"工作法平稳、公正地解决了。韩锁昌欣喜地看到，"坚持党的领导、充分发扬民主"的理念正如一股股涓涓细流逐渐渗入基层，而且有了生动的诠释和实践。

俞可平曾经说过："民主就像陀螺，一旦停止就会倒下，只有转起来才能立得住，才有意义。"韩锁昌坚信，随着"四议两公开"在乾落村的不断拓展延伸，基层民主这个陀螺一定会在乾落村的阵地上很好地转起来，而且会转得更快、立得更稳！①

---

① 参见韩锁昌《省级优秀第一书记巡回报告演讲稿：让一切在阳光下运行》。

第五章　第一书记：扎根基层　深入群众

图 5-5　村两委会上各抒己见

第五节　打造永不走的工作队

　　火车快不快，关键头来带。基层党组织要发挥战斗堡垒作用，基层组织软弱涣散、不团结是村庄发展、稳定的大忌。驻村工作队是特殊时期党中央和地方政府派驻到农村执行特定任务的临时工作队，不能替代也不应替代基层村庄组织。韩锁昌通过建设基层党组织、划清驻村工作队与村两委的关系，以加强基层组织建设，打造永不走的工作队。

　　加强基层党支部建设是驻村第一书记的核心职能之一，乾落村 2018 年党支部换届成功选出了有德有能之人：一个支书、两个支委。三个人目前都很积极负责，撑起了村级政权的运作，村支部建设是很成功的。

　　脱贫攻坚中的驻村第一书记的首要职责是助推地方政府和村两委组织落实脱贫政策，但在具体实践中，还要担负起村两委组织建设、党建、产业发展等各项事务，如何处理好驻村第一书记与村两委的关系、与乡镇政府的关系、与贫困户的关系，如何界定外在帮助与内生动力、外来人与内部人的角色等问题，都需要从实践中找到答案。经过三年探索，韩锁昌认为第一书记的定位应该是"指导不领导，依靠不依赖，帮扶不包办，帮忙不添乱"。

一 划清扶贫职责边界：指导不领导

合阳县采取的驻村工作队是由一个单位派出一队人马，第一书记可能出自本单位，也可能是外来的，如果出自本单位多数是领导任职，如果是出自其他单位则很可能出现"第一书记指挥不动驻村工作队"的问题。乾落村驻村工作队是县审计局的派驻人员，韩锁昌自知如果担任队长势必造成协调难题，他请求县政府指派审计局人员做工作队队长，他做协助工作。经过几番来回，驻村工作队队长终于从审计局派驻人员内部产生，第一书记、驻村工作队、村干部等的职责至此划分清楚：第一书记负指导责任，驻村工作队负责组织落实，村干部负责组织协调，包村干部负责督查检查。"谁出事谁挨板子"的追责机制促使所有人都不敢懈怠。

韩锁昌积极与乡镇政府沟通反映驻村第一书记的职责边界问题，镇政府请韩锁昌写一个文件来，韩锁昌写了之后由镇政府上报县政府，没想到县扶贫办发文，在全县内进一步明晰第一书记、村两委的职责边界。

2018年4月，合阳县委、县政府在《合阳县脱贫攻坚工作情况汇报》中写道，2017年以来，县委、县政府完善脱贫攻坚考核体系。

第一，完善考核办法。实行脱贫攻坚考核单列，出台第一书记、部门帮扶、村干部补贴与脱贫成效挂钩系列考核办法，村干部补贴"二八分、对半考"办法在全市推广。成立县群众满意度调查中心，每季度开展一次自查自测、通报排名，将责任压力传导至各级各部门。

第二，严格推动环节。坚持每周编发一期简报，每月开展一次专项观摩，每季度进行一次通报点评，每年评选表彰一批脱贫攻坚先进单位、脱贫示范户和优秀第一书记，推动各级聚焦脱贫主业。

第三，用好"三项机制"。围绕脱贫攻坚优先选用干部、选派优秀干部，提拔重用一线扶贫干部33名，160名后备干部充实到了脱贫一线。

第四，强化督查问责。坚决问责不作为的干部，对县级督查发现问题的写出说明书，季度排名靠后的下发诫勉书，工作不力的提前下岗、学习待岗、负向转岗，2017年对134名脱贫不力的干部进行了问责处理。

第五，推行"511工作制"。从2018年元月起，工作队每周5天驻村，帮扶干部每周1天入户，第一书记每月走访1遍贫困户，推动各级干部带着感情、带着责任、带着政策履行帮扶职责。

第六，加强纪律监督和督查。县纪委紧扣脱贫攻坚严督实查，强化执纪问责，通报了10起扶贫领域典型案例，给予党纪政纪处分62人、诫勉谈话63人、谈话提醒12人、批评教育9人、责令检查1人。①

汇报指出"出台第一书记、部门帮扶、村干部补贴与脱贫成效挂钩系列考核办法，村干部补贴'二八分、对半考'办法在全市推广"，将部门帮扶（驻村工作队）、村干部纳入责任体系和奖惩机制中，应该得益于韩锁昌的制度贡献。

事实上，正因韩锁昌的执着、体制外身份，才使得他有据实上报基层情况的底气和勇气。县政府部门派出的多数第一书记都会选择应付、自保的方针。

> 我只能当好人。我一个农村娃，40多岁，弄个副科不容易，别说免职，就是给我个处分我都受不了啊！（合阳县某村第一书记）

二　发动群众：对村两委依靠不依赖

第一书记的到来，给村庄带来不小冲击，原本松散、无力的村干部被第一书记的积极主动激发起来。村两委成员每个月的收入在1500元左右，他们必须有其他收入来源才可维持家庭生计，于是兼业型村干部在有些事情上不太积极、不太配合，甚至有的村干部还认为第一书记"做得太好"影响了他们的工作。

韩锁昌自到村起，村两委成员就一直在闹矛盾，公共事务有时获得村支书支持，有时获得村主任支持，两人同时支持的情况极为罕见。通过一年的协调，韩锁昌发现村支书和村主任的关系并未好转，而他为获得村两委的支持已耗费太多精力，感到身心疲惫。

村里的大事不能因为两个人意见不统一就放那里不干了，韩锁昌心想，随后他一边做双方的调解协调工作，一边寻求新的工作突破口。韩锁昌发

---

① 合阳县委、县政府：《合阳县脱贫攻坚工作情况汇报》，2018年4月。

现作为外来人第一书记,应该依靠村两委、村干部开展工作,但不能存在依赖心理、丧失了主体性,最为根本的应该依靠群众而非某个村干部。

韩锁昌说:"给村里提建议,处理不被采纳,我就找群众代表,群众代表如果认可,他们就会积极地传播消息。例如去年种植葡萄的事情,西农大免费提供苗子和技术指导,村两委不太热衷,未置可否,我就是通过群众代表来做的宣传工作。只要我做好了,他们(村两委干部)就不会阻拦。"

"我向学校申请了10万元的党建经费,其中4.9万元用于党员活动室的建设。没想到这间活动室被县文化局、民政局等多个部门挂了牌子,他们都要求有独立的活动室。村主任则坚持要做(养老)幸福院的房间。在党员大会上,我向各位党员做了汇报,学校支持的10万元已经批下来了,村主任说不做党员活动室了,那我就把这钱退回去。我话未说完,村主任马上接过来说,幸福院不做了,咱们就做活动室。被拖延了半年的工作顺利启动。"韩书记说,"一旦你团结了多数的党员和群众,他们(村干部)就会感到与大家意愿相背离的危机"。

群众的信任和支持并非"作秀"就能获得。韩锁昌在乾落村的威望和群众基础是他点滴行动积累起来的。除了访贫问苦切实为贫困户解决生产生活中的难题外,韩锁昌还在村庄公共事务上身先士卒,例如村里每次下大雨,带着大家逐户通知贫困户、排涝的人都是韩锁昌。

上文提到的马秋莲老太太一直住在破旧的老房子里。有天下大雨,韩锁昌第一时间想到了马老太太,连忙叫上村干部去老太太家里,经过劝解,才把老太太转移到她大儿子的房里。随后,韩锁昌带头挖土排水,40多岁的村民刘根红在一旁看说道:"呀,你这第一书记都这么干啊?"

韩锁昌:"咋,你们在旁边看,如果不做的话,就不要说闲话。"

刘根红知趣地转身走了,后来刘根红积极参与村庄产业园区建设,并承担起村资金互助协会的管理职责。

"咱们看起来是小事,对村民而言就是大事。群众关心的事,咱们都要办。"正是通过一件一件的小事,群众认识了韩锁昌,信任了韩锁昌。

事实上,韩锁昌刚到村时,党员刘益民问:"这人是谁?"村干部介绍说,"这是中组部派来的第一书记"。"好,好,等几天就升官发财了。"韩锁昌听出这是笑话人的话。经过两年的实干,刘益民见了韩锁昌竖起了大拇指，并对他说了三句话：

> 你开会，我参与。
> 你做事，我支持。
> 你当第一书记，我放心！

刘益民是村里的老党员，因为与原村支书刘某有矛盾，党员活动他能不参加的都不参加。韩锁昌改变了他对党组织的看法。刘益民的故事说明，只有实干为群众办好一件一件小事，才能真正感动群众，才能获得群众的支持，我们的力量才是最强大的，村里的公共事务才有可能成功。

三　扶贫工作：帮扶不包办

来村工作的第一年，韩锁昌多少感觉有点不适应，不适应并不是工作内容不适应，而是第一书记与驻村工作队、村两委的职责边界不清晰，很多事情不知道该不该做，能不能做。韩锁昌坦言，在村工作的第一年自己定位得并不好，什么事都要问、都要参与、都要负责，结果一年下来，自己得了一身病，村干部和群众并未被动员起来。

"县乡政府部门看你干得好，所有事情都让你做，什么文件、活动都要第一书记负责。我一年365天，起码300天在村里，其中100天都是深夜两点还在写材料，忙得连轴转。村干部都在家睡觉呢。"

这一反常现象很大程度上是制度造成的。在一定程度上，精准扶贫工作是一场信息战，所有的表格、文字资料都要数据化，而多数村干部是50岁以上的农民，没有接触过电脑，更不会操作Word、Excel等办公软件。第一书记来自县级政府部门或其他事业单位，在文案工作上条理清晰，是整理扶贫工作材料的理想人选。既然驻村第一书记能把扶贫材料做好，其他材料和工作自然也不差，县乡政府各部门逐渐形成一个习惯：凡是能和扶贫、党建、村庄治理相关的事务都把第一书记纳入其中。有的镇政府竟然规定计生工作也要第一书记负责，结果造成第一书记忙得不可开交，村干部落得清闲自在。

到底谁是村庄脱贫的主体和责任人？严格地讲，村组干部不属于正式官僚，不受组织法的管理和政府的考核，而驻村工作队要受政府组织方方面面的制约。为保证扶贫效果，抓住扶贫的"牛鼻子"，地方政府首先考察的是第一书记，村庄脱贫第一责任人也成了第一书记，由此引发第一书记奔波忙碌不止，村组干部半动不动的反常现象。第一书记每周一、三、五开会述职，每天统计数据、争取项目，村组干部却无任何实质性任务，能够给予配合就算不错了。

2015年5月到2016年5月，我都神经衰弱了。村里扶贫的各样考核资料全是我一个人填的，经常忙到深夜一两点，此时，村组干部在家睡觉呢。2016年7月下大雨，我们挨户通知大家防汛，村支书把人一叫，回家里"挖坑去了"（在电脑上玩斗地主）。

县乡政府把第一书记当作"变形金刚"，啥事都找我们。计划生育都要我管，若是有检查，肯定是我们的事。前些日子，又把危房改造的事给第一书记负责，我给顶回去了。

根据中央和省市文件规定，第一书记的核心工作是：抓好党建、做好扶贫。与党建、扶贫无关的事情，原则上第一书记可以不参与、不负责。而基层政府要第一书记负责如此多的额外事务，原因有三：一是第一书记来自上级政府部门或外单位下派人员，素质、能力较村干部高，工作质量有保证；二是乡镇政府工作人员不足，事务巨多，顺势将第一书记纳入乡镇政府官僚体系补充人力；三是在扶贫督查日甚的背景下，各项工作稍有差池就会被追责，将第一书记列为责任人，可为乡村干部顶责。乡镇政府的这些想法早已被第一书记们知晓，许多第一书记开始维护自身权利，韩锁昌谈起了自己的经历。

镇里每次开会，无论与扶贫有关无关都要我们参加，什么事都要我们（第一书记）负责，好像没有村干部什么事一样。干了两年，我身体和精神都出了点问题，2018年我就学会按照政策、法律来划定责任界限，第一书记不是无限责任，在扶贫工作中主要负责，但不应该是第一责任主体。

有次镇里莫名其妙地给我发了一个通报，虽然没有明确的批评，但通报本身就是工作失误的表现。我把事情的过程原原本本地写了一份材料交给镇领导，此事根本不是我的过失。我就说："你们若再这样，我就向省组织部、中组部反映问题。你们不是缺第一书记，而是缺顶包的人。"

在无权、人和钱的支配权情形下，负责就是"顶过"。显然，在责权利失衡的情况下，将驻村第一书记设为扶贫第一责任人有失妥当。在韩锁昌等人不断与县乡政府沟通、协商的背景下，县政府终于制定了新的职责划分办法，将村组干部纳入考核体系，真正地发动基层干部才是落实政策的根本途径。

四　驻村工作：帮忙不添乱

第一书记和驻村工作队制度都是特殊时期的特殊制度设置，一旦目标完成，驻村工作人员就会回原单位。村庄村民仍然以自主发展为主，等靠要的思想要不得。第一书记在村时的帮扶工作不但要做到"帮扶不包办"，还要做到"帮忙不添乱"。

韩锁昌所帮扶的贫困户多数是因病、因学致贫，他对贫困户的帮扶除了日常走访、沟通情感、解决实际问题外，就是通过各种方式激发贫困户内在活力，为贫困户的发展提供平台。比如上文提到的，韩锁昌帮冯续祖联系了西农大山羊专家，校组织部向其赠送4只山羊，第一批羊羔已经出栏见到了收益；田根栓爱人患重病不能干重活，韩锁昌鼓励他在家种了11亩红提葡萄，成为乾落村产业园发展最早的农户之一；一向喝得烂醉的刘正田在韩锁昌的鼓励下开始外出打工挣钱。韩锁昌总是告诉贫困户，所有的帮扶都是暂时的，只有自立自强才是脱贫的长久之计。"尊重他们，让他们感到作为正常人的尊严，他们的自觉是扶贫的最终目的。"

"好心办坏事"的情况在政府组织和个人身上时常发生。在机关工作20余年的韩锁昌深刻懂得这个道理，所以，韩锁昌给自己的工作原则上加了一条"帮忙不添乱"，即每做一件事都要反复思量。这几年他为村里争取了下水道项目、机井项目，改善了村落办公环境和人居环境，切切实实地改善了贫困户生活条件，这些事他都无愧于心，都没有给村里添乱——增加农民负担或给村庄留下债务。但有件事一直在韩锁昌的心坎上未能过去，那就是红提葡萄产业扶贫园的事情。担心了大半年的事情，终于在2018年8月底有了着落，韩锁昌一颗悬着的心终于落地了。

如果政府的资金迟迟不到位，乾落村红提葡萄产业园区项目就很可能失败，韩锁昌有可能因此成了村里的罪人，砸了西农大扶贫的牌子。建设红提葡萄产业园区，让韩锁昌感到有点后怕。政府许诺的项目资金，可能就不见了或者打折兑现，奋力争取项目的韩锁昌成了给村子欠下债务的人。为了避免这种情况发生，韩锁昌建议学校不参与项目施工过程，而且采取先验收后补贴的模式予以支持。

"我在这工作，如履薄冰、如临深渊。地方社会关系网络错综复杂，生态环境太复杂了。我不参与村庄派系竞争，还被人告状，我不参与村庄经济事务，也是为了自保。"

从全国来看，也有介入村庄事务很深的驻村第一书记——带领村民把村两委成员赶下了台，但后续工作怎么开展呢？韩锁昌深知，所有的外来者都迟早会离开村庄，他们走后留下的局面将影响村庄后续发展。

韩锁昌最为看重的是：贫困户内在动力和精气神的激发、领导班子和村民在一次次民主实践中的磨炼。他相信：有了内生动力和大众的支持，个人就不可能一直贫困，村里事情就不可能做不好，乾落村的明天就不可能不美好。

第六节　新书记的乡村振兴梦

孟庆涛同志是西北农林科技大学六次产业研究院办公室主任，于2019年8月任合阳县坊镇乾落社区第一书记，是学校派到对口帮扶县合阳县挂职驻村的又一位第一书记。孟庆涛书记在驻村后曾说："初来到村庄，感觉基础设施建设还可以，产业发展也具备了一定基础，但与脱贫攻坚，尤其是乡村振兴的要求相比，还存在一定差距，比如产业发展内生动力稍显不足，产品品质需要进一步提升，产品品牌需要进一步打造，产业融合发展还存在一定障碍等。"

在驻村后，孟庆涛书记做的第一件事，便是以入户记录走访的形式，深入群众了解全社区贫困户的切实情况。通过全面细致的走访，孟庆涛了解了每户贫困户的难题困境，并谋划解决贫困户们难题的初步思路。孟书记在重阳节期间为老人举行爱心送温暖活动，完善社区幸福食堂的管理制度，积极联系三十余位西北农林科技大学的专家考察社区的现实情况，发掘适宜社区发展的产业，鼓励党员起带头作用建立试验示范大棚，加强基层党组织建设，用实际行动兑现第一书记的担当，并且依据社区的实际情况，孟书记提出了乾落社区"一六一乡村振兴计划"。

"一六一乡村振兴计划"的第一个"一"，是在本社区打造一个以产业融合发展为特色的农业主题公园。首先，乾落社区拥有独特的地理优势，它位于前往处女泉景区的必经之路，每年经由本社区前往处女泉景区的游客人数众多，可以为社区带来大量的客流量，因而具有适宜发展乡村旅游产业的优势。其次，乾落社区有着良好的产业优势。社区拥有红提、花椒、苹果等产业，并正在筹划全力发展食用菌产业，曾先后邀请西北农林科技大学的园区规划、设施农业、农业信息化、农林经济管理、农村金融等专业的30余位专家来到本社区进行长期考察，策划发展了适宜本社区的产业。最后，县扶贫办等相关部门为乾落社区投资数百万元修建了乾落至产业园、灵井、曹家坡、高家坡等的道路，对全社区道路巷道进行绿化美化，修建了文化大礼堂、健身广场等，这使得乾落社区基础设施建设更加完善，并因此被确定为2019年乡村振兴精品示范村。

综上所述，乾落社区具备了打造农业主题公园的基础优势，农业主题公园计划包分为农家产品自产直销区、葡萄种植区、食用菌产业区、花椒园区、养殖区、蔬菜区、花卉区、餐饮区等几个部分，体现的主要是产业融合发展的特色，最重要的是通过筹建"乾落社区农家产品自产直销区"，打造集产品宣传、推介、销售、采摘，观光游览，休闲娱乐，餐饮服务等多功能于一体的综合性农业主题公园，充分带动本社区居民增收致富。

"一六一乡村振兴计划"的"六"具体是指：实施产业融合发展致富工程、乡村振兴综合技能培训工程、基层组织创优工程、花开乾落造美工程、爱心送暖珍爱工程、数字乡村治理工程六大振兴工程。

第一，产业融合发展致富工程，筹建乾落社区"产业融合发展示范区",主要包含以下几个板块。(1)葡萄新品种示范园:拟搭建10个设施冷棚,示范推广阳光玫瑰、甜蜜蓝宝石、浪漫红颜、妮娜皇后、早熟克瑞森5个葡萄品种,每个品种示范面积为2亩,共计10亩,预计投资30万元。聘任西北农林科技大学张宗勤副教授为技术顾问。(2)食用菌产业示范棚:拟搭建10个食用菌设施大棚,栽培羊肚菌、大球盖菇、竹荪等品种,预计投资20万元。聘任西北农林科技大学杜双田副教授为技术顾问。(3)炭基肥试点示范区:选择10户葡萄、10户花椒种植户开展炭基肥试点工作,每户示范面积1～2亩。预计投资12万元。选择上述三个产业,首先,是因为本村原来就种植葡萄,但是因为品种与销售等各种问题,所以需要对葡萄品种进行结构调整。通过市场调研后所推广的新品种都是销量较好、售价较高且适宜于本村种植的品种。其次,本社区先后邀请30余位专家,结合实际论证后决定本社区发展最适宜、效果与评价最好的食用菌产业。在食用菌产业的发展中由于有着强大的技术支持,在销售上可以打季节差,进行反季节市场销售。最后,本社区的炭基肥试点实施,是由于炭基肥不仅可以改善品质,增强抗体,而且它属于水肥,在浇水过程中便可施肥,可以减少人工劳动量,大大降低成本。本社区通过产业结构调整与产业融合,使得示范区充分带动社区居民进行增收致富。

第二,乡村振兴综合技能培训工程。乾落社区根据农民的实际需求,结合社区存在的实际问题,开展并逐渐丰富乡村振兴综合技能培训工程,不定期围绕葡萄、花椒、苹果、核桃等产业开展如种植、营销等从种到销售的每个环节的系统技能培训,本社区的村民都可自愿前来参与。后期本社区还计划开展更多种类课程,例如包装、策划、提高产品品质以及有机认证等。本社区通过开展乡村振兴综合技能培训工程增强农民的创收能力,实现全体社区村民由脱贫向致富的积极转变。

第三,基层组织创优工程。这是第一书记的第一要职,本社区不论是产业的发展还是各种工作的开展,都需要党员起带头示范作用,为村民办实事做好服务,充分发挥基层组织的优势。具体来说,其一,在产业发展中,建设"党员干部产业融合发展示范区",鼓励党员干部示范推广在冷棚里种植的葡萄新品种、食用菌产业示范棚等。其二,在2018年与西北农林科技大学合作的消费扶贫中,红提产销六万斤,在收、购、运等过程中,需要大量的人力物力，这些环节都有党员干部参与，盈利的钱不分红，全部用于本社区集体设施的建设。这表明，基层组织创优工程要与实际工作相结合。

第四，花开乾落造美工程。每年乾落社区在春、夏、秋三个不同的季节都有花看，每个季节都有不同的花、不同的植被、不同的造型。在这里包含打造葡萄景观带，包括三条景观廊道、若干庭院葡萄等。花开乾落造美工程将乾落社区与葡萄联系起来，同时也将花开乾落造美工程与产业联系起来。

第五，爱心送暖珍爱工程。不论是为民办事服务还是营造乡风文明，都需要传递爱心，传递温暖。在重阳节本社区不仅为老人发放奶、蛋、油等生活必需品，最为特殊的是还为老人发了印有其照片的水杯，蕴含着不一样的意义，并且为不同的人群如军人、党员、儿童、贫困户等，在不同的节日举办不同的送温暖活动。社区通过搞好乡风文明，提高居民的生活幸福感。

第六，数字乡村治理工程。第一书记很重要的职责是提升治理水平。数字乡村治理工程是一项待启动的工程，它包括数字农业、数字街道（路灯的控制、监控）、便民的数字化终端与设施等。

最后，"一六一乡村振兴计划"的第二个"一"是指社区做大做强一个品牌专业合作社。"合阳兴农农副产品购销专业合作社"的核心就是发展村集体经济，发挥党员干部示范作用。这个合作社是在2019年9月底由本社区村支部书记、副书记以及五个村民小组组长七个人成立的，其中村支部书记任职理事长。合作社主要有三个作用，第一，销售农副产品；第二，通过销售带动品质的提升，可以通过合作社联系西北农林科技大学的专家，进行专家指导；第三，营造品牌，通过销售与提高品质来营造合作社自己的品牌，目前合作社已正式注册并有效运营。

孟庆涛书记虽然驻村仅仅只有半年时间，但是在乾落社区的实际发展中做出了许多的努力，切实有效地履行了第一书记的各项职责，赢得了众多群众的良好口碑，同时也为乾落社区未来的发展规划出了新的宏伟蓝图。

第六章　研究生助力团：新时代的知识青年

第一节　三农人才培养的"西农模式"

一　新时代　新青年

党的十九大报告指出：青年一代有理想、有本领、有担当，国家就有前途，民族就有希望。中华民族伟大复兴的中国梦终将在一代代青年的接力奋斗中变为现实。党中央和习近平总书记对青年人寄予殷切希望，号召广大青年坚定理想信念，志存高远，脚踏实地，勇做时代的弄潮儿，在实现中国梦的生动实践中放飞青春梦想，在为人民利益的不懈奋斗中书写人生华章！

青年兴则国家兴，青年强则国家强，培养优秀青年是高校的重要职责。2018年6月，在新时代全国高等学校本科教育工作会议上，教育部部长陈宝生表示，中国教育"玩命的中学，快乐的大学"的现象应该扭转，对大学生要合理"增负"，提升大学生的学业挑战度，合理增加大学本科课程难度、拓展课程深度、扩大课程的可选择性，激发学生的学习动力和专业志趣。① 的确，在娱乐时代、金钱时代和急功近利的时代，每个人自觉不自觉地成了"精致的利己主义者"，对追求立竿见影的知识和活动趋之若鹜，"治国、平天下"的使命感淡化许多。象牙塔里的某些青年学子只知上网、游戏、玩乐，浑浑噩噩过日子。在反思学生变化的同时，更要反思眼下的

---

① 《教育部部长：中国教育"玩命的中学，快乐的大学"的现象应该扭转》，http://www.xinhuanet.com/mrdx/2018-06/22/c_137273309.htm，新华网，2018年6月22日。

教育理念和模式，能不能让学生得到有质量的成长是检验教育模式的重要标准。

理论与实践相结合，大学教育与服务社会相结合是当今教育改革的重要方向，也是解决象牙塔学子眼高手低、不适应社会等问题的重要途径。新时代，在脱贫攻坚战的重要背景下，西北农林科技大学通过科技镇长团模式将高校学子送到基层挂职锻炼，希望他们在服务地方社会、助推脱贫攻坚服务乡村振兴的伟大实践中成长成才。这既是扶贫模式创新，也是教育模式的一大突破，更是响应党中央号召，培养造就懂农业、爱农村、爱农民的"三农"人才的重要举措。

二 教育与服务相结合的"三农"人才培养模式

"三农"人才是国家"三农"事业的接班人，是乡村振兴的主力军，新时代的农村发展更加需要有知识、有文化、有专业技能的新鲜力量的加入。然而，大学人才培养日趋精英化，大学生的职业选择、人生方向都与繁华的都市、高薪酬、高待遇密切相关，大学生被钱理群批评为"精致的利己主义者"，这是高校教育的缺失——因为大学生既不知道农村如何需要他们，也不知道农村是大有可为的广阔天地。

2018年3月，西北农林科技大学选派14名综合素质好的在读硕士、博士研究生组成科技镇长助力团到合阳县各部门和乡镇政府挂职，不但为县域脱贫攻坚和乡村振兴注入新鲜血液，也在尝试一种"教育与服务相结合"的"三农"人才培养模式。这一模式的具体机制有三：知识生产与社会生产相结合；知识分子与社会大众相结合；服务社会与自我成才相结合。

（一）知识生产与社会生产相结合

高校是科学研究的高地，是技术传播的中心，也是知识生产服务国家和社会的重要主体。不可否认的是，今天的自然科学研究和人文社会科学研究，都面临着与社会实践脱节的难题，知识生产与社会需求发生错位。甚至在某些方面，理论研究远远赶不上社会实践的发展。

当然，任何科学研究从研发到应用都需要相当长的时间，但研究的方向和目的必须是正确的，那就是为国家和社会实践服务，科研工作者不应单纯地追求发表高质量的论文而不注重基础研究，不注重技术转化，不关心社会需求。社会科学研究亦是如此，以"三农"政策研究为例，学界在某些问题上的研究既没有观点，也没有思想力；有些研究带有明显的意识形态倾向，与现实经验、民众需求存在一定差异；有的研究甚至被利益集团绑架，表面上是维护农民利益，实质上有损农村、农民的长远发展。知识生产如何与社会生产结合起来是摆在高校教研人员面前的一道大题。

今天，教研人员的言传身教影响着大学生的研究旨趣、人生志向——是为了个人利益独上高楼，还是为了大众利益而贴近地面。我们认为知识生产、科学研究应当服务社会实践，让知识从实践中来到实践中去。西北农林科技大学素来致力于"接地气"的科学研究，长期以来形成了成熟的农业技术研发与推广体系，培养了一批又一批服务"三农"事业的学子，更是涌现了一批感动社会大众的农业科学家。在今天的合阳县甘井镇，一个小院的门口还挂着"西北农林科技大学旱区试验站"的牌子，在这里工作过至今仍在发挥余热为人传颂的农业科学家有李立科、呼有贤等人。这些科学家不但将毕生所学贡献给了黄土大地，而且培养出一批批年轻优秀的"三农"人才，在专业研究领域取得丰硕的成果。

将在读硕士、博士研究生送到基层去挂职锻炼的科技镇长团模式无疑是高校教育推动"知识生产与社会生产相结合"的努力。需要明确的是，"三农"问题不只是农业问题，"三农"人才也不能限于农学领域，公共行政学、政治学、社会学、管理学、生物学等各个学科亦应增强服务"三农"、培养"三农"人才的意识，将论文写在大地上是一个科学工作者最美的华章。科技副镇长们和不断走向田间地头、言传身教的高校专家、学者正是这曲华章的美妙音符。

（二）知识分子与社会大众相结合

中国知识分子素来有"修身齐家治国平天下"的责任担当，但"万般皆下品，唯有读书高"的观念亦是知识分子的气质之一，知识分子想象中的为大众服务与实际的行动并不一定相符。毛泽东在著名的《在延安文艺座谈会上的讲话》中就回忆了自身的经历：

> 我是个学生出身的人，在学校养成了一种学生习惯，在一大群肩不能挑、手不能提的学生面前做一点劳动的事，比如自己挑行李吧，

也觉得不像样子。那时,我觉得世界上干净的人只有知识分子,工人农民总是比较脏的。知识分子的衣服,别人的我可以穿,以为是干净的;工人农民的衣服,我就不愿意穿,以为是脏的。革命了,同工人农民和革命军的战士在一起了,我逐渐熟悉他们,他们也逐渐熟悉了我。这时,只是在这时,我才根本地改变了资产阶级学校所教给我的那种资产阶级的和小资产阶级的感情。这时,拿未曾改造的知识分子和工人农民比较,就觉得知识分子不干净了,最干净的还是工人农民,尽管他们手是黑的,脚上有牛屎,还是比资产阶级和小资产阶级知识分子都干净。这就叫感情起了变化,由一个阶级变到另一个阶级。

毛泽东所讲的知识分子与大众脱离的现象在社会主义革命时期和社会主义建设时期得到改观。随着市场经济的深入,阶层分化日趋严重,教育市场化、医疗市场化不断冲击基层社会公平,知识分子与大众相脱离的现象愈发严重,知识分子为谁服务有了不同的答案。

社会问题的解决、国家事业的发展需要具有家国情怀的知识分子。知识只有与实践结合、知识分子唯有与社会大众结合,实验室里的科技才能转化为一线的生产力。因而,"三农"人才更应多到田间地头做试验、传播技术、对接群众,而非坐在办公室、政府部门等着群众上门。

90 后科技副镇长们不负众望,他们走上田间地头观察农作物的生产过程、记录病情,到网上、图书馆查询解决方案、服务群众,不断走街串巷、入户访谈了解民众需求。同时,依托于西农大专家教授助力团,有针对性地邀请农业专家到田间地头指导农民生产。许多农民告诉笔者,"西农大的教授一点都不像教授",因为他们说着方言、穿着布鞋、毫无架子,就是一副农民形象。可以说,西农大的农业技术推广专家成功地与农民进行了结合,造福一方,使得白水的苹果、眉县的猕猴桃、榆林的马铃薯、山阳的核桃、关中大地的小麦硕果累累。

作为"三农"事业的接班人,科技副镇长们在工作中有意无意地与社会大众相结合,想农民之所想,急农民之所急。生于城市、长于城市的李靖说,自己以前吃饭吃不完就丢掉,到农村后发现农业生产如此不易,再把农民用汗水浇灌的粮食丢掉了,会感到愧疚难当。2018 年 4 月初,陕西、山西、河南等地遭受霜冻，合阳县的果木损失严重，张智超、李婉平、薛婷婷、黄兴发等科技副镇长与果农一样着急，到处找专家咨询、寻求最佳解决方案。在坊镇任职的李婉平更是一边在"合阳红提葡萄种植微信群"里联系专家教授解答难题，一边自行下乡查看灾情，随后陪着西农大合阳葡萄试验示范站张宗勤教授到现场指导灾后恢复工作，争取降低损失，催发二次挂果。在他们的帮助下，绝大多数果农的收入反而增加不少。

科技副镇长们在基层与农民群众接触中，感情慢慢起了变化，从一种想象的服务社会转化为具体的服务实践，从一种姿态性的帮助转变为亲手操作。在农村这所大学里，他们从象牙塔里不谙世事的大学生变为脚踏实地服务大众的"三农"工作者。

(三) 服务社会与自我成才相结合

"百无一用是书生"经常被拿来形容大学毕业生眼高手低的情形，而到基层政府挂职锻炼，对任何一个大学生来说都是弥补缺陷提升自我的宝贵机遇。科技副镇长们正是在服务社会中不断实践、试错、调适，在工作中接受社会教育、大众教育，获得难得的社会经验、工作经验和独特的心理素质。

不同于一般社会实践的是，科技副镇长在地方政府部门具有一定的职务、权能，有着施展才华的组织平台，能够切身参与一级政府的内部运作，一窥政府运作机理。有的科技副镇长一到乡镇，就被镇领导委以重任，学着在政府里面做事情。王佩是首批科技镇长团里最早有签字权的副镇长，这让其他同志羡慕不已。王佩说，面对上级转来的文件，自己一开始并不知道如何签字，在哪里签字，签字之后交给谁，刚开始又不好意思到处问，只得慢慢看、慢慢学。镇领导还给王佩安排了年中检查迎检中的绿化工作，如何设计、施工，又如何让工人听一个小姑娘的安排，这些问题在不断协调中得到解决，王佩的个人能力也得到同事们的肯定。

叶佳丽、王雅梅、张敏娟等人就没有王佩那么幸运，他们在乡镇政府摸索了更长时间。到任的 1~2 个月里，他们感到更多的是焦虑、煎熬——满腔热情却不知从何抓起。尽管如此，他们也没有闲着，而是"赖着其他同事下乡调研、参与到扶贫工作中去"。叶佳丽在下乡时遇到了沟北村，从此开始介入沟北电商发展、温室大棚种植以及该村的农业发展规划中来。张敏娟在包村工作中结识了太定村的王卫民，从此开始了她在农业园区发展中的工作。王雅梅在走访药农时了解到农业生产最大的问题是销售，不是种植，她便与对口帮扶学院——化学与药学院联手推动陕西康盛堂药业有限公司与秦龙中药材专业合作社签订了购销合同。

在坊镇任职的李婉平半年间走访调研了16个社区（村）、三大红提产业园区（坊西村红提产业园区、灵井村红提产业园区、乾落村葡萄扶贫产业园）、2个苹果产业园（大伏六村）、合阳葡萄试验示范站、合禾红提葡萄种植专业合作社、永红花椒专业合作社、坊南冬枣产业园区、百荣中药材合作社等，积极协调各园区与西农大对接。她多次到新池镇添缘现代农业园区以及金峪镇、王村镇、富平县车家村的农业发展典型园区调研学习新技术、新理念，并与乾落社区第一书记韩锁昌、西农大合阳葡萄试验示范站张宗勤教授密切合作，为合阳县红提葡萄果农提供了及时、便捷、高效、高质量的技术服务。

"回校后，老师同学都说我气质大变。我看待周围的事情不再那么简单了，也爱看新闻、报纸了！"张敏娟说。同样的变化也发生在王雅梅身上，"以前在实验室，总觉得自己很差，什么都干不好。今年我成师姐了，要带师弟师妹，我感觉我能胜任，老师对我也很肯定"。

这种由外而内的气质和能力变化是在基层挂职中不知不觉形成的。当然，成长蜕变不是一帆风顺的，基层这个广阔而包容的舞台总是会给予你足够的试错机会，只要你勇往直前、愈挫愈勇，你一定会得到足够的成长与回报。

"刚开始根本不知道如何与乡村干部和老乡打交道。你一本正经，文绉绉的，他们也会和你客客气气的，但是做不成事。农村工作，很多时候靠个人感情，村干部对你配合与否，要看关系。"刘晶说，"我在镇里开展的几次活动，都是一个和我很熟的村支书协助我办妥当了！"

也有同学表示，以前看到基层政府拦访，就觉得基层政府太坏了，自己接访后发现，访民里也有不讲理的；以前认为政府人员上班"一张报纸一杯茶"，到基层后发现，根本就不是那回事，乡村干部责任大权力小，天天忙得不亦乐乎。同样，他们也理解了农民，农民不只是朴实、厚道，还有自己的聪明、算计，政策和政府行动只有兼顾了农民的眼前利益和长远利益才能获得群众支持。

大学生到基层挂职锻炼是一个社会化的过程，不但有助于个体理解社会、政府运作逻辑，而且有助于提升个人的社会适应能力、行政能力，有助于个人更理性全面地规划人生、学习和研究计划。

在同样的平台上，个人成长与个人定位、努力是成正比的，一个人越是真诚、深入地参与到基层政府工作和服务社会的事务中，越是能够把握政府和社会的脉搏，越是能得到乡村干部和社会大众的指点，也就越能够与社会发生关联，在服务社会中成长成才。

图 6-1 合阳县首届研究生助力团成员合影

三 一路走来：成为科技副镇长

（一）90 后，巾帼不让须眉

第一批科技镇长团成员无一例外都是 90 后一代，多数同学出生在 1995 年前后，他们中年龄最大的是农学院 2017 级博士研究生叶佳丽，1991 年出生。90 后一代背负着诸多标签，"追求平等""更少世故""打破传统""享受生活""不知人间疾苦"。事实上，作为时代的产品和家庭的延续者，90 后一代与前辈间更多的是共同点，而非差异，他们有着一样的梦想，一样的家国情怀，一样地为生活奋斗，一样地为事业打拼。他们在实践中的奇思妙想,给基层行政带来一股清风。

下乡挂职锻炼既是宝贵的经历,也意味着要面对和处理更为复杂的环境和事务,过着较为艰苦的生活。从性别角度来看,男性更适合这一工作,出乎意料的是,经过层层筛选,最后胜出的14位优秀候选人中有10位是女同学,只有4位是男同学。女同学不仅在数量上占据绝对优势,而且在各项工作中也展现出巾帼不让须眉的风貌!

(二) 专业与组织经历

14位科技副镇长主要来自农学院(4人)、葡萄酒学院(3人)、园艺学院(2人)、经济管理学院(2人)和化学与药学院(1人)、人文社会发展学院(1人)、信息工程学院(1人)。所学专业涉及农林栽培、果业栽培、土地规划、化药、计算机和法学。多数科技副镇长已开始做科学研究,在SCI期刊和国内核心期刊发表了研究论文,具备了一定的研究视角和能力。学术训练使得三位博士研究生叶佳丽、薛婷婷、刘国库和准博士张智超在挂职中显得更加沉稳、成熟。

在选派人员时,学校充分考虑了个人专业、组织能力及选报原因。绝大多数通过筛选的同学都有着在班级、学院、学校担任学生干部的经历,张智超、李婉平、王佩是研究生会主席(副主席),李靖曾是院辩论队队长,薛婷婷曾经组织过多次公益活动,丰富的组织经验有助于他们更快适应基层工作。

课题组重点关注了大学生选报挂职副镇长时的动机,多数人目的明确:获得宝贵的挂职锻炼机会,用青春和汗水服务乡村;也有同学希望突破自我、挑战自我,"我不知道我行不行";还有同学觉得目前学习压力太大,希望换个环境磨砺一下自己;也有不少同学将之视为踏入社会前的试水。无论出于何种目的,这批90后科技副镇长在基层挂职锻炼过程中都尽己所能去尝试、去探索,走出了无悔青春的一步,在实践中,其思想境界得以提升,理想得到升华。第一批科技镇长团成员信息见表6-1。

表6-1 第一批科技镇长团成员信息

姓名	性别	年级硕/博士	院系,专业	挂职职务	组织经历	学术经历
张智超	女	16级硕士,18级博士	农学院,农学	县团委副书记	院研究生会主席	SCI论文1篇(影响因子3.048)

149

续表

姓名	性别	年级硕/博士	院系，专业	挂职职务	组织经历	学术经历
黄兴发	男	17级硕士	农学院，园艺学	城关镇街道办副主任		
薛婷婷	女	16级博士	葡萄酒学院，葡萄酒	新池镇副镇长	多次组织公益活动	中文论文4篇
王佩	女	16级硕士	农学院，作物学	洽川镇副镇长	院研究生会副主席	中文论文2篇
张敏娟	女	16级农推硕士	园艺学院，园艺学	黑池镇副镇长	本科期间任学生会干部	
张红娟	女	15级硕士	葡萄酒学院，葡萄酒	甘井镇副镇长	15级研究生团支部书记	国内核心期刊论文2篇
刘晶	女	16级硕士	经济管理学院，土地管理	王村镇副镇长	本科期间任党支部组织委员	
叶佳丽	女	17级博士	农学院，农学	金峪镇副镇长	院学生会实践部部长	SCI论文1篇（影响因子4.295）
李晓庆	女	16级硕士	经济管理学院，土地管理	农科局副局长		
李婉平	女	16级硕士	葡萄酒学院，葡萄酒	坊镇副镇长	院研究生会主席	中文核心期刊论文2篇
王雅梅	女	17级农推硕士	园艺学院，园艺学	和家庄镇副镇长	长期勤工助学	
刘国库	男	16级博士	化学与药学院，生物学	同家庄镇副镇长	班长	发表论文3篇
李靖	男	16级硕士	信息工程学院，软件工程	路井镇副镇长	校、院学生会干部	
张少鹏	男	16级硕士	人文社会发展学院，法学	百良镇副镇长	校报记者	

（三）不能错过的季节：我要到农村去

"我觉得很对不住导师，导师科研任务那么重，去年就招了我一个研究生。他竟然同意我外出挂职锻炼半年，我真的很感激老师。"园艺学院王雅梅说道。

与本科生不同的是，研究生尤其是博士研究生几乎都在导师的带领下承担着科研任务，他们外出挂职锻炼必须经过导师同意。农业科学研究的一个周期是四季，错过一个季节便是错过一年。挂职锻炼虽是半年，对农科学子而言，却等于一年。有的同学即使特别希望去挂职锻炼，但因科研任务繁重而不得不作罢。14 位科技副镇长的导师们或者一开始就支持，或者经过学生解释后同意，都给予学生自由成长的空间。

"作为一个博士研究生，还要去下乡挂职，在别人眼里看来一定是疯了。但我就是想去试一试。"叶佳丽说，"导师刚开始有点迟疑，我向导师保证，一定会把落下的实验补回来。如果不行，我就延期一年毕业"。叶佳丽以坚决的态度赢得了导师同意。

在挂职的最后阶段，大家都面临着是继续挂职还是返校的抉择，许多同学觉得刚刚找到工作的感觉，却要走了，感到非常不舍。也有同学希望能留下来继续挂职，完成未竟的事业。叶佳丽、张智超两位女博士就特别希望留下来继续挂职，张智超认为自己在县团委挂职，主要负责协调合阳县政府与科技镇长团之间的事务，与诸多沉在底层的同学相比，"浮"在上面为老百姓做的事情还太少。

叶佳丽则心心念念想着沟北村的产业园区发展，想着沟北村温室大棚里种植的水果玉米、太空辣椒、草莓到底长得怎么样了。她多么希望自己能亲自照看着这些植物开花、结果，再被送到消费者的餐桌上啊！叶佳丽继续挂职锻炼的想法受到了学业、家庭和婚姻等多方面的拉扯，一方面是落下的学业和对老师的承诺，另一方面是父母认为她既然读博便没有挂职锻炼的必要了，还有一方面是未婚夫希望婚礼如期举行。经过左右权衡，叶佳丽决定返校。西农大园艺学院蔡宇良教授在金峪镇樱桃产业发展中的作用让叶佳丽明白，做好科研同样可以推动三农事业发展，"科研工作者的战场在实验室里"。

张智超是导师招收的第一个博士，实验室"百事待兴"，田里的玉米等待着收割、取回分析，她也不得不忍痛割爱返回学校。2018 年底接受访谈时，张智超表示，如果有机会，她还想去挂职。第一批 14 位科技副镇长，只有在百良镇挂职的张少鹏留下来了，他成为第二任科技镇长团合阳队队长。

（四）娃娃镇长，能干啥？

2018 年 3 月，渭北高原春寒料峭。经过两天的培训后，科技副镇长们被送到了合阳县的各个部门。到岗后的前几天，同学们是兴奋的，兴奋之后便是忧愁，大家忧愁的不是朴素的生活条件，更不是职务待遇问题，而是如何让乡村干部和老百姓认为"我们是有用的，不是来镀金的"。大学生一旦走出象牙塔，总要经过岁月的磨砺才能在工作岗位上立足，90后科技副镇长们在乡村干部看来"稚气未脱""难堪重任"，在老百姓眼中看来就是"娃娃"到农村体验生活来了，"转一圈就回学校去了"。

科技副镇长是由合阳县委组织部与西北农林科技大学协同创设的一项制度，初衷是发挥高校人才、智力优势，助力合阳县脱贫攻坚、乡村振兴。科技副镇长不但要发挥个人的聪明才智，还要充分连接高校和地方政府，发挥好桥梁纽带作用。然而，文本上的制度在向基层传达时，总要转为地方语言，西农大领导在送科技副镇长到合阳的会上说，请大家尽快转变角色，为地方政府和社会做好服务；在把人送到各乡镇政府时，合阳县政府对乡镇干部说，这些同志是帮助你们做扶贫工作的。不同的乡镇对此的理解也不同，有的乡镇将科技副镇长视为政府的新鲜血液，科技副镇长一到任，就立即开会宣布任职，并赋予一定职权，洽川镇政府、路井镇政府、县团委等部门就是如此。多数乡镇政府在不能确信科技副镇长的能力时，便采取有名无实的做法，即在公共场合宣布科技副镇长的任职决定，给予其相应待遇，但不分配实质性工作。各乡镇通常将科技副镇长交由扶贫办主任或农业副镇长带着，而科技副镇长是副科级干部，不比扶贫办主任或农业副镇长职位低，于是在讲究行政级别的政府里出现了科技副镇长只得自己找事做的现象。也有个别乡镇认为科技副镇长是县政府派来监督地方政府的，除了给予名义上的职务外，其他工作一概没有，将科技副镇长"晾在一边"。

面对外界质疑，又找不到工作抓手，多数科技副镇长在开始的1个月内焦躁不安，有的人竟为此寝食难安。然而，他们并没有浪费时间，更不甘心这种状况，"越是有人质疑我，我就越要证明给他看，我不是来镀金的，我是来服务的"。他们想方设法跟着乡镇干部下乡调研，接触农民群众，与村干部、农户成为朋友。

"当我听说，有人需要我的时候。我感到生命中的乌云散开了，我看到了阳光。"在黑池镇任职的张敏娟告诉笔者，"我所包的村的支书告诉我有个人想搞生态农业，可能需要我。我抓住这个机会，就与王总（黑池镇太

第六章　研究生助力团：新时代的知识青年

定村王卫民）联系上了，我的工作局面一下子打开了，我们调试有机面粉机器、引进彩色小麦品种、规划现代农业园区……"

说起张敏娟，村民王卫民也是充满感激，"我搞农业，4年投了400多万元，还没有盈利，我已经准备放弃了，这时碰见了张敏娟。她的热情让我坚持下来。今年我亲自种地，亲自管理，一定能赚钱"。

在科技副镇长们的不懈努力下，他们终于获得乡镇政府的信任，镇政府领导开始把一些工作交给他们，甚至让他们代表政府处理事务，例如举办西农大专家的农技培训会、迎接高校"三下乡"队伍、筹备参加农产品推销大会……他们走乡入户调查民情，与农户对接解决实际问题，给农户送技术、送服务，还举办了初中生走进象牙塔等活动。娃娃镇长们的朴实作风赢得了村民的认可，王雅梅说："我喜欢到大婶家串门拉家常，她老公去世了，自己供女儿读大学，她总是叮嘱我，小姑娘出门在外一定要注意安全。"

黄兴发运用专业知识，从大棚种植入手成功地完成了"CSA"（社区支持农业）运行模式的前期工作；王雅梅在和家庄镇致力于药材行业的规模化、系统化生产；王佩结合洽川镇的旅游业积极开拓农副产品市场；张红娟则把精力主要用于甘井镇初心公园的建设上……

从开始时的一腔热血，到中途的彷徨迷茫，再到后来的踏踏实实服务群众，在老乡眼中，娃娃镇长们从"来镀金的"变为"娃娃镇长不简单"。①

四　"信息之桥"：科技镇长的结构性功能

在乡土社会，任何目标的达成几乎都无法凭一己之力实现，涉世未深的"外来人"——科技副镇长们若要在基层社会做点事，更是难上加难。然而，作为高校扶贫实践者的科技副镇长们做出了常人无法完成的工作——大量的农技培训、农产品网络销售平台构建、地域农产品品牌推广、消费扶贫、"CSA"农业发展模式等，其成效之所以超出平常挂职者，关键机制是科技副镇长在校地合作过程中发挥了结构性功能——"信息之桥"，即科技副镇长通过嫁接不同主体间的关系，获取其他人不具备的信息和资源为地

---

① 吴超、张伟：《陕西合阳：科技镇长团田间地头解疑难　技术理念促发展》，http://sn.people.com.cn/n2/2018/0823/c226647-31969352.html，人民网，2018年8月23日。

方政府、社会进行服务。

Granovetter 在一系列论文中探索了"弱关系"在获得就业中的力量。[①] 强关系反映的是个人与亲密朋友和亲戚之间的社会联系。这些联系构成一个紧密的社会网络，网络中成员互相熟识、互动比较规律，而且都了解有关社会环境的共享信息。弱关系则反映了个人与其"熟人网络"成员之间的关系。这些熟人们彼此之间一般并不相识，同时与个人的紧密网络的成员也不相识。信息（比如说有关新工作、新农业品种的信息）最为有效的流动方式，就是通过弱关系从社会系统中较为偏远的部分流动过来。这样，熟人就在各个由亲戚和朋友构成的紧密团体之间搭建起了一座座"信息之桥"。

科技副镇长们发挥"信息之桥"功能的基础同样是"弱关系"。地方官员是一个熟悉、封闭的圈子，彼此间互相熟识、互动比较规律、共享信息，是典型的强关系。作为新人，科技副镇长们在地方政府部门（乡镇政府）工作，所掌握的信息资源、组织资源和熟人关系网络皆不同于地方政府人员，他们一方面极力融入地方关系网络，另一方面又极力争取校方支持，实现需求的精准对接。对于高校，科技副镇长独享着挂职部门的熟人关系，相对于挂职部门，科技副镇长又独享着高校里的熟人关系，在校地联系的连接点上，科技副镇长扮演了"信息之桥"的角色。

事实上，西农大与合阳县结成扶贫对子之初，一方不知对方的需求在哪里，另一方不知对方的优势资源在哪里，对接起来并不顺畅。合阳县政府认为帮扶单位主要是不断输入资源，据此表达出来的是资金、项目需求，但高校不同于经济发达的省府或资本雄厚的公司，其优势资源不是资本资金，而是人才、智力和技术。在没有驻点的科技副镇长之前，高校扶贫仅限于消费扶贫和技术培训及微小项目帮扶，扶贫工作无法深入基层；有了驻点的科技副镇长后，根据科技副镇长们的信息反馈，西农大适时调整扶贫方式，以更加精准的举措助推地方社会脱贫，例如各机关单位对口帮扶一个乡镇，校党委机关对口帮扶贫困户，科技副镇长包村。西农大由此精

[①] Granovetter, Mark, "The Strength of Weak Ties," *American Journal of Sociology* 1973 (78); Granovetter, Mark, "The Strength of Weak Ties: A Network Theory Revisited," *In Social Structure and Network Analysis*, edited by Peter V. Marsden and Nan Lin (Beverly Hills: Sage Publications, 1982), pp. 105 – 130.

第六章 研究生助力团：新时代的知识青年

准对接了中药材合作社、种粮大户、现代农业园区，并建立十个"产学研一体化"的现代农业生产基地。西农大还将坊镇乾落村列为校对口帮扶村庄，派校机关干部韩锁昌驻点帮扶已三年有余。

"有个村支书刚开始对我爱搭不理，问他们村有什么产业，他说'啥都没有'。他去我们学校参加一次村干部培训后，回来就主动找我问有没有推荐的果树品种，能不能帮忙联系专家。"在王村镇挂职的刘晶说道，"其实是你身后的组织（高校）让你体现出了价值"。这位村支书正是看到了科技副镇长们身后的组织资源，才明白他们不是搞"花拳绣腿"，而是在认真做事。根据地方需求，刘晶等多位科技副镇长联系学校教授专家，在合阳县的各个乡镇、村庄举办了多场农业技术培训，取得良好效果。

农学博士叶佳丽曾经做过电商，她利用自身资源和学校平台，帮助沟北村激活了原有的电商平台，并重新设计、装修了网店。叶佳丽通过个人关系圈不停推广该村的花馍、苹果、红提、鲜桃等农副产品，还带着农产品参加了央视举办的农产品寻宝大赛，使得农产品小有名气。针对沟北村红提葡萄种植中出现的问题，她邀请在甘井镇挂职的张红娟前来做技术指导，还将红提葡萄种植户推荐到李婉平负责的专业交流微信群里。为让沟北村的温室大棚高效利用，叶佳丽返校休息逛超市时也在寻找合适的农产品，最终决定种水果玉米——即使销售不出去，还能获得玉米呢，接着她在对口帮扶学校争取到了发展太空辣椒的资金支持。

农学院研究生会主席张智超，是第一任科技镇长团团长，与学院老师较为熟悉。暑假之前，她便开始与学院老师谋划"三下乡"工作，最终敲定2018年的下乡地点定在合阳县，重点工作是为合阳县做农业发展规划。在她的组织协调下，西农大190名师生分作5组到5个地点做调研，最终形成了规划方案，为县域农业发展提供智力支持。在黑池镇挂职锻炼的张敏娟，发现太定村王卫民一心发展并不特别赢利的有机小麦面粉，她回校后联系彩色小麦品种研发者何一哲教授，给合阳县引进了彩色小麦品种。

据不完全统计，截至2018年9月底，"三团一队"各成员对接西北农林科技大学各院（所）在合阳县累计实施32个帮扶项目，投入各类帮扶资金295万元，有400余人次赴合阳县开展帮扶工作，引进农作物新品种89个，直接帮助建档立卡贫困户1140户5000余人摘掉了"贫困帽"。

在帮扶贫困村、贫困户以及农业园区、种植大户时，科技副镇长个人的力量是微弱的，但他们背后的专家教授助力团、书记帮镇助力团是强大的，在"信息之桥"的结构性位置上，他们发挥了"四两拨千斤"的功能。

第二节 我们科技镇长团

回校3个月后，与张智超聊起她在合阳县的挂职经历，她如数家珍地罗列出各个乡镇的情况及各位科技镇长团成员的工作特色。在兴奋地向我们介绍各地工作特色时，张智超也在感叹，他们有许多想做未做的事情。

一 我们的科技镇长们

作为科技镇长团团长，张智超主要负责协调西农大与合阳县、科技镇长团与合阳县及挂职部门的关系，她对每一处挂职的成员和情况都了如指掌。

黄兴发，科技镇长团副团长，是一个公心强、为工作不顾一切往前冲的人。黄兴发挂职所在地城关镇，辖区范围大、环境相对复杂。由于镇政府未给他明确的工作安排，黄兴发根据所学专业和经营家庭农场的经验，从蔬菜和水果大棚种植入手，成功进入园区建设工作之中，尽管到了任期末尾，黄兴发也没有放弃，他最终成功地完成了"CSA"（社区支持农业）运行模式的前期工作。

在和家庄镇挂职的王雅梅，致力于当地药材种植的规模化、系统化生产和加工，增加农民收入。在洽川挂职的王佩，一开始就得到镇政府的重用，她结合当地旅游业开拓农副产品市场，与当地农户和公司（艺美莲、九眼莲）合作推出了莲藕系列产品。

甘井镇的初心公园很有特色，是科技副镇长张红娟的工作突破口。其实，甘井镇的苹果质量很好，科技镇长团原本设想联系西农大做苹果销售的校友来进一步巩固当地苹果市场，遗憾的是后期没有跟进、没有做成。

同家庄镇的花椒质量好，但品牌远不如韩城，只能被二道贩子卖到韩城，打上韩城花椒的品牌高价销售，其中利润多数被中间商赚走。张智超所挂职的单位团县委一直致力于改进花椒品质，提升当地花椒品牌声誉。

第六章 研究生助力团：新时代的知识青年

同家庄镇养猪的农户也很多，但猪肉市场不稳定，科技镇长团的成员设想能不能在该镇建一个生猪屠宰场，走冷冻肉食行业，以稳定猪肉市场、增加农民收入。但此事由于涉及部门过多，远超出科技镇长团的能力，只得放弃。

王村镇是合阳县的电商基地，有着比较稳定的物流体系和农产品供应体系。科技镇长团规划让刘晶同志主抓电商扶贫，联系阿里巴巴公司争取支持，在镇上开一个电商实体店（阿里巴巴公司补助3万元），甚至可以在县上开电商实体店（阿里巴巴公司补助1万元）。科技镇长团希望能够以该团的名义做一个网购平台、开一个电商实体店，架起高校、地方和商业市场主体的桥梁，他们还和商务局等部门联系了，但由于涉及面向过多，该项工作也未能如期推进。在端午节前夕，科技镇长团还购买了500斤黑池镇的红薯，联系学校创业团队，创业团队将之做成粽子销售出去。

张智超说，到合阳之后，科技镇长们总想着能为合阳县群众做些什么，他们千方百计找切入点和突破口，然而前期的探索并未全部成功，这给大家带来了焦虑和压力。

二 科技镇长"过四关"

习近平在梁家河的七年知青岁月里，从刚开始的格格不入到成为村支书，实现了人生的飞跃，获得了宝贵的精神财富，成为青年人的榜样。习近平曾用"过五关"来描述自己适应农村生产生活工作的过程，这五关分别是：跳蚤关、饮食关、生活关、劳动关和思想关。

今天，农村环境卫生大为改善，跳蚤已经很少见了。去合阳挂职锻炼的科技副镇长，无论是北方人、南方人、城市人、农村人也都能克服饮食上的不适应。然而，他们也要"过四关"，那就是语言关、生活关、思想关、认可关。

语言关。到基层挂职锻炼，科技副镇长首先要能与当地干部群众做好沟通交流，然而，许多挂职的同学不是当地人，不会讲也听不懂关中方言，与镇政府人员和老乡交流存在一定困难。

生活关。尽管今天农村生活的便利度大为提高，但一直在家庭和学校保护下的大学生突然放到农村去，一个人在乡镇政府办公楼居住，也是一种磨炼。有的乡镇政府没有洗澡的地方，镇上也没有澡堂，例如金峪镇，挂职同学只得周末到县城或其他同学那里解决洗澡问题。第一批科技镇长团 14 人中有 10 位女同学，她们从"娇娇女"变成独当一面的副镇长，成功地过了生活关。

思想关。本次挂职时间短、目标明确，同学们不存在未来职业生涯规划迷茫的问题，但不可否认，有的同学存在一定的"急功近利""自我设限或自我估计太高"等思想，到基层挂职"镀金""体验一下"的观点偶有出现。在与乡村干部、群众的交流互动中，不少人彻底转变了身份，融入了当地政治、社会生活体系中去，抛弃了好高骛远、急功近利的思想，学者踏踏实实、一步一步地去解决问题，在群众教育中渡过了思想关。

认可关。科技镇长团是合阳县委组织部与西农大联合做出的一项政治举动，但各乡镇政府对此的理解很不一样，有的乡镇将之视为人才加以重用，有的则将之视为"上级派来的监督员"，更多的乡镇认为"学生娃来半年就走了，镀金的"，给予虚名，并不给具体的工作。为了获得乡镇政府和群众的认可，每个同学都铆足了劲，抓住一切机会和资源服务地方社会。上面提到各位同学的工作特色，以及科技镇长团许多有想法但未能实施的方案，就是同学们不断努力的一个证明。

三 从"吐槽"到实干

"我们是来办实事的，又没有找到切入点，大家都感到非常焦虑。第一个月的镇长团会议都是在吐槽、焦虑、煎熬中度过的，"作为团长的张智超更是感到煎熬，"大家这么难，我还没有办法帮大家"。

2018 年 4 月 3 日，西农大全校扶贫工作大会召开，科技副镇长们一起回校参会同时找老师交流、到校扶贫办开会。校扶贫办告诉科技副镇长们，学校将派一批院党委书记、专家去合阳推动扶贫工作。这支书记帮镇助力团由西北农林科技大学 19 个学院和机关党委 26 个党支部组成，党委组织部担任团长单位；专家教授助力团由西北农林科技大学 19 个学院 168 名副高级职称以上的各领域专业技术人员组成。有同学问想帮农户做电商，学校能不能支持，校扶贫办表示，愿尽一切力量助推科技副镇长们在基层的工作，做好外围环境保障工作。这下子同学们有了底气。

4月12日，西农大书记帮镇助力团来到合阳的各个乡镇，科技副镇长们的工作有了转机。书记帮镇助力团是由西农大各个院系党委书记带头对接一个乡镇进行帮扶工作的扶贫模式。各院党委书记来合阳对接工作时，科技副镇长们负责接待、陪同，在对接会上，科技副镇长细心记下双方的需求、优势资源和有意合作的项目。作为旁观者的科技副镇长在这个过程中对乡镇的想法有了底，自己逐渐也有了想法，有了工作目标。

如果乡镇政府与高校各院党委有了合作意向，那么接下来的诸多协调工作就要由科技副镇长来做，科技副镇长也有了工作载体和事情。随后，科技镇长团开团会总结书记帮镇助力团的意向，分析各镇需求，迅速找到工作抓手。

在对接会上，各院党委书记会问：科技副镇长的生活如何，工作如何？这时镇上也会反思与科技副镇长的关系，也会越来越重视这群年轻人。慢慢地，科技副镇长们取得了镇政府的信任，镇政府领导开始给他们交办一些事情，科技副镇长喜悦地将信息及时分享给伙伴。这时，大家都进入了工作状态并开始规划实施一些创新性工作。

2018年，合阳县五四青年节的主题活动是"脱贫攻坚表彰大会"，科技镇长团出了一个节目在合阳县首次集体亮相。通过排练节目，原本不熟悉的科技副镇长们增进了对彼此的了解。在这次大会上，合阳县政府给科技镇长团颁发了一个"特别服务奖"。面对这个荣誉，科技副镇长们都觉得受之有愧，自己实际上还没有发挥那么大的功能。"快办点事吧，一定要对得起地方政府、学校和家人啊，"大家纷纷表示，"个人的力量还没有发挥出来，一定要对得起这个奖状"。

在老乡口中，科技副镇长们从"一群娃娃能干成啥"变成了"这群娃娃了不得"，充分说明，科技副镇长们通过自己的努力，得到了群众的认可和支持，他们也在服务群众中从青涩走向成熟、从学生娃变成实干家。

四 在实践中培育家国情怀

除每位科技副镇长在乡镇做的工作外，科技镇长团还以集体的名义做了以下活动："中学生走进象牙塔"、文化扶贫活动、高考志愿服务活动、农业规划与乡村振兴活动等。2018年7月中下旬，科技副镇长离挂职结束的时间不到一个月了，但大家并没有要撤离的意思。张智超联系了西农大农学院的老师，牵头为合阳县做农业发展规划，农学院师生190多人分作5支队伍到甘井镇的初心公园、金峪镇沟北村果蔬园区、黑池镇秋千谷、新池镇牛庄做调研，与当地政府、村庄对接，经过紧锣密鼓的工作，2018年11月15日规划已经做出来，为合阳"三农"发展提供了智力支持。

"正是这次基层工作经历，让我们肩负起一定的责任：在工作中为农民作物受冻害而急得掉下眼泪，并在学校合阳县两地来回奔波找寻帮助。当看到葡萄、花椒重新露出新芽，我们从没有如此开心过。半年的时间里我们肩负着责任，做得越多，感觉越踏实。在镇里，我们积极学习了习总书记的系列讲话，还去延安学习，提高了我们的觉悟，从沉甸甸的责任中，我们感到了自己的家国情怀。"张智超说出了自己的心路历程。

在团会上，科技镇长团成员一起学习《梁家河》《习近平的知青岁月》，并深深地为习近平等知青们的故事感动，"在那么艰苦的环境中，一干就是7年，从一个初中生成了村支书，为村民做了那么多实事，习近平总书记为我们青年人树立了榜样！"分享会上，科技副镇长们纷纷发表心得体会，在团体中坚定了做新时代知识青年的决心——为国家建设、农村发展贡献心力。

虽然时代变了，下乡的背景也不同，但青年人上山下乡的"初心"是一致的——为公为民做贡献。

"我就想扎根合阳，与当地老乡同甘共苦，凡是对老乡有益的事情，我就想去做。"张智超说，"我觉得自己做得太少了，还想回去做事情"。无奈，张智超2018年秋被学院推荐保博，已是博士的她，只能将奉献农村的战场从田野转向实验室。

同学们结束挂职锻炼之后，再反思总结这一经历时发现，自己在挂职中得到的远比设想的更多：挂职是一个锻炼自我、受教育的过程，也是一个塑造自我、理解社会、理解生活的过程。不少同学表示"挂职回来之后大变样"。张智超坦言，挂职锻炼对自己人生规划影响深远。

五 常回来看看

半年的基层挂职，科技副镇长们与乡村干部、当地群众建立了深厚的感情，深刻体会到了乡村干部的不易与坚守、农民的朴实与厚道。

半年时间不长，却让年轻学子成为新时代的新知青，与劳动人民建立起浓厚的感情。他们为默默许下的建设美丽乡村的承诺努力奋斗着。

临走时，老乡的一句"常回来看看"让科技副镇长们忍不住落泪，他们心里默念"我们是农民的子女，我还会回来的"。

第三节　在实践中褪去浮华

张敏娟，西北农林科技大学园艺学院园艺学专业2016级农业推广硕士。张敏娟的老家山西运城与合阳隔河相望，这个二十来岁的女孩一心想着如何尽最大努力回报乡亲。谈起为何报名参加科技镇长团时，她说："自己喜欢尝试不一样的事情，到政府部门挂职对自己既是机遇，也是挑战。"作为第一批科技副镇长，张敏娟和多数人一样，满怀热情地到了基层，却是"两眼一抹黑"不知如何有效开展工作。

一　在焦虑中摸索

科技副镇长由于长期在学校、无工作经验，刚到基层很容易被乡村干部视为"学生娃"。"不出事，不派活，安稳过完6个月就行了"是镇政府领导对张敏娟的初始态度。镇里给张敏娟分配的工作领域是扶贫和农业技术推广，主要是配合扶贫副镇长的工作。她经常问扶贫副镇长"有啥事给我安排"，答案却是"没事"，张敏娟说"那咱俩下村吧"，对方就会回答："不，我的事太多了。"于是她开始找分管农业的副镇长，看看是否有工作需要她协助，结果也不理想。张敏娟说："他们的工作让你管，他不放心啊。但我们也是有压力的，下来就是要做事的。怀着满腔热血，想干出一番事业。"

看到同学在镇政府都已经开始工作了，张敏娟的压力越来越大。通过与农户交流，她了解到本地对黄花菜栽培技术有需求，但当她问村干部"需要技术不"时，村干部却回答"都好着呢"，她的农业技术培训策划也无法落地。

张敏娟意识到基层工作要落地必须与具体的村庄对接，包村是一个工作抓手。在黑池镇，每个镇领导都有包村任务，唯独张敏娟没有，领导不给她派任务是怕她无力胜任。一心要做事的张敏娟鼓起勇气找到了镇党委书记,说出了包村的想法,没想到竟得到镇党委书记的支持,随后将黑东村、黑西村两个村给张敏娟负责。

包村工作并不复杂,因为镇里给她安排的黑东村和黑西村是镇里的模范村,离镇政府较近,各项工作井然有序。她到村里主要负责协助整理扶贫资料,走访贫困户。科技副镇长不是资料员,应深入基层有主体性地做事情。然而,乡村干部很容易将科技副镇长用作资料员。张敏娟曾经拒绝过乡村干部安排的资料整理事务,她说"哎呀,我写不了","我比较忙啊,有其他事"。尽管很不好意思拒绝别人,但她知道一旦落入资料员的角色,就会难以走出办公室,患上"在基层却不了解基层的毛病"。

图6-2 张敏娟跟随乡镇政府同事下乡入户

"刚开始来的一两个月,没有具体工作,总是觉得有劲无处使。自从包村之后,村干部觉得我不错,又给我引荐了两个村。"通过别人介绍,张敏娟认识了太定村农业园区老总王卫民,结识了团结村的村干部,参与了南社社区秋千文化节的策划。张敏娟就像一粒种子,有点阳光和雨露便会拼命地生长。

"第一次有人(王卫民)找我,需要我的帮助。我就像在迷雾中看到了光明。终于有人觉得我有用了!"张敏娟摸索了两个月,终于迎来了转机。

二　一显身手

(一) 引进彩色小麦

前来找张敏娟帮助的是太定村天泉农产品专业合作社的社长王卫民。四十六七岁的王卫民早年在外面承包装修工程,5年前转入农业生产领域,主要做有机农业。他承包的500亩土地里,种植小麦300亩,红薯、樱桃等杂粮和水果200亩。由于合作社采用有机产品种植,小麦产量不高,而石磨小麦的面粉亮度不够,味道也未达到要求,所以合作社并未将面粉投放市场。王卫民对园区的建设和产品要求很高,红薯形状不好、小麦味道不够,就只送人而不在市场上销售。

在之前四年,天泉农产品专业合作社投资400万元,尚未有盈利,王卫民已经准备放弃了。这时听说西农大派来的科技副镇长,王卫民于是抱着试试的态度找到张敏娟,看看有没有什么转机。

经过黑东村村干部介绍和驻村扶贫工作队的引荐,王卫民和张敏娟见了面,张敏娟到农场调研发现,王卫民对小麦有着独特的情感。二人商量讨论理出了一个农场发展的初步思路:第一,农场主要种植小麦,可以考虑种植一些其他经济作物,增加园区收入;第二,通过改进磨面技术提升面粉亮度;第三,瞄准潜在客户,做好包装和销售。张敏娟了解到,有机小麦的市场前景不太好,于是向王卫民推荐了彩色小麦。

彩色小麦系列品种系西北农林科技大学何一哲教授团队研制出的小麦新品种,彩色小麦新种质具有"高铁锌、高钾镁、富硒铬、高钾钠比、高氨基酸、高纤维、多色苷"等突出特点,开创了通过传统食物安全、有效而经济地预防贫血、糖尿病、心脑血管病症等的新途径。2017年7月20日,农业部农作物品种审定委员会正式将"特殊类型小麦——彩色小麦"列入新颁发的农作物品种审定标准内容,揭开了我国彩色小麦品种培育和产业化发展的一页。

"现代社会,人们'吃饱''吃好'后,为什么疾病还有增无减,有些甚至还越来越严重?"何一哲认为,原因除环境土壤污染外,就是营养的缺失和不平衡。不平衡又细化为两个原因,一是高产农业带来的弊端,产量越高,品质和营养价值越低,也就是高产低营养;二是面粉超白营养丢失太多。在人们的生活中,面粉已经先后经历了普通粉—富强粉—精白粉—麦芯粉的变化,"50公斤的小麦,只吃了10公斤,80%的营养都丢了,一步一步看似越白越精,实际上营养成分越来越低,导致了营养的缺失和不平衡"。

目前何一哲团队已在国内建立彩色小麦良种繁育基地1000亩、彩色小麦生产示范基地近2万亩,每年繁育高铁锌、富铁锌小麦良种30万公斤,生产、加工、销售各类天然铁锌功能食品100万公斤,产品销售收入2000多万元。育成的天然高白度高产优质强筋小麦"小偃9号"(雪麦)已在陕西武功、杨凌、临潼、三原等地群众自发推广种植6万亩以上。

张敏娟介绍说,彩色小麦本身带颜色,有黑、红、蓝、绿四种,内含的花青素可以防衰老,蛋白质、氨基酸等含量较高,缺点是产量低,目前每亩产大约600斤。为增强王卫民的信心,张敏娟帮王卫民联系了何一哲教授前来做技术指导,还和他一起拜访了多名企业公司了解市场行情。通过各方面了解,王卫民决心发展彩色小麦,如果市场前景好,他还将带动园区里52户贫困户一起种彩色小麦。

为了进一步提升园区现代化水平,张敏娟建议园区做产品溯源系统,王卫民就做了溯源系统并在大棚内安装监控,一方面有利于随时观察作物生长情况,另一方面有利于客户实时查看作物种植过程,做到从田间到生产车间全程透明化。

张敏娟虽已结束挂职返校,但她与王卫民仍经常联系讨论园区发展等问题。王卫民说:"张敏娟来了,我才有重新做这个产业的信心!"

(二)筹办"2018中国·南社秋千文化艺术节"

黑池镇文化氛围浓厚,当地村民在农闲时练习书法、绘画,于是出了不少民间艺术家。张敏娟曾见一个老农民在路边随手画出一只栩栩如生的老虎。南社社区的秋千文化历史悠久,是合阳县的一张文化名片。

南社社区位于108国道、西禹高速、沿黄公路和207省道"三线一点"的中心位置,距合阳县城东南22公里,黑池镇政府西南1公里处。南社村历史悠久,文化底蕴深厚,民间艺术荟萃,乡贤名人辈出,是国际秋千文化交流中心、国家文化部命名的"民间文化艺术之乡"所在地,中国秋千之乡传承发展代表村,省级"非遗"全国原始秋千之源所在地,产业融合发展示范基地,国家级"绿色村庄",省级先进村、市级百强村和县级十强村。

南社秋千分布于合阳县黑池镇南社村及其周边地区,是一种集游戏、体育于一体的娱乐健身活动,已有千余年历史。旧俗认为"立春"之后荡秋千有祛病强身的作用,民间流传"游一游,祛病愁,荡一荡,身体壮"的说法。南社秋千具有鲜明的传统农耕文化特征,一般取材于农具,木柱、木椽是农村打墙用的"夹杆"和"板",秋千绳是勒麦车的勒绳或牛套绳,固定秋千用的大车辖辘、大车轴、碌碡、牛轭斗、辕环都是农村常见的农具或挽具,连牲口脖子上的串铃也是秋千架上的装饰点缀之物。

每年的秋千节都是全镇的大事。张敏娟被分到秋千节筹备组的材料组,负责给镇长写主持词、做活动流程表。秋千节到来之前,张敏娟经常和镇领导一起到秋千谷实地观察发现、整改问题。在该村垃圾到处扔的问题上,张敏娟认为不能简单归因为人们素质低,垃圾桶设置过少也是重要原因,于是她向领导建议增设垃圾桶;同时,她还给当地农家乐的招牌及菜单制作提出建议,以满足游客需要。

南社秋千园区是免费旅游景点,景区运营处于亏损状态。为缓解经济压力,南社村干部希望开发一些旅游纪念品,通过销售纪念品增加收入。为此,张敏娟找到园艺学院的老师对接指导,接替她工作的郝东东正在推进此事。黑池镇政府希望建一个农耕文化展示区,张敏娟想到西农博览园正好有类似的展馆,于是建议他们来西农参观学习。

(三)校地合作的纽带

在黑池镇挂职期间,张敏娟曾带领动物科技学院的赵延安书记及相关专家两次前往吴仁社区的万头养猪场和发展渔业的全兴寨,调研之后,她还积极跟进,力争让专家给出专业性的指导意见,以促进地方经济社会发展。在西农大马建祥老师的帮扶下,张敏娟给导基村贫困户送去了部分农用物资,并开展了一次西瓜高效栽培的培训会。张敏娟还联系动物科技学院、资源环境学院为太定村的天泉园区进行测土配方试验和井水测定试验。2018年7月,张敏娟代表镇政府接待了四支西北农林科技大学暑期实践队伍,出色完成了校地对接工作,帮助调研队顺利完成调研任务。

三 让常识成为见识

一直在象牙塔里生活、学习的张敏娟和诸多大学生一样,对很多常识性知识并不了解，遇到事情或者是想当然，或者被媒体舆论牵着鼻子走，形成了一些简单、片面的认识，例如上访的人都有冤情，官员上班是"一张报纸一杯茶"。

基层政府一方面要完成上级交办的任务，另一方面要解决民众的现实问题，处于"上压下顶"的状态，工作人员几乎每天都有做不完的工作。在脱贫攻坚阶段，基层政府更是如此：每个人都有明确的任务、目标，上班喝茶、看报的时间是极少的。张敏娟发现，乡镇政府的工作通常具有阶段性特征，当上级任务重、检查严时，乡村干部可能会加班到深夜两三点，一连几周不休息，当恢复常规时，基层政府又会进入一个比较缓慢的工作状态——开早会、入村，可能一个上午只填了一张表格，其余时间多在和村干部、村民聊天。

图 6-3 张敏娟在田间地头

张敏娟还发现，农民群体也很复杂，不能简单地用淳朴、厚道、好、坏等词语概括，与不同的人打交道需要使用不同的交流技巧，但所有工作的开展都是有底线的。村民有自己的生活和工作节奏，在谈工作之前都会先谝一谝。刚开始,张敏娟觉得说闲话是浪费时间,不如直入主题谈工作。然而,村干部不像县乡干部愿意直接和你谈事情,他们总是先说点其他的,然后再把工作穿插在聊天中,这种工作方式估计与农民的乡土生活方式相关。后来,张敏娟学着县乡干部与村干部打交道,效果果然不错,"聊天也是工作"这一常识也成了"见识"。

在挂职锻炼中,在某些镇务上,张敏娟逐渐有了自己的想法,例如黑池镇想在红薯种植区打造一个集休闲、观光和旅游于一体的度假区,张敏娟认为类似项目太多、红薯种植区交通不便、成本很高效果有限,建议镇政府再三考虑。

四 与团队共成长

团队之于每个人来说,都是一个精神寄托点,不开心的事情、困惑的事情、工作中的难题都可以与队友分享。科技镇长团14人处在同一个阶段和时间点上,比家人、朋友更能理解彼此,更能给大家有益的建议。而团里每1~2周开一次团建会,为大家提供了交流、分享困惑的平台。

张敏娟认为,团队对每个人的影响都很大,每个人都有优点、每个人的工作都有特色,例如在金峪镇挂职的叶佳丽为沟北村建立了电商平台;在洽川镇挂职的王佩开始便得到镇党委书记器重,参与主持了许多镇政府工作;在和家庄镇挂职的王雅梅,成功促成了中药材产业销售合同;在新池镇挂职的薛婷婷,为牛家庄镇做了旅游规划;在坊镇挂职的李婉平,则依托合阳葡萄试验示范站做了诸多农技推广服务工作。在以上同志的模范带动下,张敏娟和其他同志才努力追赶,做出了超出自己设想的工作。

回首科技副镇长们赶赴合阳时,都是满怀希望、一腔热情,准备撸起袖子大干一番,结果发现乡村干部把自己看成"学生娃",很多想法和建议不被理解、不被支持甚至被弃置一旁,大有"英雄无用武之地"的感慨。经过一段时间,有的同志以包村为切入点找到了工作的抓手,有的同志则与农民合作社、农业产业园区结成了帮扶对子。然而,也有个别同志受挫之后,心灰意冷,不再过问镇里的事情,科技镇长团就要不停地鼓励、引导他们,帮助他们树立信心。批评与自我批评成为团建的法宝。"有问题就与团队沟通,开诚布公地谈,有时开会讨论到晚上十一二点。"只有明白了

图 6-4　科技镇长团在黑池镇做团建活动

自己的优缺点，每个人才能得到更大的成长。张敏娟称自己是一个不太会和老师、领导打交道的人，而科技镇长团团长张智超就比较擅长与人沟通交流，张敏娟在工作时经常会想如果是张智超，她会怎么做。张智超在县团委挂职，主要负责上传下达，协调校地部门、科技镇长团和县级部门的关系以及团队建设。有时，科技副镇长们会与团长有不同意见，例如一件事情来了，科技副镇长会想，这件事对镇政府和老百姓到底有没有好处，而张智超则要考虑这个事情是政府或学校关注的，需要把事情做好。

五　恋恋不舍

听说张敏娟要回校了，好多村民要请她到家里吃饭，还有村民给她打电话，说家里的果子熟了，让她带些回去。张敏娟在黑池镇工作半年，一心想着为群众办点实事，也办成了很多事情，终于得到村民的认可和接受，她对这片土地也是恋恋不舍。她在挂职工作总结中写道：

初到黑池，脱离了熟悉的校园环境，且没有一个事先认识的人，面对的是一个陌生的工作生活环境、一群年龄差不多的同事和一个从未涉足的行业，而我需要尽快适应与融入。人与人建立关系最直接的方式就是沟通，于是短时间内我的交流能力得到了很大的提升。在之后的工作中，我碰到了形形色色的人，每个人都有自己说话聊天的节奏与特色，在与黑池镇领导们、同事们的共事中，以及在大家的指点下，我学到了很多的交流技巧。除此之外，这里规律而严谨的工作生活环境也让我更加独立与自律，改掉了以前拖沓与懒惰的习惯，生活更加积极、健康。我有了更多的时间独处，也开始慢慢沉下心来写写画画，思考问题。黑池镇是国家教育部命名的中国民间文化艺术之乡，的确名不虚传，文化底蕴深厚，民间才人甚多，田间地头上可能毫不起眼的一个庄稼人就能挥毫泼墨，吟诗作文。我钦佩他们的精神世界如此丰富，也钦佩他们对生活、对文化艺术的热爱。他们的这种生活热情也深深影响了我，这大概就是所谓的"生活不止眼前的苟且，还有诗和远方"。

的确，生活不止眼前的苟且，还有诗和远方。半年的挂职锻炼带给同学们的不仅仅是工作经验，更是一种人生态度：唯有沉下去了，才可感知这片土地的温度。

第四节　挂职锻炼让我脱胎换骨

我是科技镇长团里最弱的，但我努力过，做成了，这次挂职锻炼对我而言就是一次脱胎换骨。不经一番寒彻骨，怎得梅花扑鼻香。

——王雅梅

1993 年出生的王雅梅看起来像个学生娃娃，从未想过能到政府部门工作的她竟然被学校公派到合阳和家庄镇挂职副镇长。读研之前，她都是跟着室友厮混，没有主见、随波逐流，就连考研都是在别人的"怂恿"下考上的。从园艺专业转到果树专业，从画图设计到在实验室做细致的病理分析，王雅梅的研究生生活面临着不小的压力。听到学校公开选聘挂职副镇长的消息，王雅梅就去尝试了一下，没想到竟被录取了，更没想到的是导师对她大力支持——尽管实验室人力不足，但导师说"只要有益于学生发展的我都支持"。

一 助力药材产业

来到和家庄镇，经常会被村民问"啊，你来了，能帮我发展什么产业啊"。她也曾想过几个产业，但和家庄镇地势太高，黄河水上不来，水源稀缺，严重限制了地域产业发展。本地的主要产业是中药材，据统计全镇中药材种植面积有两万五六千亩，农民收入主要靠外出务工。药材2~3年成熟，多数农民采用机器收、种，甚至在地头估价直接卖给经销商，很是方便，但由于药材价格是药贩子说了算，农民的收入并不高。在走访村民的过程中，王雅梅发现，农民更关心如何销售药材的问题，这成了王雅梅一直记着的事情。

西北农林科技大学动物科技学院和化学与药学院对接帮扶和家庄镇，在两个学院的党委书记共同来和家庄镇调研时，王雅梅向他们反映了这个问题，化学与药学院党委书记积极帮忙联系了药材公司。

同时，王雅梅了解到，和家庄镇某社区干部成立了药材合作社，从事农资销售、药材收购等服务，合作社社员的药材收购价比市场价高5%~20%。王雅梅一方面与合作社对接，希望合作社拓展社员范围，将贫困户吸纳进合作社；另一方面积极与西农大化学与药学院联系，打通医药公司和合作社的联系渠道。

2018年5月24日，化学与药学院书记帮镇助力团由党委副书记胡代欣带队，学院中药材种植专家舒志明副教授、陕西康盛堂药业有限公司副总经理南刚等一行四人，赴合阳县和家庄镇，通过"讲、访、看、销"等工作，助力和家庄镇精准脱贫。上午10点，舒志明在和家庄镇政府会议室举办黄芩种植技术培训，重点围绕如何减少杂草、降低种植成本、科学施肥、黄芩秸秆和叶片利用等方面，做了通俗易懂的讲解。之后，舒志明与种植户进行互动交流，就种植生产过程中的实际问题答疑解惑。下午，书记帮镇助力团来到中药材种植基地，进行实地考察，舒志明仔细查看了药材的长势及土壤状况,并对种植户现场指导,给他们提出可操作的建议。

图 6-5 王雅梅在田地里观察药材生长情况

随后,化学与药学院及镇政府相关负责人一同到和家庄镇秦龙中药材专业合作社及渭北中药材交易中心调研,就全镇中药材的种植情况、药材质量及合作社在运营过程中遇到的困惑进行了深入交流。在化学与药学院相关人员、王雅梅等人的积极联系、推动下,陕西康盛堂药业有限公司与秦龙中药材专业合作社签订了购销合同,帮助和家庄镇解决了中药材销路的难题。

二 牵线搭桥做好农技培训

和家庄镇总面积 98 平方公里,人口 2.7 万人,中药材种植面积 25000 亩,核桃种植面积 5000 亩,花椒 8000 亩,玉米 25000 亩,小麦 36800 亩。根据和家庄镇的产业布局,王雅梅开展了有针对性的农技服务。"我从来没有把自己摆到领导的位置上,也无改变地方现状的愿望,只是想帮助地方变得更好一点。我是一个适应能力很强的人,所以抓住什么就做什么。"从王雅梅以下的所作所为中,根本看不出她是一个随波逐流、毫无主见和积极性的人。

(1) 推动中药材标准化生产。尽管和家庄镇的药材种植已成规模，但药农的种植方式较为传统、粗放，重视数量不重视质量，药材品相差，难以卖出好价钱。为此，王雅梅详细调研当地药材栽植、施肥、管理环节，及时向化学与药学院书记和老师反映，协调时间开展中药材栽培培训会，以求实现中药材标准化种植。培训会上，针对药材种子贵但出苗率不高的问题，专家建议，播种时可以减少种子数量、提高单株的质量，还可育苗种植减少种子浪费。药农还可在玉米地里套种，多收一季玉米；也可薄膜覆盖种植，减少除草工作量。王雅梅发现，和家庄镇的黄芩种植较粗放，撒播、种植密集，她根据专家意见积极推动药农采取间苗技术，增强其通风透光性。王雅梅还建立了药农、专家微信交流群，这一微信群已将周边乡镇药农吸引进来，成为药农种植、销售药材的重要平台。

(2) 核桃栽培技术培训。了解到全镇有 5000 亩核桃园及农户的需求后，王雅梅积极联系了西农大核桃种植专家刘朝斌，请他来给农户做培训，在培训中刘老师就核桃品种选择、干旱地区如何保水增效、品种嫁接、树形修剪及病虫害如何防治进行了详细讲解。刘朝斌的穴贮肥水的节水灌溉储水储肥技术得到果农认可，其幽默风趣的讲课风格赢得参会人员赞扬。在互动环节，大家踊跃发言，积极提出生产中遇到的技术难题及对核桃产业发展方向的困惑。刘朝斌从当前核桃产业发展形势到具体生产中应注意的细节一一进行了回答。为便于果农和专家交流，王雅梅同样建立了微信群。

(3) 依托合阳葡萄试验示范站。6 月份是葡萄果实生长的关键时期，疏果、抹芽、病虫害防治等工作稍有不慎便会影响葡萄质量。合阳葡萄试验示范站是西农大在合阳建设的集教学、科研、农技服务于一体的站所，王雅梅积极联系驻站专家张宗勤，邀请其来良石村真心现代农业园区指导葡萄夏季生产。张宗勤向园区管理技术人员传授枝、叶、果实、病虫害等方面的技术，并指出园区存在的问题和改进方案。正在疏果的女工们问该怎么疏果，怎么留果，张宗勤一一解答，并指出疏果时应该注意：留着指甲掐小果，不用剪子，剪子易伤果；把疏下的果子带出园子，疏完一株后给手消下毒，避免交叉感染。他鼓励果农，好好管理，丰收在望。随后，王雅梅将红提葡萄种植户介绍到坊镇科技副镇长李婉平建立的红提葡萄技术交流群里。

第六章 研究生助力团：新时代的知识青年

（4）花椒栽培技术培训。和家庄镇的花椒种植区靠近韩城市地界，明显受到韩城花椒的影响。由于用水量小，用工少，果实耐储存，市场价格相对稳定，花椒成为合阳县农民近几年重点发展的产业。然而，农户的栽培技术都是从邻居家学来的，并未接受过专业的技术培训，栽培管理方式方法较为传统，有的技术甚至是错误的。为此，王雅梅邀请了西农大专家薛智德在镇上举办培训会。在培训会上，薛智德对花椒的整形修剪、病虫害种类及防治、花椒嫁接、市场上不同花椒特点等方面知识进行详细讲解，语言通俗易懂。为了加强农户的实操感觉，王雅梅特意安排农户来到田间地头进行现场学习，薛老师就农户花椒种植中的管理技术进行分析讲解。

（5）动物防疫与养殖技术指导。夏季是动物疫病的高发期，为此，王雅梅邀请西农大动物科技学院周宏超老师到该镇进行畜牧专业指导，周宏超到正能公司施工现场与场长王玉才进行了深入交流，就一期1.2万头种猪从品种、环境控制、精细化饲养管理、免疫保健等方面需要关注的问题进行探讨，为公司提供技术支持。秦安养殖专业合作社是石羊集团旗下农户加盟生猪代养项目，合作社现有2栋圈舍，存栏生猪1200头。周宏超在充分了解养殖情况后，对猪舍如何加强通风、控制温度、降低湿度，以及仔猪进入猪舍前如何对猪舍进行升温、降低猪舍湿度，育肥阶段如何做好仔猪免疫保健等方面的知识与合作社负责人进行了深入讲解，同时帮助合作社分析了养猪业发展的趋势、未来面临的机遇和挑战，增强了合作社社员的信心。

（6）引进甜柿品种，为新产业发展提供契机。王雅梅学的果树学柿子专业，在和家庄镇农村调研中，她发现当地多是涩柿品种，经济收益低，于是她5月上旬联系导师获得多个甜柿品种接穗，并指导农户嫁接，随后跟进观察，以根据不同甜柿品种在此生长情况决定推广的对象。

（7）电子商务培训工作。农民种什么能挣钱？在和镇扶贫办主任的聊天中，她明白农民增收的重点不是种，而是销。农民要增收，就应该致力于减少中间商环节，建立自己的销售渠道。于是她积极参加商务局在本镇举办的电子商务培训，并添加主讲老师阿里巴巴员工赵彬和万荣电子商务培训老师黄楠为好友，积极学习电子商务方面知识。她带着镇里的郭敏娟、张海燕、张翠亚、马小能等人一起参加县里组织的电商培训，一起学习软文营销、微店建立、互联网思维等电子商务知识。

从看着别人怎么做，到自己积极主动抓住机会做事情，王雅梅就像换了个人似的。她根据农户需要，结合高校资源，多次主动联系专家前来做技术培训，提升了农户农技水平。正是这一步一步的尝试和成功，给予她信心。王雅梅坦言，和家庄镇秦龙中药材专业合作社和陕西康盛堂药业有限公司签订购销协议主要是化学与药学院的功劳，但这次合作给她很多启发。她特别看好黄芩茶的发展前景，因为现代社会，人们越来越注重健康养生，黄芩茶有降脂降压、安神助眠、清热去火的功能，和家庄镇的黄芩种植面积很大，市场前景广阔。王雅梅主动向陕西康盛堂药业有限公司的南总推荐了黄芩茶项目，该公司拥有齐全的花茶机器设备，南总听后很重视并看好黄芩茶市场。同时，王雅梅积极查询资料并回校与园艺学院茶学专家联系，将黄芩茶生产的相关资料提供给公司，以求促成学校、公司和农户的合作，增加农民收入。

三　"像个副镇长"

从未想过当"官"的王雅梅，一下子被放在副镇长的位置上，多少有点不适应，在刚到镇里的一个月里，她经常会问同事："你们下乡吗？"幸运的是，镇妇联主席每次下乡都尽量带着她，她借此接触农村农民，了解了农民所想所需，开展了诸多有效的工作。

1. 在镇政府工作

办了那么多场农技培训会，如今的王雅梅对培训流程已非常熟悉，然而第一次培训会让王雅梅很受锻炼。从培训会流程设计、场地、音响、投影仪到专家的行程、餐饮、现场秩序维持和拍照，事无巨细都需要她筹划安排和操作。在科技镇长团微信群里征求意见时，有人告诉她，一定要保证群众到位，如果群众稀少，现场会很尴尬。为此，王雅梅要求全镇11个社区每个社区出10个人，头一天晚上把名单报上来，幸运的是，听众都很珍惜培训机会，培训效果良好。做了许多实际工作后，王雅梅说："把你放到副镇长的位置上，你就得会做事。人家会问，你一个副镇长，还不能做这个吗？"

在镇政府的安排下，王雅梅多次到绿丰园区、芝丰现代农业园区、秦龙中药材专业合作社及瑞军冬枣专业合作社进行产业调研，积极协调各园区与西农大实现技术对接。瑞军冬枣专业合作社冬季大棚温度较低，王雅梅在征求学校专家意见后，给出多项加温措施建议，她还建议合作社将台阶式的大棚入口改为斜坡式入口，以方便运输、降低成本。

为完成镇脱贫摘帽任务，王雅梅参加了关于贫困户退出工作的系列会议，实地参与入户验收工作，对镇村贫困户情况和脱贫条件等内容有了更深入的了解。这些政府工作都促使她更加深入地了解一个基层政府的运作逻辑。

2. 独当一面

跟着镇政府的工作节奏走，可以让人更加深入地体会政府运作的机制。独当一面却需要进一步的磨砺，王雅梅和我们分享了几件亲身经历的事情。

某天上午，镇党委书记在会上安排了一项工作：各个镇领导今天必须走访20户农户。上午如期走访7~8户后，王雅梅接到通知：崔永健副县长下午来看望她。她想着赶紧把工作完成了，好开展下午的工作，于是催促同伴"中午加班吧"，却被同事果断拒绝。

还有一次，王雅梅需要统计各村农作物受灾信息和田地种植信息，她将表格发下去之后，结果只有两个人交还给她。后来，她在领导办公会上专门强调此事并再次发放问卷，第三天的办公会上大家按时如数交上来。伴随着交往的增多，那位拒绝王雅梅的同事竟也经常问她："要不要送你回去啊？"

她知道自己被乡村干部"不当回事"是有原因的：年纪轻，经验少，工作能力不如乡村干部。王雅梅就跟着学，她特别喜欢下乡与能干、思想开明的村干部、村民聊天，她发现与人主动交往、关系熟了之后，大家会教她做事情。在一次跟进异地搬迁扶贫的工作中，她就跟着村支书学习到不少东西，村支书告诉村民："赶紧弄啊（装修），再不弄，就把钥匙交回来吧，后面等着要房子的人排队呢。镇里天天扣着我的钱呢。你看，王镇长又来检查工作了。"

2018年7月，重庆工商职业学院"三下乡"队伍来到和家庄镇调研，王雅梅作为乡镇领导参加欢迎会，在会上她不慌不忙地给大家讲了下乡的意义、下乡注意事项并叮嘱大家注意安全。"以前很不好意思在公众面前讲话，即使准备了发言稿也是会紧张的，但这次我明显掌控了现场。"王雅梅说。

3. 天道酬勤

在和家庄，她打交道最多的还是贫困户，无论是危房改造项目还是移民搬迁项目，抑或是"我的脱贫故事"活动，王雅梅都与贫困人口在一起。

和家庄社区有位贫困户，丈夫患脑梗不能劳动，妻子一边照顾病人，一边打工挣钱养家，他们的两个女儿还在上学。王雅梅说，看到这个家庭就像看到了自家，她时常去和阿姨聊天，阿姨告诉她"一个小姑娘出门在外，要当心，注意安全"。临行前，阿姨送了她两双亲手制作的鞋垫。

图 6-6 王雅梅入户访谈

有户贫困户家里有两个大学生，他在参加"我的脱贫故事"中得到王雅梅的指导，随后，他每次见了王雅梅就像见了亲人一样，大老远就喊"王镇长"。有次，该贫困户拿着积分卡到爱心超市换购东西，不巧的是超市关门，他就托付王雅梅帮他兑换。这些小事让王雅梅意识到自己已经获得了老乡的信任，老乡没有把她当外人，使得她在异乡感到家一样的温暖，这些情感力量一直激励着她。这也让她明白：像个副镇长，不是在会上说得多就像了，而是自己做出来的。

临行前，和家庄镇政府赠送给王雅梅一个刻有"天道酬勤"字样的摆件，她很喜欢，因为她的故事就是"天道酬勤"的现实版本。

四　挂职赋予我积极主动的人生

王雅梅告诉笔者："我是第一批科技镇长团中最弱的一个，有的同志发过论文，学术功底深厚，有的同志当过学生会主席，工作经验丰富。挂职锻炼远比我想象的得到的更多，以前觉得自己不适合政府工作，现在发现政府工作也没有那么难；以前更愿意被人安排工作，现在自己也有安排工作的能力和气魄了。"

从依赖模仿别人到相信自己；从被安排工作到安排工作；从被动接受到积极主动寻找突破口；从稚气十足到稳定接地气。王雅梅在短短的6个月里发生了脱胎换骨般的变化。

回到学校之后，王雅梅的老师、同学和朋友都说王雅梅像变了个人似的。例如做事情喜欢拖拖拉拉的王雅梅，现在变得利索多了，在实验室做实验不但自己主动思考、积极承担任务，而且开始给师弟师妹分配工作。实验结果不理想时，她就自己在实验室里深刻思考，不达目的不罢休。以前粗枝大叶的王雅梅，如今更加注重细节，例如在实验室敲门无人回应的情况下，不再敲第二次，因为很可能里面的人在做实验无法离开实验台；再如，晚上离开实验室时要关灯、关温度机。

王雅梅还透露了她报名科技副镇长的另一原因：转专业做实验压力很大，挫败感很强，心情有点抑郁，希望换个环境调整一下。没想到挂职这个平台改变了她的人生，从未想过做行政工作的她，毕业后希望考选调生——挂职锻炼让她接受了专业化的训练，她有信心在政府部门做得更好。让学生在挂职锻炼中成长成才，是西农大选派科技副镇长的一个重要目的，一向随波逐流的王雅梅经过挂职锻炼变得不服输，她要以积极主动的姿态迎接人生。

第五节　念念不忘　必有回响

叶佳丽挂职的金峪镇，位于县城西北部，北与红石崖为邻，南与王村镇接壤，东与甘井镇相依，西与澄城县毗邻。地理坐标介于东经110°、北纬35°之间，海拔760~800米，南北长17公里，东西宽6公里，镇政府距县城25公里，辖区交通便利（108国道、201县道、西韩铁路）。辖区气候四季分明，年平均气温25℃，年平均降水量553.2毫米，全年无霜期190天，春季气温渐高，少雨干旱；夏季气温最高，多有暴雨，酷暑炎夏而常见伏旱；秋季气温凉爽多变，夜凉昼热、多阴雨；冬季气温低，雨雪少。金峪镇有大峪河、金水河、徐水河、太枣河四大河流，森林植被较少，自然植被主要有侧柏、山楂、酸枣、柠条等多种林木和草木栖、马棘、蒺藜、白茅等多种杂草。

全镇辖8个社区8个行政村，118个村民小组，共计2.56万人，其中非农业人口1200人，农业人口24400人，农村居民人均年纯收入5636元。全镇共有耕地6.8万亩，林地3.2万亩，现已发展南部红提1000亩、鲜桃800亩，中部发展樱桃5100余亩，北部建成白家寨、浪后、念吉、拔丁等村苹果标准示范基地8个共5500亩，搭建防雹网3600亩，累计果业面积2.4万亩，杂果1.5万亩，现基本达到人均一亩果的格局。目前全镇以省级现代农业园区为龙头，以金峪园区、兴皇果业两个产业服务中心为依托，以沟北时令水果、方寨有机樱桃、华鑫园智慧苹果、晟洁生态循环农业、白家寨老园改造提升五大基地为支撑，全面推广生物防治、控肥控药、土壤改良、水肥一体、立体种养、秸秆综合利用、粪便无害化处理、智慧农业、"六不用"等现代生态农业技术，引领全镇形成了南部万亩时令水果、中部万亩樱桃、北部万亩苹果、沟坡万亩杂果林的产业发展格局。

一 我要去下乡

27岁的叶佳丽，出生于内蒙古河套平原农村，是西北农林科技大学农学院作物学专业2017级博士。一直有大学生村官梦想的叶佳丽，遇到了挂职科技副镇长的机会，便不顾一切要争取。家人希望她好好读书、顺利毕业，怕她去挂职半年再回校无法完成学业。但叶佳丽说：

> 农业博士的终身职责就应该像袁隆平老先生那样年复一年地播种收获，把才智和抱负书写在田地里，把毕生精力用于消除饥饿和粮食

增产。而我一个科研任务繁重的博士生突然申请加入脱贫攻坚的队伍，在自己看来是种挑战，在他人眼里却有些荒唐，半年的时间于普通人而言只是六个月，于农学博士而言意味着这一年的实验将要明年从头再来，错过的是小麦的一个生长季，错过的是上百场学术交流，错过的是最新的科研动态，错过的是最容易的论文发表时机，错过的是各种荣誉与机会。从报名申请（科技副镇长）、面试、岗前培训到奔赴合阳的路上，都不乏反对和质疑，可我依然来了，用我不知从哪来的勇气向我的导师承诺，我愿意延期一年弥补耽误的科研工作。

工作早一年晚一年差别不大，有没有去基层挂职却是天壤之别，曾任团支书、院学生会实践部部长的叶佳丽坚定地走向了农村。

二 从无事可做到"找事来做"

和多数同学一样，叶佳丽进入工作的状态相对缓慢，镇政府也未给她安排具体工作。叶佳丽只得在办公室看文件，与想象的工作状态差别甚大。当听到一起挂职的同学被部门领导安排了具体工作时，叶佳丽感到心慌。"镇党委书记让我跟着分管农业的副镇长，可是，农业副镇长也没有活给我。我只能在办公室看文件。镇政府对待我，好像是接上级的任务——安排我吃好、住好就行了。"如此这般一两个礼拜后，叶佳丽越发地感到迷茫。

叶佳丽决定自己找事做，有次她和镇领导下村，到了贫困村沟北村发现，作为省级农村集体产权制度改革试点村，沟北村道路广阔、房屋整齐气派，与叶佳丽想象中的贫困村差别甚大，原本准备访贫问苦的她竟不知从何做起。

> 没有摇摇欲坠的房屋，没有泥泞崎岖的山路，没有闭塞滞后的信息，更没有落后愚昧的农民。原本想带领他们大开眼界的我，却实实在在反被这里刷新了观念。在这里我见识了新农村的样貌，见识了现代农业的规模。
>
> 这里的农村有四通八达的硬化道路，有整齐一致的进行过危房改

造的房屋，有环境优美的文化广场，有集中连片的产业园区，有先进的农业设施，有完善的培训体系。这些美好让我觉得似乎我的出现有些多余。

一直在象牙塔里的叶佳丽不敢相信眼前的景象，没想到中国农村竟发生了如此大的变化——基础设施、产业发展都已达到较高水平，这让她一个农学博士显得"多余"了，因为"当满眼看到的都是问题的时候，哪里都是工作抓手，当农村光鲜亮丽趋于完美的时候就很难找到完善的方向"。

叶佳丽将自己满腔热情的迫切心理稍作冷却，调整心态，带着耳朵带着眼睛沉下心去了解，并时刻告诫自己"谋定而动"。经过深入调研后，叶佳丽认识到，农村社会需要外来人先融入再跳出去发现问题、指出问题、解决问题。农村农业不是传统落后与社会脱节的，但其发展仍有很多羁绊，农民也不是顽固不接受新事物的，但他们缺乏领路人。既然金峪镇已经具备了蓬勃发展的基础条件，正如一只羽翼渐丰、不久即要乘风高飞的金凤凰，叶佳丽要做的就是尽己所能去助它飞翔。

图 6-7 叶佳丽走村入户

沉下去才会发现真正的需要。叶佳丽在与白家寨、解庄等金峪镇北部村庄主要村干部交流时，得知该地苹果产业已有几十年的历史，很多苹果园建于1983年左右，如今老果树病害严重、树形老旧、品种落后，果品口感、产量欠佳，在竞争激烈的市场中，老果园的苹果出现滞销问题。很多果农面对老果园，感到前途迷茫：维持现状将面临越来越恶化的收益，毁园则是原果园地需倒茬，毁园后的产业发展没有方向，更新果树也有一个时间周期，果农在这段时间内将失去主要经济来源。面对果农的无助和农民最关心的产业发展问题，叶佳丽积极调研了解情况，请西农大专家前来把脉问诊，给出合理建议。

三 助飞现代农业

金峪现代农业园区位于金峪镇方寨村，由金雨果蔬专业合作社建设，依托金峪镇海拔高、温差大、气候冷凉的自然地理条件，以樱桃为主导产业，栽植樱桃5100亩，苹果900余亩，葡萄300亩，引进推广美早、艳阳、莎米托、红灯、早大果、秦樱、长富2号、嘎啦、红提等10余个优良品种。2014年，时任陕西省体育馆馆长王高德带领本地乡绅捐资273万元（主要用于果树苗补助），帮助方寨社区发展樱桃产业，在以陈银榜、王进民为首的村两委干部的不懈努力下，方寨社区终于建成了4200亩的樱桃产业园。该镇顺势将樱桃产业列入"特色果品产业带"发展规划，引导樱桃种植向规模化、标准化、区域化、品种化方向发展。金峪现代农业园区以生态农业为抓手，以打造种养加销游产业基地为目标，2016年注册成立合阳县裕鑫生态农业科技有限公司，成功注册"方寨红"樱桃商标，取得了樱桃无公害和有机转换认证，该年，园区荣获全省"省级农业园区"和"省级示范社"称号。2017年，园区樱桃挂果面积4200亩，预计总产1230吨，实现总收入3690万元，带动686户2714人发展樱桃产业，人均实现收入13600元。

然而，樱桃是鲜食产品，不易储存，一旦销售不及时就会出现果品腐烂、果农受损的难题，叶佳丽通过与多方沟通，推动方寨樱桃园区制定筹建樱桃酒厂的方案，以延长樱桃产品的产业链，增加农民收入。同时，叶佳丽还结合全镇经济发展规划，推动樱桃园区田园综合体建设。当下的金峪镇，仍以种植业为主，第二、第三产业比例小，收入来源单一，经济效益低下，田园综合体可调整、优化、升级产业结构，推进三产融合，助推传统农业向现代农业转变，使社会、经济、环境协调发展。同时，田园综合体也将引导采用先进技术，提高农业科技含量，充分尊重人与自然的和谐关系，走上"高新技术、高附加值、高效益"的现代化农业之路。

在金峪镇工作期间，叶佳丽不失时机地开展了4次农业技术培训，分别是西农大蔡宇良教授在方寨社区传授樱桃采摘和后期管理技术，西农大徐炎教授在沟北村培训红提修剪技术，渭南科协宝小平老师在方寨传授樱桃病害防治技术，渭南市兴华职业学校罗亮老师传授葡萄套袋前果穗病虫害管理技术。

四 遇见沟北村

事实上，第一次与沟北村村干部见面，沟北村村支书正在准备一份迎接领导检查的发言稿，也在为如何增加村集体经济收入发愁。年近70岁的杨支书，在村两委工作已有三十多年，他思想开放、经验丰富、愿意接受新事物；村主任李存才做过生意，见过世面，积极上进但步子走得比较快"爱折腾"。村支书想要村庄发展得踏实稳健一些，村主任则希望村庄大步向前。这两年自然灾害频发，田地连年歉收，全村村民收入受影响，村里流转来的土地租金也是一笔不小的负担，村支书为此很是着急。这凸显了农村发展的曲折和复杂。显然，对于广大农村地区而言，如何发展村庄经济、壮大集体经济，急需外来人才的支持。

镇上没给叶佳丽分配太多工作，却给叶佳丽更多自主空间——下村了解民情为农民解决实际问题。叶佳丽接触最多的还是沟北村的村干部，在叶佳丽眼中，村支书杨伯是位德高望重、不计较个人得失的老党员，村主任鸭叔则是一位全心为村民谋出路的领路者，俊江哥是一位西农毕业后返乡的大学生农民。他们每一份淳朴的诉求背后都是带领乡民致富奔小康的决心，叶佳丽被他们热爱"三农"的深情感染。沟北村村干部思想开明、作风稳健，对叶佳丽很是欢迎，叶佳丽也喜欢这个与她的想象差别甚大的村庄，遇上沟北村，沉到农村去。

沟北村位于金峪镇政府东南4.5公里处，辖5个村民小组，共334户，1253人，耕地面积3860亩，主导产业以苹果、红提为主，2017年人均年收入8050元。2012年6月,在村党支部领导下成立沟北果蔬专业合作社,共流转土地2030亩,发展苹果500亩,红提480亩,鲜桃400亩,核桃400亩,花椒、柿子200亩,实现"人均1.5亩果,户均收入1万元"的初期发展目标。

2011年初,沟北村村两委在充分论证、调研、考察的基础上对全村3860亩土地进行了统一、合理的产业规划布局,发动两委一班人、致富带头人、村级大户带头在沿王皇路两侧流转土地发展各类示范产业(其中村主任李存才带头发展了100亩红提、100亩鲜桃,支委王昌录带头发展了100亩鲜桃,产业大户王亚峰带头发展了120亩苹果),带动广大群众按规划发展产业。2014年,村两委多方筹措资金78万余元建成了村级产业服务中心,为全村产业户提供"土地流转、农资赊销、技术培训、统防统治、果品销售"等各类免费服务,客商上交的服务费则为服务中心正常运转提供了支持。

沟北村以2017年7月20日为基准日开展农村土地制度"三变改革"(资源变资产,资金变股金,农民变股民),先后完成了机构搭建、政策宣讲、清产核资、成员认定、股权设置、章程制定、组织选举等工作程序。2017年11月10日,沟北集体股份经济合作社正式挂牌成立,沟北村探索出来的农村集体产权制度改革"四十五天十步工作法"得到了省、市、县有关部门和各级领导的充分肯定,现已被全面推广,该村当年被推选为全省农村集体产权制度改革"百千万工程"试点村、县级乡村振兴示范村。

2018年以来,沟北村聚力推动乡村振兴,形成了以产业服务中心为依托的乡村振兴"沟北"模式,该模式的主要特征如下。

第一,大力发展基础设施,夯实乡村振兴的设施基础。2018年,该村争取各类资金1400余万元,新打机井两眼,铺设管网13公里,完成滴灌2400亩;新建果园防雹网600亩,改造设施冷棚红提260亩,提升抵御自然灾害能力;为加强美丽乡村建设,该村拓宽进村路2000平方米,绿化巷道11条,栽植各类树木花卉1.8万株;同时,该村新建景观式生态公园1座,全村仿古式立面改造全覆盖;投资650万元改造村部办公场所400平方米,新建占地3000平方米的集产品展示、电子商务、物流配送、技术培训等于一体的产业服务中心,打造全方位的交易平台。

第二，大力发展规模农业，奠定村庄发展的经济基础。积极推进农村集体产权制度改革，加快土地流转步伐，新发展冷棚红提、果蔬温棚、矮砧苹果、特色鲜桃、核桃、花椒等产业园2200亩，通过扶贫小额贷款和互助资金协会的资金扶持，带动贫困户85户290人建立了长效产业；通过实施苏陕协作项目、独立工矿区项目，新建红提冷棚300亩、日光温室大棚30亩、四季棚30亩，建成集体苹果园200亩、葡萄采摘园40亩、苹果苗圃20亩。

通过系列举措，沟北村村集体经济组织原始资金达到1560万元，园区内达到了"路相通，渠相连，旱能灌，涝能排"的总体要求，促进了现代农业和休闲旅游的整合融合，促进了农村产业结构调整和农户增收，为群众发展产业奠定了坚实基础。

沟北村目前新建红提冷棚园区300亩，十多家种植大户户均面积20亩以上，因红提管理技术工序复杂、费时费工，不同的种植户修剪管理标准不同，导致果园肥水管理不统一，树形修剪不一致，果穗修剪不一致，产品质量、产量差别大。针对这一问题，叶佳丽将张红娟请来做红提技术指导，农民像得到宝贝一样，纷纷请张红娟到园子里指导。叶佳丽于是建议村委会聘请专家统一教授红提栽培技术，专家费用均摊下来每亩土地不足20元。

要想将沟北村打造成一个口碑好、品质高的时令水果基地，让它在竞争激烈的市场上有立足之地，就必须统一水果生产标准、提升地区果品品牌，这正是叶佳丽努力的方向。

五 激活电商平台

由村党组织、村委会发起，340户1253名社员联合组建的沟北村农村集体股份经济合作社，于2017年11月10日成立。该组织是以农村土地集体所有制为基础的新型农村集体经济合作组织，是农村集体资源资产资金管理的主体和法人，实行独立核算、自主经营、自负盈亏、民主管理、风险共担、按股分红。合作社下设紫藤红提和金峪病虫害防治两个专业合作社，1个扶贫资金协会，入社公司2个，家庭农场9个，20亩以上适度规模种植专业大户31家。合作社决定将净收益按集体占51%、农户占49%的比例分配，每年提取收益的30%作为农民土地社会保障金和农地规模化公积金，提取10%作为公益金用于扶贫帮困养老和社会公益事业。

目前合作社发展冷棚红提、果蔬温棚、矮砧苹果、特色鲜桃、核桃、花椒等产业园2200亩，新建红提冷棚300亩、日光温室大棚30亩、四季棚30亩，建成集体苹果园200亩、葡萄采摘园40亩、苹果苗圃20亩，铺设管网13公里，完成滴灌覆盖2400亩，新建果园搭建防雹网600亩，招商引资云南公司发展红色之爱苹果园550亩，新打机井两眼，新建产业服务中心大楼1栋，交易棚2座。2018年6月，沟北村村两委干部上了陕西卫视《脱贫路上》节目，在节目中，村主任和村支书为村庄该如何发展而争论，两人都是为村庄好，但关键的问题不是土地生产不出庄稼而是如何将农产品销售出去。叶佳丽了解到村里原有个淘宝商店，后来由于专业人才稀缺，店子经营不善而弃之不用。

> 叶佳丽说：去时听到村支书对一些工作有抱怨，抵触情绪较大。后来发现，村干部和村民都在关心如何让村集体和村民更有收益，通过闲聊我找到了切入点——农产品的销售问题。经了解，沟北村之前搭建了一个电商平台，负责店铺的大学生因工资少不干了，村民大都不知道这个淘宝店，只有领导班子知道，也就是做一个尝试。我提议帮助他们重新把电商运营起来，我有这方面的经验。村主任很配合，把电商相关的淘宝账户给了我。

叶佳丽进入网店后发现，网站的整个网页设计过于简陋，于是她请人或自学修图来装饰网店，还不断推出村庄里的时令产品。

> 沟北村以合作社为名成立了丰泰农果公司，并以这个公司注册了淘宝账户。之前建店铺，只是放了一些产品图样，没有装饰，不能吸引客户，也没有什么销售量。我相当于把它重新激活了。现在我将店铺装饰好看了，做好宣传，负责线上工作，其他工作交给村里人负责。

沟北村生产的各类水果、坚果通过中间商销售出去，利润降低很多，

图 6-8　叶佳丽帮忙设计农产品包装

网店直销模式解决了客户与生产者之间信息不对称的难题，降低了交易成本，沟北村的产品也逐渐打开了一条新销售渠道。

为了给村里培养专业人才，村委会推荐了一名30多岁的年轻人跟着叶佳丽做电商。在叶佳丽的指导下，他学会了接单、客服服务、包装及网站的日常运营，如今，网店已全部由他来操作。淘宝店铺达到1个星钻级别才能参加淘宝主页的推荐活动，目前商铺等级不够，销量有限，他们只能在朋友圈做宣传，叶佳丽就经常发动朋友来支持店铺，希望村民提供优质产品、获得好评，目前店铺好评得分4.9，是五星级店铺。

除了网络店铺，叶佳丽还尝试为沟北村农产品设立展示柜台，形成线上、线下相结合的销售形式，例如社区性质的 App 销售平台。为此，她找到一家专门经营礼品水果的店铺，拿出产品（鲜桃）请对方品尝，果品质量得到认可后，她便与对方谈销售模式，希望沟北村的产品不但在店铺展览、销售，而且能以此为货仓，为周边社区居民提供快捷送货服务。然而，在店家与村民协商阶段，由于农户要价过高，此事未成。

网店销量尽管有限，但它起到了良好的宣传效果，除淘宝网、微信店铺等网络销售平台外，沟北村充分利用各种网络信息平台，以优质服务赢得了更多的大中小型客户。销售农产品时,产业服务中心为客商提供食宿,组织农户统一销售,并代表农户与客商谈价,防止客商恶意压价,杜绝农户欺客等行为,每逢收获季节,该村产业服务中心都是车水马龙,热闹非凡。而今,沟北村3000平方米的产业服务中心承担着农产品展示、农业产业技术培训、客商服务、电子商务、物流配送等功能。

六 惜地惜时:日光温室大棚的故事

叶佳丽专门就村民对"三变改革"的态度做了调研,多数村民反映"三变改革"好,但这个好主要是土地租金收益高,村庄成"试点村"后获得了更多的政府项目。农业生产本身就是一个风险大、利润小的行业,大公司经营农业并不比小农户更有优势。沟北村"三变改革"的优势在于将土地集体统筹、规划、流转,做好了农业发展的基础设施,做到了生产经营领域的统分结合。目前沟北村产业园区已实现基础设施现代化,水、电、路全通,苹果园搭起了防雹网设施,红提园搭起了冷棚设施,这大大降低了自然灾害对农产品的影响。

自沟北村成为省级"三变改革"试点示范村后,市、县政府的项目资金投入日益增多,省内各级部门来沟北村观摩、调研的次数也大大增多了,村委会有时一周要接待7~8拨来访客人。沟北村的经济发展,不但是村委会的事,也成了地方政府的事情,村里12个新建的高标准温室大棚成了叶佳丽关心的事情。

由于大棚建成时已错过了春季播种,12个3~4米高的大棚里空空如也,让人看了觉得着实浪费,来访调研的领导、专家看了,也说可惜。农学出身的叶佳丽更是爱惜土地,大棚种植果树需要等到11月份,在这个空档期能不能种点别的东西呢?村委会干部请叶佳丽帮忙留意适合种植的农作物,当时市场上的苦瓜、豆角苗已销售一空,叶佳丽联系西农大园艺学院也只能买到种子而非苗子。2018年5月,回校休假的叶佳丽到超市和农贸市场找灵感,有人向她推荐了一款适合大棚种植的进口辣椒,叶佳丽准备试试,于是她找到对接金峪镇的园艺学院党总支书记王书记,王书记表示可以支持1个贫困户试种,出了2亩地的种子钱4000元。叶佳丽准备将这个辣椒大棚打造成技术示范棚——她全程参与进行技术指导和栽培示范。

即使种植了 2 亩辣椒，但还有很多大棚闲着呢。叶佳丽继续到超市寻找灵感，她发现水果玉米不错，真空包装耐储存，实在销售不了，农民还能得到玉米粒，回来与村委干部交流后，村主任李存才也觉得不错。叶佳丽立即联系西农大的教授，教授推荐了更适合农民种植的糯玉米，叶佳丽协助村庄种了 8 棚糯玉米，但由于村庄事务太多，大棚管理人员技术不到位，玉米长势不好。上级领导看到大棚里面种玉米，实在浪费，村干部回头把玉米苗子铲了，这让叶佳丽伤心了很久。叶佳丽走的时候，对辣椒种植户千叮咛万嘱咐，一定要把苗子种好，"4000 元现金好不容易申请下来的，一定要种下去"。叶佳丽还建议村委在大棚里种植反季节草莓，占领市场。2018 年 10 月，笔者去调研时发现，各个大棚的草莓长势良好，11~12 月份该村的草莓已经上市。

图 6-9 叶佳丽在温室大棚观察玉米生长情况

做了许多事情之后，叶佳丽发现基层的事情自己决定不了。

当时做事也有点浮了，很多事如果我坚持下来，是能办好的。比如辣椒育苗的事，我提前告知村主任要把培养基准备好，村主任说他们有专门育苗的人。育苗的时候，我看他们直接用细沙和土混到一起，用很传统的方法育苗，我问"培养基呢"，他们竟然不知道培养基是什么。我也就顺着他们来了，也没坚持用培养基，结果育苗工作做得不是很好。

叶佳丽反思道：前两个月到基层主要是适应工作环境，真正开展工作的时间也不长，不足以将一件事做好；还是自己用心不够，与沟北村联系不紧密，才导致大棚玉米被砍。

七　个人收获：缓释胶囊

挂职期间，叶佳丽走访了金峪镇的沟北、方寨、南永宁、北永宁、背河、雁村、白家寨、解庄、皇甫庄、黑镇等社区（行政村），陪同合阳县民政局审核组走访2018年新增低保、五保户家庭（贫困户）48户，还走访调研了华鑫园智慧苹果产业园、晟洁生态循环农业公司、沟北时令水果产业园、方寨樱桃产业园等产业园。作为科技副镇长，每一次入村、入户、入园，都意味着一次与乡土社会的深度接触，每一步都在叶佳丽生命中积累了能量。

叶佳丽总想找一个合适的词来描述挂职对她的影响。有一天，科技镇长团成员聚会，她告诉大家这个词是"缓释胶囊"。缓释胶囊是一种药物，主要功效在于延缓药物在体内的释放、吸收、分布、代谢和排泄过程，以达到延长药物作用的目的。这个词贴切地表达了她的挂职感受，因为挂职经历给她带来的影响是潜移默化的，不是一时半会儿能呈现的，也不是半年就能释放完的。

"之前我们女生不爱看新闻，喜欢看些娱乐节目，现在都变得很关注时事了。"现在的叶佳丽也爱看《毛泽东选集》了，她感觉自己的思想明显上升了一个台阶。身边的人都感觉叶佳丽变化很大——面对事情很沉稳，考虑得很周全，凡事都会三思。你绝对想不到，刚到金峪镇的叶佳丽，是一个张口就说建议和意见的人。

挂职期间，叶佳丽曾经有过从政的愿望，但看到基层政府工作人员每天都在忙碌地做行政工作、写文字材料，真正能够下乡做事的时间较少，而西农大的专家可以一心一意地做好技术传播，就像蔡宇良教授在金峪镇指导了现代农业园区发展一样，切切实实给农民带去实惠，由此她也坚定了学术信心，希望做好科研，以另一种方式支持农业发展。

八　念念不忘

叶佳丽在自己的总结中写道：

> 金峪镇大概就是我人生中的梁家河吧，我人生的第一步所学都是在这里，接受实践磨炼，提高综合素质。来合阳挂职就是我们在新时代所经历的一次知青下乡，然而与习总书记当年不同，当时是一种单纯的城市与乡村的对视，而我们除了代表科技在与传统农业对望，更多的是初出茅庐的学生与这个社会的对望。如果非要总结一下这半年的挂职生涯，与其说我们给这里带来了什么，不如说我们走的时候从这里带走了什么。带走的是新的认知，带走的是提高的工作能力，带走的是成熟的处事风格，带走的是一份份沉甸甸的深情。

叶佳丽与沟北村的干部、村民成了朋友、成了亲人。叶佳丽走的时候建立了村干部微信群，时时关注村庄发展。

随着人们生活水平的提升，大众水果越来越没有竞争力，多样化、高档化和礼品化的水果随之崛起。新奇特水果凭借奇特的外观、特殊营养成分满足了消费者追求新颖奇特的心理，由此身价倍增，价格甚至超出普通水果10多倍。为进一步优化沟北村的产业结构，发展新奇特水果，在和村两委的充分沟通下，叶佳丽向沟北村干部推荐了杈把果、五味子、八月瓜等高端水果。在挂职快结束时，她还亲自带村干部去实地考察了适合种植的高端水果，如今在微信群里她还会问水果种植情况、村庄发展情况。

> 如果挂职没结束的话，我定要拟定一些种植计划，比如八月瓜、观赏花之类的作物都是很有赚头的。可惜当时要回来了就没来得及做

这个计划。

挂职半年，对地方政府的显性作用可能不大，但如果每一批挂职人员都与村庄、村民成了朋友、成了亲人，村庄社会就能积累大量人才资源。这批懂农业、懂农村、爱农民的"三农"人才与具体的村庄、村民有了密切的关联，乡村振兴的宏大战略就像有了扎进乡土的根须一样落地生根，这应该就是念念不忘，必有回响。

第六节　合阳，我们生命中的"梁家河"

"离开合阳的时候，我们都想着一定还会回来的。在这里，我们得到的太多，付出的太少了，"张智超说，"习近平总书记在梁家河下乡蹲点了7年，为当地老百姓做了多少事啊！习近平这一代人的知青精神一直鼓励着我们，到梁家河参观后，我们更加坚定了扎根合阳、服务社会的信念。合阳，就是我们生命中的梁家河！"

一直被象牙塔保护着的大学生，在走向社会之前，到基层挂职锻炼，对他们的人生的影响是不可估量的。因为在农村，他们得到了人生中从未有过的经历和成长，他们体会到了基层工作的复杂、艰苦，接触了淳朴、善良的农民朋友，走到了田间地头和农家小院。最为可贵的是，他们通过挂职锻炼成为"懂农业、爱农民、爱农村"和具有家国情怀的"三农"人才。

"我虽然离开了沟北村，但我时时刻刻都关注着沟北村的事情，我经常在微信群里问村干部，村里在忙什么，需要我做什么。"叶佳丽说。许多同学与叶佳丽一样，与挂职点的乡村干部和农民朋友保持着密切联系。这种千丝万缕的联系，让合阳和西农大像走亲戚一样，越走越近，越走越亲。

第七章 "三团一队"显成效：
合阳人民脱贫奔小康

第一节 "三团一队"助力合阳人民脱贫

合阳古称有莘国，总面积1437平方公里，下辖11个镇1个街道办事处，215个行政村（社区），总人口51万人，是中国诗经之乡、中国厨祖之乡、中国民间文化之乡、中国红提葡萄之乡，是国家生态示范县、国家卫生县城、国家园林县城、国家文明城市提名城市。

2018年，全县生产总值完成97.18亿元，增长8.5%；地方财政收入完成2.44亿元，增长30.95%；社会消费品零售总额完成47亿元，增长10.7%；城乡居民人均可支配收入分别达到31530元和11265元，分别增长8.1%和9.6%。

合阳县共有贫困村（社区）104个，建档立卡贫困户19483户69384人。截至2018年底，稳定脱贫退出贫困村（社区）104个，贫困户17725户65776人。其中，2016年退出贫困村（社区）19个，脱贫6067户23102人；2017年退出贫困村（社区）10个，脱贫3249户12531人；2018年退出贫困村（社区）75个，脱贫8409户30143人。到2019年3月，全县剩余贫困户1758户3608人，其中，一般贫困户352户828人；低保贫困户1068户2405人；五保贫困户338户375人。

2018年底，合阳县贫困发生率为1.41%，农村居民人均可支配收入为11265元，215个村（社区）全部实现通沥青（水泥）路，全县108129户全部接通自来水，生活用电入户率和动力用电通村率均达到100%，农村居民参合率和大病保险覆盖率均达到100%。同时，全县108129户394147人中有安全住房农户 108093 户 394041 人，农户安全住房比例为 99.97%，超过有安全住房农户达到 97% 的标准。[①]

在合阳县打赢脱贫攻坚战的关键期实施的"三团一队"扶贫模式，充分调动了西北农林科技大学师生参与扶贫工作的积极性，取得了良好的扶贫成效。仅是 2018 年初到 2019 年 9 月，西北农林科技大学投入帮扶资金 1000 余万元，帮助引进资金 8800 余万元；19 个二级学院党委和机关党委组织专家教授 1500 余人次，联系贫困村 20 个，对接帮扶贫困户 58 户。以 10 个省级园区为核心，带动 30 个县级园区，建成 8000 多亩示范基地，1 万亩集中连片樱桃、10 万亩红提葡萄、20 万亩苹果、30 万亩花椒、30 万头生猪，帮助合阳县形成了"11233"优质农产品产业布局。[②]

同时，在校县合作的过程中，双方积极拓展"三团一队"帮扶效应，建立 14 个"产学研一体化示范基地"，实施科技项目 52 个，引进新科研成果 89 项，建成现代农业园区 32 个，高标准科技示范方 12 个，受益贫困群众 2 万余人。[③] 而在西北农林科技大学的帮扶下，合阳县在脱贫攻坚的过程中涌现出不少典型村庄、典型合作社和典型人物。接下来，我们通过几个典型案例的介绍来看看高校扶贫"西农模式"在合阳县整县脱贫退出中的成效。

第二节 红樱桃助力方寨社区产业扶贫

一 方寨社区基本情况

方寨社区是金峪镇镇区所在地，位于合阳县城西北 25 公里处，辖方寨、朱家河、小寨三个自然村，共 19 个村民小组，962 户 3310 人，辖区面积 21 平方公里，耕地面积 10928 亩，全社区共栽植樱桃 6100 亩、花椒 2500 亩、苹果 400 亩、核桃 200 亩、柿子 300 亩、红薯 100 亩，形成了多果并存、优

---

① 材料来源：《合阳县脱贫攻坚工作情况汇报》，2019 年 3 月。
② 王建国：《我校"三团一队"智力帮扶新模式入选教育部直属高校精准扶贫精准脱贫十大典型项目》，https://news.nwafu.edu.cn/xnxw/92171.htm。
③ 材料来源：《合阳县脱贫攻坚工作情况汇报》，2019 年 9 月。

势互补的产业布局。方寨社区于 2014 年被评定为建档立卡贫困村，全社区有 269 户贫困户，贫困人口 902 人，自 2014 年方寨社区与西北农林科技大学建立联系以来，依托西农技术并根据自身地理、气候、土壤优势，探索发展樱桃产业，取得了良好的收益，农民收入得到了稳步的提升，社区于 2018 年实现全体脱贫。

二 方寨社区的产业扶贫

方寨社区从 2013 年末开始发展樱桃产业，2014 年全村推广樱桃种植面积 4200 余亩，2015 年新增樱桃面积 1000 余亩，2016~2018 年新增樱桃面积 1200 余亩，2019 年全村樱桃面积为 6300 余亩。方寨社区樱桃产业的迅速发展主要采取以下几种方法与措施。

（一）产业选择

2013 年前，方寨社区主要种植稻谷作物，少数农户种植苹果、樱桃等经济作物，其中玉米每亩每年仅能够收入 5000 元钱，使得人均耕地收入较低成为本社区贫困的主要原因之一，因而 2013 年之前本村一直在积极探索依托产业发展脱贫的道路，虽然缺少明显的成效，但是探索产业发展的举措不仅为村委日后发展产业提供了经验支持，也为已发展一定产业的农户通过自身的种植实践积累了相当多的种植经验。2013 年 10~11 月，由村委召集村委干部、全村户主代表、村民代表、产业能手前往澄城县、铜川市进行樱桃、苹果、李子、提子产业的实地调研与考察，在调研与考察的过程中，出访团内部达成了一定的共识，即本社区需要以社区为单位集体发展经济作物产业，以规模化种植为依托建立"一村一品"的支柱产业，通过发展产业助力本村脱贫。在产业选择上，出访团内部也达成了一定的共识，即本社区不适宜种植提子、苹果，适宜种植樱桃产业。2013 年末，在出访团回村后，村支书、村主任、村委干部立刻召集本村村民代表、户主、产业能手召开村民代表会，商讨以全村为单位推广樱桃产业。方寨社区通过四次村民代表会，最终在多方努力下，全体村民达成了初步共识，愿意将自己原先种植的植被改种樱桃树，村委对于部分不同意的村民，始终秉持积极的态度与不落下一户的责任心，采取了"软"方式逐渐改变这些村民的看法。"软"方式主要是指村干部或小组长通过做村民思想工作的方式改变其较为僵化的思想与认识，村委干部、小组长往往需要跑四至五次才能做通一户的工作，当村委干部遇见思想十分僵化的农户时，他们还选择迂回的方式，通过做其直系亲属的工作来达到改变农户思想的目的。

（二）土地调整

自方寨社区选定所推广的产业之后，社区开始着手进行土地调整，该社区采取土地调整的原因在于，一方面，本社区划分为19个村民小组，在20世纪末完成第二轮土地承包后，人均土地近2亩，但是由于分地按照三个标准划分土地等级，每户所分得的地块基本包含三个等级的土地，土地地块分布于多片土地之上而并未相连成片，平均每户的农地数量为2~3片，形成了此前种植分散的局面。该社区较为分散的土地承包，限制了本地樱桃产业的集约化发展，阻碍了本地种植产业的规模化发展。另一方面，通过土地调整实现种植产业发展的规模效应与集群效应，便于向地方政府申请资金项目投入，开展设施农业与现代化农业建设，利于农业生产过程中的种植、灌溉、采摘、销售等行为，并且大面积的樱桃种植区域易于塑造本地樱桃产品口碑与品牌，利于产品向全国樱桃市场的推广与销售。该社区土地调整主要分三步走。第一步，村委会通过召集户主、村民代表共同商讨并制定各组的调地方案与补偿措施，形成村庄内部的共识，制定了切实可行的方案。村里采取"确权确面积不确地块"的办法并与各个小组的实际情况相结合，将有种植意愿的村民、没有种植意愿的村民和有意愿流转土地的村民进行了统一规划：对有种植意愿的村民，村上统一划分地块，连片集中经营；对没有种植意愿的村民和有意愿流转土地的村民，则以每年每亩300元的标准支付流转费用或在村域耕种用地范围内其他地块进行稍多于原耕地面积的划地补偿，确保这些农户依然可以从事农作物种植生产工作。该社区比较典型的土地流转案例有9组提出的"对号入座"方案，将拥有经济作物的农户土地划为保留地，其他土地按照原有分配指标，通过抽签的方式，围绕保留地进行连片划分，该方式极大限度地降低了因连片调地为农户带来的经济损失，受到了全组村民的一致认可。第二步，村委干部、各小组的小组长分批前往不愿意调地的农户家中，以"软"方式劝说农户答应调地，如同前文所述，各组对于调地"钉子户"更多采取围绕其亲属做工作的方式，并且村委干部在做工作的过程中利用村庄舆论对于个别"钉子户"进行施压,例如2组在调地过程中喊出"家家都有一片地,家家都种樱桃树"的口号。第三步,对于始终不愿调地的农户采取制度性手段,根据村内制定的调地制度,将其土地调往村内的"边边角角",减少因"钉子户"的出现对于全村调地过程产生的影响。

(三) 苗木种植

2013年末,市场上樱桃苗的价格为27元/株,如果按照每亩地种植40~50株,每户农民种植10亩地的标准计算,每个家庭需要承担购苗成本近10000元,这对于本社区每个农民家庭来说都是一笔巨额的投入。村委会为了帮助农民增强种植樱桃的信心,同时为了最大限度地降低农民的种植成本与前期投入,村支书陈银榜与体育馆馆长同合阳县多家支农企业协商,以村集体为担保向多家企业借款400余万元,用于全村的樱桃苗购买。村委会在购买樱桃苗之后,以2元/株的价格转售给全体村民。

村委会预想2元/株低廉价格的樱桃苗木会极大地激发本社区农民种植樱桃的激情,但是事与愿违,当2013年末第一批樱桃苗抵达方寨社区时,主动承包樱桃苗的农民寥寥无几,承包樱桃苗的农户大多是原先参与种植樱桃、懂得樱桃经济价值的农户。村委疑惑为什么在商议产业选择、调地的过程中大家都比较支持村庄的发展规划,而到了真正需要每家每户推掉原来的农作物种植樱桃苗时,大家反而犹豫了。村委干部通过调研与走访发现了这个问题产生的原因,归根结底还是在于农民担心樱桃的收益难以保证并且不愿意放弃已经产生一定经济效益的稻谷作物。村委在了解问题的症结后,积极地开展内部讨论,认为应该先要求村干部种植一定面积的樱桃,发挥村干部带头作用,再带动党员、种植大户开展种植,从而最终带动全村村民参与樱桃种植。在苗木推广的过程中涌现了两个典型人物,其一是本村村支书陈银榜。陈银榜在推广樱桃种植初期便以500元/亩的价格承包了社区中空闲土地120亩用于种植樱桃,同时他号召村干部积极带头承包土地进行樱桃种植,给予群众充足的信心。此外,陈银榜还要求各组小组长立下"军令状",承诺自己能够带动农户的数量与种植樱桃的亩数。在村支书陈银榜为核心的村委班子的不断努力下,2014年初全村樱桃种植面积为4200余亩,基本形成种植规模。除村支书陈银榜外,本村贫困户兼种植大户雷建周也是一个樱桃产业推广过程中的典型案例。雷建周一家于

2014年被评为贫困户，起因是家中有5口人，仅依靠夫妻售卖所种植的稻谷作物为生，且家中年迈的母亲身患重病需要大额的医疗费用，这使得家中长期处于贫困状态。2013年雷建周在听说村委推广种植樱桃后，积极与村委展开联系，向村委购买了13亩耕地的樱桃树苗，并积极参加由西北农林科技大学蔡宇良教授主授的樱桃种植课程，一边学习理论知识，一边进行种植的实践操作。雷建周的樱桃树于2017年挂果，当年便产生了近2万元的收益，2018年，雷建周家中樱桃大丰收，纯收入在8万元左右，达到脱贫标准线，成功脱贫。

（四）技术推广

在解决完农民的认识问题、种植樱桃所使用的土地问题、樱桃果苗的采买与分发问题后，如何教会原先从未接触过樱桃的农户种植樱桃成为村委干部们所思考的难题。2014年初，经回乡过年的陕西省体育馆馆长王高德的介绍，本村村支书陈银榜与西北农林科技大学樱桃培育专家蔡宇良教授建立了联系，并邀请蔡宇良教授在年初来社区为农民讲授一堂"樱桃课"。随后的几个月，蔡宇良教授多次来到方寨社区热情地为村民讲授樱桃的相关种植技术。每逢蔡宇良教授来到方寨社区，方寨社区的人们便将教授围个水泄不通，蔡宇良教授不负群众的热情，在田间地头为广大的农民群体耐心讲解樱桃的种植技术，以深入浅出、有问必答、理论实践相结合的方式使得原来从未接触过樱桃的农户能够掌握基本的樱桃种植技术，每次蔡宇良教授的"樱桃课"都会比原定的时间晚一至两个小时结束，结束课程的蔡宇良教授时常喉咙干哑，大汗淋漓。西北农林科技大学提供的技术支持是该社区技术推广的重要保障，也是方寨社区樱桃产业发展的重要基础。正如方寨人民说的那样"只有有了技术，我们才敢接这个活呀，没有技术，我们宁愿外出务工也不愿意'捂'自家的地"。

（五）品牌塑造

方寨社区于2016年推出其樱桃品牌"方寨红"，"方寨红"的出现离不开上述的四种做法，是方寨樱桃从"发芽"到"结果"的标志。除了打造"方寨红"品牌之外，方寨社区还依托线上与线下"两条腿"共出力的方式，逐步将方寨樱桃从种植到销售全面扩大与推广。首先，方寨社区巧妙利用互联网技术，打造三大线上平台——土地流转中心、劳务输出平台、农资服务中心。以农资服务中心为例，当前农资服务中心依托互联网技术，以微信为平台，通过群聊的方式收集村民对于农资产品的实际需求，由村干部定期统一批发农户所需的农资产品，降低了单笔交易价格，减少了农户种植成本。此外，由村委统一建立了村级樱桃销售电商，一方面负责本社区樱桃及樱桃衍生产品的对外展示，另一方面帮助村民利用互联网销售樱桃。2019年，通过互联网销售的樱桃数量为3万余斤，产生了近30万元的销售额。其次，方寨社区依托本地产业聚集优势，其樱桃产业园于2016年被陕西省确定为省级现代农业示范园区，先后由相关政府部门拨款500余万元用于农业园区的建设，最终方寨社区在政府的帮助下，建成了近12000平方米的农产品交易市场和600余平方米的办公生活用房。社区通过对外租赁市场摊位的形式，每年可以为社区积累近20万元的发展资金。此外，通过村委干部积极对外争取，该社区于2017~2018年为樱桃产业园筹集了百万余元的发展资金，用于改善樱桃园区的水利设施与道路设施，一方面解决了樱桃树苗浇灌难的问题，另一方面为樱桃对外销售提供了有力保障。方寨社区通过线上、线下的共同努力，于2019年建成6100余亩的樱桃种植示范园区，年产量600余万斤，年产值5400余万元，成为本地支柱产业与特色农业。

三 总结与反思

首先，在产业成效方面。截至2019年，方寨社区樱桃种植面积有6100余亩，占全村耕地面积的60%，种植秦一、红灯、萨米脱、美早、艳阳等多个樱桃种类，2019年产量为600余万斤，产值5400余万元。自2013年开始，在各级政府及职能部门大力支持下，全体村民在村委的带领下大力发展樱桃产业，当前社区基本完善配套种植水利设施，已建成农产品交易市场并投入使用，为客商收购群众农产品提供了便利条件，此外，村委还投资建设了方寨社区电商服务平台，为群众网上销售提供便利服务。2017年方寨社区成立村股份经济合作社，对社区樱桃产业实行统一管理、统一配种、统一灌溉，最大限度地推进产业生产的集约化与规模化，形成方寨特色。自2018年以来，方寨社区樱桃产业园以"带动一方产业，壮大一方经济，助力脱贫攻坚"为己任，采取"党支部+园区+贫困户"的产业帮扶模式，保证贫困户人均2亩园，户户有产业，实现268户贫困户成功脱贫，确保2020年全村脱贫有保障。

其次，方寨社区产业发展的成功离不开以下几个关键性要素。第一，方寨社区在产业发展初期积极与西北农林科技大学联系，通过开设农民培训班、技术讲堂等方式引进西北农林科技大学先进的种植技术，使原本从未接触过樱桃种植的农民群众极快地入门、上手，解决了方寨社区产业发展过程中各个环节的技术难题，极大限度地降低了农民的种植风险，社区产业得到迅速且高效发展。第二，方寨社区内部十分凝聚的村委班子，有一致的发展愿景与动力，通过实际调研确定该社区的大体发展目标与方向，并召开村民代表大会充分发动基层群众建立良好的沟通机制，群策群力制定方寨社区的发展大蓝图。第三，社区在产业发展的过程中建立了"村委干部—小组组长—产业大户—一般农户"的产业发展带动机制，通过层层带动的方式，使得社区所有的农户参与到产业发展的过程中。第四，方寨社区的产业发展离不开上级政府的宏观规划，上级政府开展实际调研，掌握方寨社区的资源禀赋与发展水平，在此基础上为方寨社区发展产业提供建议与政策、资金的支持，是方寨社区产业发展的有利援助。

最后，方寨社区未来的总体规划思路在于实现精准扶贫向乡村振兴的整体转型，致力于建设成集现代化农业、休闲旅游、生态采摘、田园社区于一体的特色小镇。以方寨村5000亩樱桃为基础辐射周边，3年内建成万亩樱桃基地，集采摘观光、电子销售、市场交易、仓储加工于一体。以小寨村300亩樱桃扶贫产业为核心，3年内建成集园林观赏、品牌示范、优质苗木培育、病虫害防治试验等于一体的大型科研基地。以朱家河村河流、梯田、民宿为基础，3年内建成集河道垂钓、水上乐园、有机蔬菜采摘、原生态养殖、民宿观光于一体的休闲养生园，形成产业兴旺、生态宜居、乡风文明、治理有效、生活富裕的方寨新社区。该社区具体预计投资以下项目：建设占地200亩的樱桃温室大棚示范区，计划投资520万元；建立方寨社区电子商务平台，计划投资170万元；通过招商引资，建设樱桃生产深加工一条龙服务（包括樱桃汁、樱桃酒、果醋、果酱等），计划投资500万元；建成占地300亩集观赏、采摘、示范于一体的樱桃产业园，计划投资130万元；建设占地359亩的有机蔬菜采摘园，计划投资17.5万元；建设占地200亩可容纳165户的民宿观光养生区，计划投资330万元；建设占地500亩的原生态养殖园，其中家畜1000头、家禽1万只，计划投资300万元。

第三节 "黑珍珠"助力南沟村产业扶贫

一 南沟村基本情况

南沟村位于合阳县城东南10公里处，属渭河以北旱原，当前隶属新池镇管辖，因村庄位于无名沟以南而得名，全村共有6个村民小组，428户，1529人，耕地4068.52亩，主导产业以红提、红薯为主，精准识别贫困户155户，目前，稳定脱贫22户，脱贫户67户，低保户17户，五保户1户。自2001年村委尝试种植红提开始，在西北农林科技大学葡萄酒学院专家教授的指导下，于2007年正式开始发展红提产业，依托村内土地"三变改革"与合作社的建立，使红提产业规模逐步发展壮大，成为本村脱贫支柱产业，成功带动数百户贫困户走向富裕之路，因而红提被本地人称为"果棚下的黑珍珠"。

二 南沟村的产业扶贫

自2001年村委换届选举以来，南沟村通过发展红提产业、调整村内土地、建立农民专业合作社、实施"三变改革"与建立集体经济组织，农民收入稳步提升的同时，村内集体经济得到稳步增长，村委利用集体经济使村庄面貌由原来的"脏、老、破"逐渐改变为当前的"净、新、美"，群众幸福指数、精神面貌得到全面提升。

（一）发展特色红提产业

南沟村拥有经济作物的种植历史，1984~1994年全村种植苹果面积达到1100亩，但是当时由于种植技术落后、市场认可程度较低以及经济作物农业附加税费较高的共同影响，种植苹果带给农户的实际经济收入并不高，因而自1994年后，该村农民再未大面积种植过经济作物，转而发展税费较低的稻谷产业，一方面可以缴纳粮食税，另一方面可以满足家庭日常的粮

第七章 "三团一队"显成效：合阳人民脱贫奔小康

食需求。自国家免除地方农业税后，粮食的出售价格持续较低，难以满足家庭的日常开销，"村民看老天爷脸色吃饭，日子过得紧巴巴的"。在此情况下，该村的大部分青壮劳力选择外出务工，村庄空心化严重，进一步导致了村庄建设、发展的停滞。2001年，本村村支书肖万顺上任后，看到村庄的落魄、群众的贫困，心里许下一定要带领群众过上好日子的承诺，认为"乡亲们过不上红红火火的好日子，便是党支部书记的重大失职"，同年，肖万顺牵头从西北农林科技大学引入红提幼苗，自己贷款在自家流转的83亩土地上搞起了种植试验，在他的带动下，村委干部们纷纷学习，希望红提能够在本村生根发芽，成为村庄的支柱产业，但是事与愿违，由于发展初期缺少种植技术，83亩的试验田一直处于亏损状态。2007年，全县推广"一村一产业"，希望各个村级单位按照实际情况发展适宜本地气候、土壤、水利设施条件的特色经济农业，一方面吸引外出务工群返乡创业，增加农民群体的经济收入，另一方面以村为单位的产业发展，通过股份联动模式、创办合作社，为村集体增收，建设农村公共基础设施，改变传统农村破落环境形象，发展适宜居住、文明雅观的村容村貌。该村于2008年响应全县号召，邀请西北农林科技大学专家团队进行实地调研，专家认为该村的土壤、气候、水利设施条件适宜种植红提，并提供技术指导，在拥有技术指导之下，村委喊出"人均一亩地，亩收一万元"的口号。该村以小组为单位，小组长与1名村委干部入户向村民宣传红提的种植成本与经济效益，向全村村民推广红提种植。2008年后，本村通过调整村内土地建立股份联合模式，将全村1500余亩土地进行分块连片，推进集约化的红提种植。2010年村支书肖万顺不满足当前村内经济作物产业发展的规模，希望通过建立合作社的方式进一步调动全体村民的种植积极性，让先富起来的村民带动全体村民，使大家共同走上富裕的道路，因此在村支书肖万顺的带领之下，南沟村于2010年成立了合阳县富源红提葡萄专业合作社，以种植红提为主。合作社成立之后越来越多的农户积极入社，通过流转社内土地发展红提产业。在此期间，红提的规模化发展不仅带动了大批外出务工的年轻人回乡进行红提种植，而且带动本地数百户贫困户加入勤劳致富的团队中来。在这批勤劳致富的人中，以本村贫困户秦晓明最受村民们的认可。

秦晓明一家有5口人，2009年之前仅有秦晓明与其爱人有劳动能力，秦晓明长期在韩城市上峪口的小煤窑工作，其妻子在家务农照顾母亲与两个小孩。2009年，秦晓明的母亲与其爱人患上疾病，秦晓明放弃在外务工回村照料妻子和母亲，同时两个小孩恰逢学龄期，需要一定的开支，家庭境况急转直下。村支书听闻秦晓明的情况后，多次上门劝说秦晓明在本村发展红提种植产业。2010年秦晓明在村支书肖万顺的带领下，承包了合作社内的3亩地，积极参加村里承办的红提培训班，第二年便取得了较为不错的红提种植收益，同时秦晓明还在合作社内寻找打小工的机会（帮助其他的农户进行红提的套袋、采摘），获得了不菲的报酬。2014年，秦晓明一户被村委评定为建档立卡贫困户，可享受发展产业的无息贷款与种植补助（1000元/年），同年秦晓明向苏陕扶贫资金无息借款10余万元用于扩大自家红提种植面积，2014年底，秦晓明一家的红提种植面积达到了10亩，成为本村的种植大户之一，收入也从2010年的3万元提高到近10万元，红提带来的收入提高进一步刺激了秦晓明扩大红提种植规模。2017年，秦晓明在国家相关政策支持下，继续扩大红提种植面积，达到了20亩地的规模。2018年，秦晓明打算给自家红提挂上保温膜，每亩地的成本达到2万元，可享受2500元/亩的国家补贴，建设保温膜的资金基本来源于苏陕扶贫资金的无息贷款。在销售方面，秦晓明积极与本地客商进行联系，并且巧妙利用冷库储藏等方式延期红提的上市时间以获得更好的经济效益。该村类似的依托红提产业脱贫致富的农户还有很多，可以表明该村的红提产业发展是成功的，成功地带动了该村大多数愿意依靠自己双手勤劳致富的农民摆脱贫困，正如秦晓明说的"在现在的大环境下贫困户只要愿意脱贫，没有等靠要的思想就能够成功脱贫"。

（二）"三变改革"与建立集体经济组织

在南沟村红提产业的发展过程中，村支书肖万顺及村委干部意识到需要将本村适宜种植红提的土地进行集中，这样一方面可以方便水利的灌溉，节约铺设管道等农业基础建设的成本，并且建设较大规模的产业园区易于向上级政府申请相关的政策资金支持；另一方面集中种植的红提树苗利于人工剪枝、套袋和采摘。因此从2008年开始，村委便有了一定规划，以土地兑换、调整、流转等方式，将分散的适宜种植红提的土地进行连片调整。在土地调整的过程中，村支书肖万顺翻阅国家相关法律、政策，认为可以以村委的名义收集农户手中空闲土地,农民将土地交给村集体之后获得成员资格,成员每年可以获得自己上交土地依据市场所产生的获利分红,村庄将连片的土地建设为产业园,进行统一规划、统一品种、统一栽植技术、统一农资供应、统一组织销售,形成成熟的现代化、一体化红提种植产业园区模式,此种方式种植出来的红提能够保证果品的高质量,更容易受到市场的青睐。当农民想种植红提时便可以向村委提出种植申请,经由村委审批后将产业园中的土地按片区转包给想种红提的农户。在确定方案后,村支书便带领村干部前往各个小组拥有空闲土地的农户家中做工作,一开始大家对于此种做法持有怀疑与不认可态度,但是在村干部的不断劝说下,2008年便有5组的部分农户上交了200亩土地,获得了成员资格与分红。此后,南沟村的其他村民看到上交土地不仅可以获得分红,而且能够获得灌溉方便、省事省力的土地。因此,2009年村委获得农民上交土地500亩;2011年获得上交土地3000亩;2012年获得农民上交土地200亩;2017年获得农民上交土地200亩;2019年获得农民上交土地100亩。国家于2018年开始重提土地"三变改革",即"资源变资产,资金变股金,农民变股东",在政策的支持下南沟村积极响应国家土地"三变改革"的号召,成立南沟村集体经济组织产权制度改革领导小组,村支书肖万顺任组长,并制定《集体经济组织产权制度改革成员资格认定标准》(以下简称《标准》),严格按照"六取得、八保留、六丧失、五讨论"执行。自《标准》出台后,村委先前对于土地的流转、兑换的做法得到了合法性确认,村民对于土地流转、转包更加信任,全村土地利用率也逐年提高,红提产业发展离不开土地流转所带来的集约效应。

(三)创办合作社

南沟村在推广土地流转、兑换、转包的同时,为村集体资产与集体产业可持续健康发展,村委积极探索村内合作农业模式,村委于2011年9月正式组建并申请注册了合阳县富源红提葡萄专业合作社,村支书肖万顺担任合作社理事长。合作社初始注册资金达到了400万元,初始拥有入社农户200余户,入社社员500余人。合作社在创建之初所设立的功能有产品展示、电子商务、产品检测、技能培训、物资供应、市场营销、财务管理等。除此之外,村集体经济入股合作社投资275万元,建设库容上千吨的气调冷藏库一座，方便本村社员存储采摘后的红提等果蔬，既使红提得到了及时保鲜，又使红提获得延期售卖的经济效益，并且合作社于2014~2018年通过公益金提留为合作社购置了中小型农机、植保机械50余台套。

在技术指导方面，合作社积极与西北农林科技大学葡萄酒学院的专家们取得联系为果农开展技能培训，开设现代农民职业培训班，招收本村农民，当前培训有技术员20余名，果品内检员2名，初级职业农民30余名，为产业发展提供坚实的技术保障。合作社还与本地企业家合作在本村建设化肥厂与农资厂，化肥厂、农资厂以出厂成本价为合作社社员每年供应农药、农膜1200余吨，农家有机肥5000吨。在生产效益方面，当前合作社每年销售的红提及红薯近4000吨，年盈利45万元。在产业互助方面，合作社为了帮助贫困户和部分困难群众在生产中的资金问题，先后组织合作社内部互助资金100多万元，争取产权抵押贷款85万元，精准扶贫资金130万元，及时解决了本村村民发展产业资金难的问题。同时，合作社得到县农科局、水务局、扶贫办、移民局、财政局、环保志愿者协会等部门、单位的项目支持，为全园安装了节水灌溉设施，配套了水源工程，于村南、村北两处建立了两个蓄水池和节水灌溉系统。可以认为，合阳县富源红提葡萄专业合作社的成立为本村农民发展红提产业提供了物质与技术的双重保障。

三　总结与反思

当前南沟村红提产业在技术培训方面与西北农林科技大学葡萄酒学院以及西北农林科技大学红提葡萄示范园有着较为紧密的联系，每年都会有专家团队来村进行技术讲解，同时村委还定期组织本村村民外出考察，学习先进的果园管理技术。产业方面，当前南沟村红提种植面积为1500余亩，成功通过产业帮扶贫困户100余户，建成两个红提产业园区，分别达到300亩和500亩，园区内采取统一设计、统一选优品种、统一技术标准，建设冷棚400座。组织方面，南沟村充分发挥党支部引领作用，提出"支部领富、党员帮富、贫困户奔富"的发展理念，并建有合阳县富源红提葡萄专业合作社，采用"党支部+合作社+园区+贫困户"的发展模式，通过"党员示范带头帮扶引领脱贫、产业能人结对帮扶"的方式，为群众提供各项服务。南沟村自红提产业发展以来人均收入得到了切实提升，人均年收入近万元，参与红提相关产业的贫困户收入近6000元，成功激发贫困户的内生"造血功能"，在保证全村如期脱贫的基础之上，生活日益红火起来。

南沟村红提产业发展的经验启示主要集中于三个方面，其一是在产业的发展过程中与高校院所建立联系。西北农林科技大学与合阳县联合在坊镇建立的红提葡萄示范园，为周边村落的红提发展提供了农业产业化的发展标准、技术标准、生产规范等，并通过开设农民职业培训班等方式培育了一批现代农业带头人。在如此有利的条件下，本村依托示范园区，积极探索产业脱贫新模式，创新校地合作新机制，于本村建立了合阳葡萄试验示范站，成为全县较早种植葡萄、红提的村庄。其二是产业发展中有良好的带头人。村支书肖万顺认为："贫困户能否脱贫主要看村委支部建设得如何，同时还要看这个村子发展的产业能不能从根本上解决贫困户贫困的问题。"因而自上任以来，肖支书大力发展本村产业，依托红提、红薯产业最大限度地激发群众参与劳动的积极性，改善村民收入水平，并且吸引外出务工的部分年轻人回乡创业，在村内形成良好的产业致富舆论氛围。其三是"三变改革"与建立集体经济组织，通过土地"三变改革"盘活村民手中的土地资源，使农民土地有了价值，愿意种地的农民手中有土地，不愿意种地的农民手中土地值了钱，并且村委通过"三变改革"，将本村空闲土地"整收散发"，使红提种植连地成片，在短时间内发展出具有规模效应的红提产业。除此之外，在本村的产业发展过程中，村支书积极与上级政府取得联系，依托红提产业园获得来自政府的相关政策与资金支持，更进一步加快了本村红提产业的发展速度。

第四节　乡村精英助力沟北村产业扶贫

一　精准扶贫前的沟北村

沟北村位于合阳县金峪镇，村域面积7040亩，其中耕地面积3860亩，共有5个村民小组，农户340户，人口1267人。2016年建档立卡贫困户90户，贫困人口336人，贫困发生率为26.52%。截至2019年底，除个别政策兜底家庭，其余贫困户全部脱贫，沟北村彻底摘掉了"贫困村"的帽子。

作为渭北水果优生区，沟北村依托地理优势形成果蔬、红提、苹果、鲜桃、核桃、花椒等主要产业，吸引贫困户参与到产业园区的建设中，真正实现了产业发展引领脱贫攻坚。从一个落后的传统村落到脱贫致富的"明星村"，沟北村的产业脱贫故事典型而生动。

作为一个普通的西部村落，沟北村面临着资金短缺、技术缺乏、基础设施落后、思想观念保守的困境。贫困的状况曾长期困扰着村民，最主要的表现就是农民的收入普遍偏低，村庄的空心化特征十分突出，而形成这两个特征的根本原因在于当地缺乏主导产业。由于传统农业的收益较低、区域内缺乏一定的工业基础，大多数农民只能选择去大城市和东南沿海地区打工，少数精英通过在本地经营工厂、搞运输致富，总体来看，农民的平均收入较低，城乡差距极大；大量青壮年劳动力的外流使得村庄缺乏人才储备，加剧了村落的凋敝。

沟北村海拔800米左右，光照充足，昼夜温差大，十分适合果蔬的种植，但是2011年之前，村里的果蔬种植"杂、乱、不成体系、品质不整齐"，究其原因，主要有两点：第一，果蔬种植技术长期得不到更新；第二，土地细碎化经营，果品质量参差不齐，难以形成规模效应。村主任李存才回忆道，"从（20世纪）90年代，村里的人就开始陆陆续续出去打工，到了2011年的时候，村里几乎看不到年轻人了，连中年人都很少，只有部分留守的老人、妇女种植苹果、花椒和核桃，剩下的土地种植的都是小麦、玉米等大田作物，没什么收益"。

二 "三变改革"与农技下乡

沟北村的产业脱贫得以取得成效，其前提和基础在于"三变改革"的贯彻落实，即农村资源变资产、资金变股金、农民变股东，关键和重点在于农业产业技术的应用和改进。通过成立集体股份经济合作社、科技镇长团的"牵线搭媒"、西农大专家教授的技术帮扶，沟北村建立起相应的营销机制，形成了村域经济利益共同体，为果蔬产业的发展和村民脱贫致富提供了有力的保障。

（一）乡村精英牵头成立产业服务中心

说到沟北村的"三变改革"和产业脱贫经验，就不得不提村里的精英——李存才。李存才今年56岁,是村里的书记,也是金峪镇有名的致富带头人。李存才从1993年就开始经营砖厂,多年打拼创业的经历让他积累了一定的经济资本和社会资本,村里许多人都在他的砖厂务工过。更为关键的是,李存才十几年来在经营砖厂生意的同时也没有脱离土地,一直从事着农业生产和果蔬种植,积累了丰富的实践经验,对村庄有着深厚的感情。李存才头脑灵活,对市场有着敏锐的嗅觉,他始终关注着果蔬产业的发展近况和前景。2011年,随着全国市场的产能过剩,李存才的砖厂生意变得没有那么红火,这也让他终于有机会抽身转向红提产业的发展。当年,他联系了自己在城里多年的合作伙伴流转了村中的100亩土地,开始红提的种植和经营。当地的自然条件十分适合优质红提的生长,周边早就有村镇经营红提产业。但是红提作为经济作物具有一定的市场风险,需要投入相应的资金和技术,且管理过程需要较多劳动力,因而沟北村只有少数农户尝试种植,收益情况始终不理想。李存才利用流转来的100亩土地建立了村里第一个红提产业示范园,之后就陆陆续续有大户效仿他开始流转土地种植红提。到了2014年,村里的土地流转达到了一定规模,李存才决定开始由村委牵头围绕产业发展进行整个村域范围的土地流转和产业规划。当年,沟北村经过多方筹资,建成了产业服务中心。产业服务中心作为沟北村土地流转的中心,与涉农政策配套,为农民提供技术培训,组织农资购销,是沟北村产业发展最重要的支撑力量。

(二)西农大科技帮扶助力果蔬产业发展

到了2014年,许多农户提出除了发展红提产业,还要发展其他产业。根据村里的实际条件,李存才和村委班子成员进行了粗略的产业规划,初步决定将主要精力和资源用于发展红提、苹果和鲜桃这三大产业。敢想敢为的李存才于2014年率先在产业服务中心承包了110亩土地用于种植鲜桃,到了2015年,就有几个大户开始以几十亩的规模发展鲜桃产业。当年,一个在外做生意致富的本村村民回来承包了200亩土地建立了村里的第一个苹果示范园。由此,沟北村的果蔬产业体系日渐成形。

果蔬种植必须形成一定的规模和体系,科技的力量才更容易介入。果蔬的生产问题得到了解决,下一步就是要形成品牌效应占领市场。通过县里的联络和统筹,沟北村获得了西农大专家教授的技术帮扶。从2016年开始,西农大农学院、植物保护学院、葡萄酒学院的多位专家教授陆续和沟北村建立了联系,他们每人每年保持3~4次的频率来到金峪镇讲学,深入田间地头为农民进行手把手的技术培训。从品种选育、种植栽培、田间管理到采摘贮藏,农户遇到任何问题都可以和专家教授通过微信、电话联系,遇到比较棘手的问题,专家们只要有时间就会亲自赶过来指导。在西农大的科技力量帮扶下,沟北村的果品质量得到了显著提升,尤其是红提的产量和品质得以大幅度提高,成为农民增收的"致富果"。

(三)合作社开拓创新服务广大果农

产业服务中心作为服务主体,不具备成为市场主体的资格,阻碍了农产品向大城市的推广。为了解决这一问题,沟北村在2015年成立了果蔬专业合作社,于2016年7月1日在合阳县工商局登记注册,注册资金共计1450万元,共有社员200户。合作社扶贫产业园新品种苹果示范园栽植面积600亩,鲜桃400亩,设施冷棚红提340亩。社员以产业入股,享受合作社提供的各项服务。合作社通过社员自筹、借款,共投资300余万元对基础设施进行了完善,还从果业、农业生产发展的各个环节抓起,尤其是在各项农资的调配供应上,努力克服人员少、资金短缺、时间紧张的实际困难,每年为社员、果农组织供应各类化肥120余吨,高效、优质、低毒农药4.5吨,涉及金额150余万元。同时,合作社在县里的帮助下,和西北农林科技大学的果业专家建立了稳定的联系,每年都有专家教授多次进行现场管理操作技术指导。在果业管理的关键时期,合作社结合春、冬两季共进行了4次专项技术服务讲座,参加培训人数达到1500人次,发放各种技术资料300余份。合作社还在上海、南宁、西安等城市建立优质苹果直销窗口,为广大果农和客商提供准确、可靠的商品信息和销售服务平台。

三 产业发展与精准扶贫

(一)合作社助力脱贫攻坚

为了进一步推进"三变改革",将所有贫困户吸引到产业脱贫的道路中来,2017年,沟北村成立了集体股份经济合作社。集体股份经济合作社是村级经济组织,注册资金1400万元,流转土地1600亩,重点开发绿色、保健无公害、无土栽培的大棚果蔬产品。农民以产业和土地等资源入股参与分红，并享受合作社提供的服务项目，主要包括：产前提供技术培训、测土配方和供给优质农资服务；产中提供技术指导；产后提供富硒农产品的收购、加工、贮藏和销售服务。目前村里的 90 户贫困户全部是集体股份经济合作社的成员，都享受到了切实的好处。

沟北村的合作社为脱贫攻坚做出了巨大贡献。合作社采取了"合作社+技术团队+园区+贫困户+销售网络"的经营机制，贫困户入社种植果蔬将获得合作社统一的技术指导，统一收购、贮藏和销售果蔬，从而增加收入，与合作社形成利益共同体。同时，合作社结合自身工作实际，在增强贫困户"造血功能"方面下功夫，具体措施如下。

首先，合作社实地派员进村入户调查贫困户家庭成员、住房、耕地等情况，对形成贫困的主要原因及需求情况等逐项登记，准确分类界定所帮贫困户扶持范围，根据调查情况分析归纳出主要致贫原因，精准识别贫困对象。

其次，在产业扶贫的工作中，确立 90 户贫困户参与项目建设的方式是：一是土地经营权入股；二是在生产中无偿提供部分优质果蔬新品种苗木；三是积极参加合作社举办的果蔬无土栽培、配方施肥管理等技术培训；四是组织购买优质的复合肥和生物肥，以合理的价格销售给贫困户，尽量降低其投资成本。

最后，合作社还建立了 90 个贫困户的信息与图片档案资料，分别与贫困户签订了产业帮扶协议、帮扶计划、帮扶措施、帮扶责任人、年度收入对比卡、资金使用制度等各项帮扶制度，根据各个贫困户的不同情况，有针对性地开展帮扶脱贫，以产业带动贫困户增收。

合作社通过积极争取涉农项目以日光大棚的建立来分期、分批次带动贫困户，具体的形式有三种。一是入园务工。对于有劳动力的贫困户，通过入园务工的形式，参与园区建设，增加现金收入。目前已经有 50 户贫困户入园务工，户均增加年收入 1.5 万~2 万元。二是承包日光温室大棚。对于有一定技术基础的贫困户，通过承包大棚的方式，参与园区建设取得可观收入。目前户均增加年收入 2 万元以上。三是土地入股。贫困户以土地经营权或贷款入股，每年参与股金分红。每年每亩土地折股量化为 4 股，每股 300 元。

（二）大户带小户，共奔富裕路

沟北村的种植大户超过 30 人，他们成为果蔬产业发展的中坚力量。大户的规模化经营提升了果蔬的品质和价格，但是并没有排挤小农户的生存空间，两者还形成了互惠互利的经营关系。如红提的种植，以冷棚红提为佳，因为冷棚红提隔绝了病虫害和细菌污染，可以免受自然灾害的影响，更耐贮藏，销售的时间更长，价格也更高。但是和露天种植相比，冷棚红提接受日照的强度更低，因而甜度差些。客商在收购大户种植的冷棚红提的同时，也愿意收购小规模种植的露天红提，冷棚红提更耐贮藏，可以在冬季和过年的时候卖高价，露天红提则可以在当季售卖。种植大户王亚红表示："红提的种植既要有大户，也要有'小户'。大户可以把客商吸引进来，小户则可以满足客商的多种需求。有些客商的收购量很大，往往需要几个大户和小户同时供货，只有大家的红提种得都好，才能吸引更多客商过来，每个人都能受益。"王亚红和李存才都认为，应该帮助更多的贫困户发展红提产业，因为现在本村的红提市场销路不错，还有很大的空间可以拓展。

在沟北村，许多贫困户在发展红提产业的过程中离不开大户的帮助和扶持。而大户对于贫困户的产业帮扶，主要体现在这几个方面：首先，利用自己的园区给贫困户提供务工机会，让贫困户积累资金、学习种植和管理经验；其次，带领贫困户一起外出学习新的技术；最后，帮助贫困户销售农产品。沟北村村民王宏斌发展红提产业的过程就得到了大户的充分协助。

王宏斌今年 49 岁，家中有一儿一女，女儿在 2017 年已经嫁人了，儿子还在西安建筑科技大学读书，之前母亲常年生病，花销比较大。由于缺乏学历和技术，王宏斌一直在村务农，平时就去镇上打零工，是建档立卡的贫困户。王宏斌从 2011 年开始就在李存才的红提产业园打工，其间学习了红提种植和管理的技术。2013 年，王宏斌开始利用自己家的 10 亩土地种植红提。由于自然灾害和缺乏管理经验，前两年都处于亏损状况。了解到王宏斌的情况后，李存才决定帮助他发展红提产业。2016 年底，由于之前的苗木受到病虫侵害已经损坏，李存才劝说王宏斌放弃之前的 10 亩土地将其流转给产业服务中心，置换了自己的 17 亩红提。李存才的 17 亩红提当年就能挂果，省去了种植成本，同时地里的苗木、杆子、铁丝等成本都由李存才自己承担，没有收取王宏斌任何费用。2017年，王宏斌开始给自己这17亩红提搭建冷棚，但是棚子刚刚搭建好，8月份的一场大风将冷棚、果子全部损坏，当年就损失了五六万元。随后，李存才帮助王宏斌将冷棚修缮好，2018年，王宏斌的17亩红提卖了13万元，2019年卖了14万元，净赚了7万~8万元。

到目前为止，王宏斌的红提都是客商来村收购时，大户帮忙推销的，他很是感激。除此之外，每年村里的大户都会组织去周边地区参观学习，每次"直接用车就把我们拉上了，连油钱都不让我们出"。自己在种植和管理过程中遇到了技术问题，也经常向这些大户请教。像王宏斌这样由大户带动发展产业脱贫的，在沟北村还有二十几户。

四　总结与反思

发展产业可以激活村庄的内生动力，是实现脱贫攻坚的根本性举措。综合分析沟北村的产业脱贫道路，有以下三点具有借鉴和反思的意义。

第一，推动高校、科研机构深入田间地头，将科技的力量直接输送到农民手中。高校的科研力量不能仅仅作用于试验田、体现在论文发表上，更要作用到实处，切实帮助农民脱贫致富，推动农业产业的整体发展。

第二，发挥乡村精英的引领作用。乡村精英是乡村社会中的"结点"人物，他们往往是一些有能力、有魄力、对乡土社会有感情的中年人，是农村社会建设的中坚力量。相对年轻人而言，中年人在村的可能性更大，他们中的精英分子可以往返于城乡之间，为乡村发展注入活力。在乡村振兴的过程中，必须推动保留乡村精英机制的建立，通过人才的力量整合城乡资源。

第三，要将农民组织起来。组织农民的方式有很多，现代社会组织主要通过发展合作经济的形式组织农民。在沟北村的脱贫过程中，集体股份经济合作社发挥了巨大的作用，它建立了农民和村集体之间的利益联动机制，让松散的农户得以团结起来，同时为农民提供了农资供应、农技培训、市场销售等服务，让农村焕发了活力。乡村振兴的实质是要实现"人"的振兴，农民只有在组织和合作中才能更好地抵御市场风险，发展现代农业，组织起来的农民可以发挥 1+1>2 的力量,更好地建设乡土社会。

第五节　返乡精英助力西休村产业扶贫

　　黑池镇位于合阳县城东南 22 公里处,辖 25 个行政村,193 个村民小组,12639 户 53142 人,是合阳县重要的红薯产业镇。当地红薯种植历史悠久,并因其内在品质优良、干面香甜俏销西北,合阳红薯也是著名的国家地理标志产品。作为传统的农业乡镇,黑池镇通过发展红薯产业这一最基本也是最重要的举措带动了全镇 1000 余户贫困家庭增收脱贫。在这场质朴而又动人的脱贫战役中,西休村的产业脱贫故事最具有代表性。

一　产业发展前的基本情况

(一)没落的红薯产业

　　黑池镇的各个村庄均质性较强,其中西休村就是一个具有典型性的、以农业生产为主的传统村庄。全村下辖 4 个村民小组,总计 312 户,1400 余人,其中建档立卡贫困户 75 户,贫困发生率为 24.3%;耕地面积共计 3518 亩,土质十分适宜优质红薯的生长。事实上,合阳县种植红薯的历史十分悠久,20 世纪 60~70 年代,作为群众日常主要食粮,种植遍及全县,80 年代,合阳红薯以其内在品质优良、干面香甜俏销西北,尤其是黑池镇北雷村农民培育出来的"北雷红",方言称"布来红",皮红心黄,大小适中,细长均匀,粉红光滑,无论是烧烤、蒸煮都味美无比,在市场上颇受欢迎。黑池镇是合阳红薯的最重要产区,西休村则是整个黑池镇种植红薯历史最为悠久的村庄,几乎每家每户都有过种植红薯的经历。

　　红薯虽然是传统作物,但是和一般大田作物相比,其亩产高,价格稳定,种植风险较低,适合成为农民家庭生计的重要来源。进入 21 世纪,西休村乃至整个黑池镇的红薯产业却呈现日渐衰微的态势。首先,当时缺乏区域性的产业规划,红薯的种植一直延续的是小农户的家庭经营模式,生产和销售过程都是每个家庭自己"单打独斗",始终难以形成规模效应;其次,红薯的种植管理长期处于粗放状态,缺乏科学合理的技术指导和田间管理模式,这导致本地的红薯品质参差不齐,质量、口感和外形都受到影响,难以形成品牌效应。另外,农民缺乏资金改良存储设备,这导致红薯的销售期被大大缩短,大多数农民只能选择在红薯收获的季节低价售卖,大大降低了其收益性。加之市场消费的转型升级、外部竞争的日趋激烈,传统红薯产业的处境变得愈发艰难。截至2017年,红薯的种植在整个黑池镇几乎绝迹,农民宁愿种收益极低的玉米、小麦,也不种红薯了。"种红薯需要投入一定的劳动力和资金,还赚不到什么钱,而小麦、玉米靠天养就可以,起码不会让地荒着。"西休村的村委书记王兴民如是说。

(二) 不在村的"红薯大户"

尽管红薯产业的发展在西休村遭遇了"瓶颈期",但在村外,一早就有一位村民靠经营红薯发家致富,并成为西安地区有名的"红薯大户",这个人就是西休村村民秦彦君。秦彦君今年49岁,大专文凭,1992~1995年,刚刚毕业的他被分配到西安压缩机厂担任管理员,后来工厂拆迁,秦彦君就开始自己搞农副产品的批发。在当时,秦彦君的文凭完全可以进入一家体制内单位从事一份舒服、体面的工作,但是他认为那样的生活"不自由,没有什么意思",自己的家乡和亲人都在农村,他自己对农产品的行情较为了解,对农村也有一定的感情。一番比较下来,秦彦君发现西北地区的红薯品质较好,需求量大,市场价格比较稳定,具有较好的收益,是一个值得深入开发的领域。自己的家乡黑池镇有着种植红薯的悠久历史,这也为秦彦君发掘货源提供了良好的基础条件。于是从1996年开始,秦彦君和妻子开始在西安周边收购红薯并面向西北五省销售。凭借夫妻二人的聪明才智和吃苦耐劳的精神,到了2000年左右,秦彦君的红薯销售规模就达到了每年800万~1000万斤,年收益达到了30万~40万元,并在西安市西二环最大的市场有了自己的档口,在西安郊区有了存储红薯的地窖。

尽管早就成为西安有名的红薯营销大户,但是直到2017年回村之前,秦彦君夫妇并没有销售过多少黑池镇的红薯。他们表示,多年销售红薯的经历让自己和西安周边种植红薯的农户建立了良好的产销关系,这些地区的红薯种植规模比较大,管理更加科学化,品质和外形更加迎合市场需求。而自己家乡出产的红薯品质参差不齐,产量低,运输成本过高,很难进行市场竞争,尤其是到了后期,村里和镇里"几乎快要找不到种红薯的人家了"。出生在红薯之乡,靠红薯发家致富却一直没能为家乡的红薯产业做出贡献，秦彦君夫妇始终对此唏嘘不已。

二 红薯产业的发展过程

（一）政府制定前瞻性的产业规划

2017年，县里下派雷军担任黑池镇镇长。面对艰巨的脱贫攻坚任务，雷军在上任之初就开始进行产业的布局和规划。雷军的家乡是邻镇新池镇，也是红薯的优生区，但和黑池镇一样，这些年种植红薯的农户越来越少。面对红薯种植的困难局面，雷军下决心一定要振兴家乡的红薯产业，助推农民脱贫致富。经过不断的考察和讨论，镇领导班子一致认为：黑池镇的基础设施在国家政策的扶持下已经得到极大改善，具备大规模发展红薯产业的基础条件；西休村的秦彦君有着丰富的红薯种植、营销经验，对家乡有着深厚的情感，可以吸引其返乡成为致富带头人。

初步确定了发展战略之后，镇里就开始实施具体的措施：一方面，由相关领导挂帅、各村支书协调配合开始大规模推进土地流转，建立"薯光"合作社并注册了商标；另一方面，雷军镇长动员秦彦君返乡发展红薯产业。在秦彦君的老家西休村，书记王兴民率先开展了土地流转工作。由于留守在村庄的群众年龄普遍比较大、文化程度低、思想保守，土地流转工作的开展并不十分顺利。王兴民首先会集了村两委成员、各小组组长召开了全体干部会，讲解了进行土地流转的政策背景和规划部署，确定了主要负责人的责任和工作任务；接下来召开了全体党员大会和村民代表大会，具体向大家讲解了流转土地、发展产业的好处，鼓励党员发挥先锋模范作用，推动村民转变观念。综合灌溉条件和地理位置，村里决定把二组的土地作为发展红薯产业的主要基地。为此，王兴民和二组组长挨家挨户上门做工作，尤其将主要精力用于动员贫困户家庭加入红薯产业的发展中来。最终，在镇里的协调和支持下，西休村共流转到600余亩土地用于发展红薯产业，流转的费用为每亩地每年500元，同时在原有的基础上修缮、恢复了6个存储红薯的地窖，共涉及38户贫困户。

（二）精英返乡创业

秦彦君夫妇二人本就怀有建设家乡、奉献家乡的热忱，多年的经商经历也让他们积累了一定的资金、技术和人脉，值此机遇，秦彦君夫妇决定返乡带领村民们一起发展红薯产业。为了实现劳动力的最优配置、充分利用多年积累的社会资本，妻子留在西安负责市场档口的经营和对外地的分销，秦彦君则留在西休村负责红薯的种植、管理和技术指导。在距离红薯种植基地不过百米的荒地上，秦彦君搭建了一个500平方米的活动样板房用于日常居住生活和接待客人，条件十分艰苦。为了支持西休村的红薯产业，镇里决定将"薯光"合作社的法人和商标使用权让渡给秦彦君，充分确立其市场主体地位。

（三）西农大专家教授的无偿帮助

和红薯打了20多年的交道，秦彦君对于红薯的整个种植和管理过程驾轻就熟，他深知只有品质好、外形匀称的红薯才能在农产品市场上大规模销售，因此必须进行精细化管理。首先，秦彦君选择了优良的种苗。在之前销售红薯的过程中他认识了西北农林科技大学农学院从事甘薯研究的陈越副教授，陈教授帮助秦彦君在国家脱毒种苗中心以每株一毛三分的价格直接引进了抗病虫害能力强、具有竞争优势的脱毒苗。其次，在县农技部门的帮助下，秦彦君联系了杨凌示范区做测土配方的企业，给自己的红薯产业园检测土质、配方施肥。同时，在产业园采取滴灌，保证灌溉过程精确、节水。最后，秦彦君向西北农林科技大学的朱俊光教授学习了水平改良扦栽技术，保证了红薯多而均匀。镇里聘请了陈越副教授和宝鸡农科院的刘明慧院长担任红薯产业的技术指导专家，陈越每年来指导三次，刘明慧每年来五六次，两人为秦彦君进行技术指导和更新，将高校的科研力量落实到田间地头。

由此，秦彦君的红薯产业园在西休村"落地生根"，并开始逐渐辐射影响整个黑池镇。截至2019年底，秦彦君在黑池镇共发展种植了1040亩红薯，其中西休村600亩，南社社区、油记村、贾庄、峪梁头400余亩。其中西休村600亩产业园2019年红薯产量为300多万斤，纯收益30多万元。

三 红薯产业与脱贫攻坚

（一）产业务工与土地流转

红薯产业园的建立和发展，对脱贫攻坚工作最直接的贡献就是为贫困户家庭带来了财产性收入即土地流转费用，同时提供了在村的务工机会。

西休村的 600 亩红薯产业园共流转了 40 多户人家的土地,其中有二十几户都是贫困户,加上重新修缮的地窖,共涉及 38 户贫困户,土地的流转费用是每年每亩 500 元,高于当地 300 元的平均价格。同时,流转土地的贫困户几乎都在秦彦君的产业园务工。由于采取了精细化的种植管理模式,产业园的劳动力需求量比较大,每年累积雇工 4000 余人次,其中有六七户贫困户家庭是长期工,共计 20 余人,每年工作 9~10 个月,男性劳动力每天的工资是 100 元,女性劳动力则是 80 元,几乎全部是本村村民。通过就地务工,许多农民家庭迅速实现了脱贫,中老年劳动力资源得到了充分利用。

(二)产业帮扶

秦彦君的红薯产业园不仅为贫困户提供了务工机会,同时还给贫困户发展产业提供了契机,贫困户通过在产业园务工积累资金、技术和管理经验,然后在秦彦君的帮助下自己发展产业。虽然刚刚回村两年,秦彦君已经帮助好几户贫困户家庭发展起了自己的红薯产业,其中西休村的党茂发就具有代表性。

党茂发是西休村人,今年 55 岁,家里有 4 口人,两个儿子都二十几岁,尚未成家。党茂发和妻子都是小学学历,没有什么技能,"祖上没留下什么财产,家里的底子薄得很",之前都是靠外出务工养家糊口,日子十分清贫。2016 年,党茂发家成为正式建档立卡的贫困户,村里为了帮助其脱贫,想了各种办法,争取了许多政策帮扶,但是书记王兴民还是认为"脱贫关键是要靠自己,要激发这样的家庭内在的动力"。两个儿子都到了成家的年纪,但是因为家中经济困难,谁也没有"谈对象",这让党茂发夫妇感到了巨大的压力。了解到这一情况,秦彦君主动雇用夫妇二人为红薯产业园的长期工,这为党茂发的家庭每年带来至少 5 万元的务工收入。同时,秦彦君鼓励党茂发自己发展红薯产业,并主动提供了产业帮扶。2018 年底,党茂发自己承包了 20 亩地,加上自家的 10 亩地,共种植了 30 亩红薯,开始了自己产业致富的道路。

在缺少资金和技术的情况下,党茂发的红薯产业离不开村里和秦彦君的帮助。秦彦君为党茂发购买了脱毒苗,并把党茂发的红薯放在自己在西安的档口销售,用红薯直接抵消苗子钱。同时,为党茂发提供红薯种植的技术、管理经验,合作社为其代买农资化肥,保证其红薯产量和品质。由于精细化的红薯种植需要投入一定的成本，秦彦君给自己发展产业的贫困户每亩200元的补贴，村里也通过争取涉农项目补贴给予每亩500元的产业补助，这几乎抵消了党茂发一大半的资金投入。2019年，党茂发的红薯产业实现了亩产4000多斤，已经卖了三万多元。还有一半储藏在地窖里，留待过年之后以更高的价格售卖。总体来看，红薯的市场价格稳定，行情比较好，能够给党茂发这样的贫困户家庭带来真正的实惠。

四 总结与反思

（一）发展产业是脱贫攻坚的治本之策

贫困是一个具有结构性的社会问题，减贫更是整个国际社会十分关注的话题。新中国自成立以来就十分注重解决贫困问题，提高人民的生活质量，从2014年开始实施的精准扶贫政策更是吹响了新时期脱贫攻坚的号角。综合这些年的经验，发展产业是实现脱贫致富的治本之策，尤其是对于像西休村这样的中西部农村，在改革开放的历程中虽然实现了自身的发展，但是和发达地区产生了巨大的差距，村庄的"空心化"现象十分明显。产业的发展可以整合资本和各项要素，推动整个社会的结构性变革，使得脱贫攻坚和乡村振兴这一历史任务有效衔接。因此，贫困地区的产业发展更加需要加大政策的扶持力度，整合企业、社会的有效力量，真正实现资本的有效配置。

（二）红薯产业的价值需要进一步发掘

黑池镇红薯产业的发展尚处于起步阶段，取得了一定的成就，但背后的问题更值得深思。红薯产业的发展前景已经得到了当地政府和村民的认可，但是红薯本身的价值远未被挖掘彻底。红薯"浑身是宝"，不仅能够食用，其茎叶还可以用来炒菜、泡茶，营养价值很高；红薯可以加工成粉面、粉条，打粉后的渣滓可以用作饲料；红薯还可以作为原材料加工成酸辣粉、烤红薯等小吃打入城市市场，附加值极高。但是目前黑池镇的红薯产业仅限于生产和粗加工，还有很大的增值空间。秦彦君认为，目前县里对于红薯产业的政策和资金支持力度是不够的，黑池镇的红薯产业发展更多依靠的是秦彦君自己多年积累的经济资本和社会资本以及镇政府的扶持，还存在诸多困难。2019年，秦彦君的红薯产业园和"薯小帅"这一经营烤红薯的连锁品牌建立了长期合作关系，这也标志着黑池镇的红薯产业发展进入了新的阶段。如何进一步提高红薯产业的附加值，让农民获得更多实惠，是整个合阳县需要进一步思考的问题。

第六节　创意葫芦助力合作社扶贫

一　宋朋杰与他的葫芦合作社

宋朋杰出生于1988年，是洽川镇南义社区人。他是洽川年轻一代中最为有名的葫芦制作人，本地人都称宋朋杰为"葫芦宋"，这是本地人对于宋朋杰依靠自己的勤奋与踏实一步一步把葫芦产业做大的肯定。目前，宋朋杰是洽川葫芦种植专业合作社理事长，洽川葫芦种植专业合作社成立于2013年4月，合作社的工作室占地1000平方米，里面设有工作室、培训室、展示厅等多个板块。合作社主要从事葫芦种植、加工、销售等，拥有社员223人，葫芦种植面积100余亩。合作社种植的葫芦种类有丫腰葫芦、手捻葫芦、油锤葫芦、冬瓜葫芦等20多个品种。合作社在镇党委、政府的大力支持和精心指导下，紧紧围绕脱贫攻坚主题，按照"小葫芦、大产业"的思路，不断发展壮大既有产业；目前合作社已带动帮扶贫困户16户54人，解决了22名残疾人就业，举办了6次培训，共计530人次。合作社年均产值可以达到220余万元收益，曾获得了来自中央、陕西省、渭南市等的各级表彰与奖励。

二　坚守梦想——一个农民的致富路

在谈起过去创业中的艰难或者得意的事情时，宋朋杰往往会害羞一笑。在宋朋杰小时候，他的爷爷总是玩葫芦，在葫芦上雕刻，宋朋杰深受其影响，逐渐爱上了这门手艺。2005年宋鹏杰高中毕业，并没有选择继续考大学，而是选择辗转多地学习葫芦雕刻的技艺。家人很不理解宋朋杰的选择，纷纷催促他回家好好种地，攒钱娶媳妇，但是宋朋杰始终坚持自己的爱好，前往全国多地学习多年葫芦雕刻技术。学成归来，宋朋杰回到家中专心制作葫芦，可是做好的葫芦需要售出才能带来收益，以贴补原本就不富裕的家庭。面对这个问题宋朋杰犯了愁,一次偶然的机会,宋鹏杰来到了本县的处女泉景区,发现景区门口小摊贩的旅游产品卖得很好,便与小贩进行了商讨,打算让摊贩代销他做的葫芦。在3天的售卖中,拿起葫芦看的游客很多,但是买葫芦的游客寥寥无几。最终,功夫不负有心人,在一次陕西手工制品展销会上宋朋杰售出了自己多年来制作的众多作品,获得了一定的报酬。宋朋杰对葫芦雕刻的热爱,也打动了自己的家人,其妻子说:"婚后的他依旧每天在家痴迷于葫芦的制作,这种坚持与毅力让自己很是感动,便决定拿出积攒多年的积蓄支持丈夫的爱好。"于是在妻子的陪伴下,宋朋杰前往西安成立了"福禄居葫芦艺术工作室"。

从福禄居葫芦艺术工作室到现在的洽川葫芦种植专业合作社,宋朋杰与他的妻子经历了很多的曲折,宋朋杰的妻子说:"最开始的时候我们在西安没钱,租了一个小房子,既是住的地方,也是我们的店面。那时候我们摆放葫芦的展台就是一张床,上面铺个白床单,再把葫芦摆上去。他就每天在家制作葫芦,但是起初没什么顾客,我就去摆地摊,支撑着我们在西安的开销。没什么事的时候,我就看着他做,也就慢慢喜欢并学会了这门技艺。日子长了,我们的顾客慢慢多了起来,但是一个很严肃的问题摆在我们面前,就是葫芦的运输。我们的葫芦都是随着老家的货车运过来,一般一次运4个蛇皮麻袋的数量,我和他一起去取。那时候我们住的地方在城南,葫芦运过来在城北,我们一人背着两蛇皮麻袋的葫芦还要去挤公交车,有时候司机师傅不让我们上车,就很心酸了,说了半天才让我们从后门上。虽然慢慢熬过来了,但是我们觉得这不行,再加上他总觉得家乡人都不容易,因种植莲菜很多人都有风湿病。我们思前想后,便决定回乡创业,带动乡亲一起致富,于是我们回到了洽川镇创办了洽川葫芦种植专业合作社。"

洽川葫芦种植专业合作社成立之初,仅有8户人家,与宋朋杰家都是亲戚关系,碍于脸面加入了合作社,其他农户觉得种植葫芦的经济效益太低,风险太大,因而不愿意种植。宋朋杰通过各种各样的方式来鼓励大家,社员才慢慢改变,合作社的发展也慢慢地好起来了。目前,对于种植葫芦的社员,合作社都会与其签订合同保证回收。对于普通的种植户,一亩地一年合作社会补助300元,并提供种植技术指导。而对于贫困户,合作社则一亩地一年补助 400 元，并提供免费的农药、化肥以及种植技术指导。在葫芦技艺培训方面，但凡来合作社参与培训的贫困户或残疾人，合作社都是包吃包住免费学习。合作社中负责进行葫芦雕刻的有一部分是残疾人，为了让他们更有干劲，合作社为他们设置了不同的奖励措施，主要做法是，在保证他们 1800 元的基础工资之上，根据每个人的制作工艺精度、完成速度以及工龄给予不同的工资奖励。

三 "身残志不残"——残疾人助力产业扶贫

目前，在洽川葫芦种植专业合作社中残疾人群体扮演着关键角色，承担着诸如葫芦种植、手工制作、环境清洁的职务，发挥着不可或缺的作用。我们想介绍几个真实的案例，来展示残疾人如何在合作社中找到人生价值，如何自食其力真正地实现了脱贫。

第一个故事的主人公是一位先天聋哑的女性，她就是王某。在合作社成立之前她主要从事简单的种植工作，并且会定期收到来自亲戚们的捐助，生活尚且过得去。但是王某依然保持着通过自己双手致富的梦想，不愿意因为自己的残疾而受到亲人的怜悯。自从王某听说本地新组织了葫芦种植合作社，便积极与洽川镇政府和县残联取得联系，希望自己能够通过他们的介绍进入合作社从事葫芦制作。在经过本地政府相关部门与合作社的协调之后，王某成功加入了合作社。经过几个月的葫芦制作刻苦学习后，王某就可以独立完成简单的葫芦制作了。王某与其他残疾人一样十分享受凭借自己双手致富的快乐，现在王某每个月已经可以拿到近四千元的工资与奖金，不再需要亲戚们的资助，生活比以前好了许多。

第二个故事的主人公是张某，他今年 36 岁。其母亲很早就去世了，他因为先天有智力问题，连种植业都干不了，所以一直没有稳定的收入，仅依靠父亲常年种地的收入来生活。张某的父亲一直担心，如果自己去世了，张某该如何生活下去，庆幸的是洽川葫芦种植专业合作社的开办使这件事情出现了转机。张某的父亲在听说合作社招收残疾人后，便积极地与合作社的社长宋朋杰联系，希望将自己的儿子送至合作社干一些简单的工作。宋朋杰在听说张某的事情后也十分愿意帮助张某，便给张某安排了门卫的工作。张某的父亲很感激宋朋杰与合作社，他觉得是宋朋杰以及合作社挽救了张某的后半生，自己在未来也可以毫无挂念地离开。

最后一个故事的主人公是李某，1989 年出生，有大专学历。近几年因为遭遇了某些事情后，李某的精神出现了问题，被本地评为贫困户。在政府与合作社的努力下，李某加入了合作社。因为李某有一定的学识，所以被宋朋杰理事长安排负责合作社的电商销售工作，现在每个月能拿到 3000 元左右的工资。李某有了稳定的收入后，还在合作社内部找到了人生的另一半，被本地乡亲传为一段佳话，自此过上了幸福的生活。

在洽川葫芦种植专业合作社中，这样的例子还有很多，宋朋杰认为："残疾人虽然身体或智力上存在缺陷，但是他们的志气比很多正常人还高得多，只要给予残疾人一个可以施展自我才能的舞台，他们也可以为这个社会带来很多财富，也可以通过自己的双手实现生活上的富裕。在某种程度上说，正是本地残疾人的努力，才使合作社能够发展这么迅速并带领很多人脱贫致富。"

展望　服务乡村振兴：新时代西农大的新使命

2017年10月18日，习近平总书记在中国共产党第十九次全国代表大会上的报告《决胜全面建成小康社会　夺取新时代中国特色社会主义伟大胜利》中指出，要"实施乡村振兴战略"，要坚持农业农村优先发展，按照产业兴旺、生态宜居、乡风文明、治理有效、生活富裕的总要求，建立健全城乡融合发展体制机制和政策体系，加快推进农业农村现代化。

2018年中央一号文件（《中共中央　国务院关于实施乡村振兴战略的意见》）指出，实现乡村振兴战略的目标任务是：到2020年，乡村振兴取得重要进展，制度框架和政策体系基本形成。到2035年，乡村振兴取得决定性进展，农业农村现代化基本实现。到2050年，乡村全面振兴，农业强、农村美、农民富全面实现。

2018年12月29日，《教育部关于印发〈高等学校乡村振兴科技创新行动计划（2018—2022年）〉的通知》（以下简称《通知》）发布。《通知》旨在组织和引导高等学校深入服务乡村振兴战略，发挥高等学校在人才培养、科学研究、社会服务、文化传承和国际交流合作等方面的重要作用。

作为教育部直属重点高校，西北农林科技大学非常重视乡村振兴战略的实施。按照原定计划，合阳县于2018年顺利实现脱贫摘帽，解决了全县整体贫困问题。西农大已经决定深化与合阳县的合作关系，从2019年开始将合作重心从定点扶贫转向乡村振兴，推动合阳县农业农村的全面发展，实现乡村全面振兴。

吴普特校长提出学校要在服务乡村振兴战略的伟大实践中创建世界一流农业大学，提出要以新时代国家战略需求为导向，做好"顶天""立地""国际化"三篇大文章。其中，"顶天"就是要面向世界科技前沿、面向经济主战场、面向国家重大需求，聚焦未来农业这篇大文章，进一步凝练学科方向，提升学科水平和竞争力。"立地"就是要打造升级版大学科技推广模式，强化高水平成果产出和转化，支撑乡村振兴战略实施，做出引领和示范，为区域经济社会发展贡献"西农力量"。

自国家提出"实施乡村振兴战略"以来2年多的时间里，西农大积极承担新时代赋予高等院校的新使命，围绕服务乡村振兴战略的总要求做了大量的基础工作，参与制定了《高等学校乡村振兴科技创新行动计划（2018—2022年）》和《陕西省乡村振兴科技创新行动计划（2018—2022年）》等文件，召开了"高等学校新农村发展研究院协同创新战略联盟2018年工作推进会""'落实乡村振兴战略，推进乡村治理体制机制创新'学术研讨会"等系列活动，积极与韩城、眉县等地方政府加强合作共建乡村振兴示范村镇县……

同时，2018年，学校利用自身的学科、人才和区位优势，组织开展了"西北乡村调查"。从7月25日到8月30日，学校组织各职能部门管理人员、教师和返乡学生共2000余人，奔赴陕西、甘肃、青海、宁夏、新疆、内蒙古（除东四盟）及西藏七省区的345个县，采用以问卷调查为主、半结构化访谈和深入访谈为辅的资料搜集方法，针对乡村产业、生态、文化和区位等要素开展了广泛系统的调查。调查对象为各省农业农村厅、民政厅、资源环保等部门，各个县级、乡镇级政府及村民委员会。

9月23日，首届"中国农民丰收节"到来之际，学校举行发布会，副校长冷畅俭向社会郑重公开《西北乡村类型与特征调查报告》。《西北乡村类型与特征调查报告》显示，本次调查共收集到有效调查样本31388个，占西北六省区及西藏自治区总村数的41.63%。调查发现，西北六省区及西藏自治区的乡村类型涵盖了生态保护型、粮食主导型、特种作物型、果树园林型、城郊结合型、文化传承型、乡村工业型、草原牧场型、畜禽养殖型、乡村旅游型和多元发展型11个类型。其中，生态保护型乡村类型为2572个、粮食主导型为13014个、特种作物型为3963个、果树园林型为7014个、城郊结合型为7871个、文化传承型为380个、乡村工业型为2474、草原牧场型为2734个、畜禽养殖型为2075个、乡村旅游型为654个、多元发展型为6668个。

《西北乡村类型与特征调查报告》认为，本次调查的成果体现在三个方面：一是乡村类型的划分可为中国西北、西藏地区乃至中国乡村振兴分类规划设计提供重要的科学依据和指导价值；二是提出的中国乡村类型与特征及划分的21个量纲标准，可为其他区域乡村类型的划分提供参考和理论依据；三是搭建的西北六省区及西藏自治区乡村类型基础数据库平台，可为乡村振兴发展规划编制提供数据管理和信息查询，为数字乡村建设和乡村智慧化管理提供信息支撑。①

吴普特校长指出：完成《西北乡村类型与特征调查报告》只是学校服务国家乡村振兴战略的第一步，此后还将积极推进报告成果落地开花，为"产业兴旺、生态宜居、乡风文明、治理有效、生活富裕"持续贡献"西农力量"。②

2019年1月8日，西北农林科技大学乡村振兴战略研究院正式成立。研究院下设乡村景观研究中心、乡村空间布局研究中心、乡村产业发展研究中心、乡村生态环境建设研究中心、乡村文化研究中心、数字乡村研究中心、乡村治理研究中心、乡村基础发展规划研究中心、乡村干部与农民教育研究中心和乡村振兴政策研究中心等二级单位。目前，研究院已经基本完成《韩城市乡村振兴规划（2018—2020）》的编制工作。

由此，学校以乡村振兴战略研究院的成立为契机，正在积极做好定点帮扶、脱贫攻坚与乡村振兴的有机衔接工作，力争在助力乡村振兴战略实施的过程中，做出"西农贡献"，形成"西农经验"，发出"西农声音"。

---

① 相关内容源自杨改河教授总负责，冯永忠、韩新辉、任广鑫、任成杰等老师执笔的《西北乡村类型与特征调查报告》。
② 王轩宇、王晶：《西北乡村调查报告发布 为乡村振兴贡献"西农力量"》，陕西传媒网，2018年9月25日。

附　录

"你怎么忍得住不流泪？"[*]

韩锁昌

2015年6月30日，我将3岁多刚上小班的儿子留给5月份刚到新岗位的妻子，背上行囊进了村。这一驻村就是4年。

首场考验

乾落村位于关中平原东北部与黄土高原接壤处，俗称旱腰带，水是最大的制约因素。因为村里打井的遗留问题一直没有解决，人饮用水在酷暑8月被停供了，乡亲们又回到了吃窖水的历史。能不能解决好将决定我这个第一书记能不能站住脚，因此我必须尽快摸清情况拿出办法！

在与支书一番谈话后，我厘清了来龙去脉："村里打井时挖出的淤泥占用了群众的土地，后期清淤复耕的费用一直没有结清，导致群众采取极端手段寻求解决。我建议尽快协调村里其他自备井确保应急供应有保障，不要引起恐慌；同时尽快协商拿出解决方案，恢复供水！"在我一再坚持下，支书不再有意见，经过反复协调，第21天恢复了人饮供水。

当走在巷子里，群众拉住我说"这事复杂，我们知道你尽力了"时，心里那种欣慰的感觉让我明白了自己的选择和方向是对的，同时暗下决心：一定要彻底解决"水"的问题。

2016年初，我和村干部们开始为"水"奔走。农业局、水务局、扶贫

---

[*]　文章出处：http：//ddsx.ishaanxi.com/2019/1205/1044529.shtml? from = singlemessage。

办、移民局……一次、两次、三次……在合阳这样一个水资源严重短缺的国家级贫困县,水是所有村子共同的瓶颈和争夺的焦点。在我们一次次死缠烂打、软磨硬泡下,2016年4月7日,乾落村机井项目终于开工建设。

5月10日,310米深、出水量25立方米每小时的机井落成。白花花的井水欢快地流进果园、农田,庄稼和果树拧紧的叶子舒展开了眉头,在渭北旱原的微风中轻快地摇曳……那一刻,我的心也随着果树和庄稼的叶子温柔地荡漾。

随后,我们陆续争取到电力局架设100kVA专用变压器、移民局支持15米高60立方米存储量的水塔、西农大支持完成井房围墙地面硬化等配套、水务局支持灌溉管道4000余米……

火红的提子

水的问题解决了,产业发展就成了增强造血功能、实现真脱贫的关键。

2016年春天,我和干部们曾动员乡亲们去参观设施红提,广播宣传、干部动员都没人去,最终采取中午请吃羊肉泡的办法也只组织去了7户。这让我意识到在大家风险抵抗能力低、从众心理广泛的现实下,必须有身边的人带头干,让大家看到实实在在的效益才能推动产业升级。

于是,我找到村里最早种植红提的老冯,没想到一拍即合。说干就干,老冯用了2个月时间完成了6亩露天红提的冷棚搭建。在后期的病虫害防治中,老冯的冷棚红提比露天红提减少防治10多次,秋天卖完红提一算账:毛收入12万元,比露天种植翻了一番还多,一下在村里炸了锅。

趁着老冯的轰动效应,我们趁热打铁,及时动员大家建园和进行老园改造,并争取到学校以"先栽后补"的方式提供全额种苗补助和选派专家全过程技术指导。但乡亲们还是不踏实:"韩书记,你别把我们忽悠起来建了园子,你的政绩出来了拍屁股走人,到时候出了问题我们找谁去呀?"

为了彻底打消群众的顾虑,我动员在昆山打工的哥嫂返乡与表哥一起到乾落村种葡萄。2017年元宵节一过,哥嫂就卷着铺盖进了村,一个月时间完成30余亩土地流转清表,开始挖坑栽树。

看着我从来没种过葡萄的哥嫂到村发展,大家终于行动起来,2017年新增面积90余亩,2018年新增面积200余亩。

作为坚强后盾,我们学校提供了全方位支持:"先栽后补"先后发放苗木补贴款 20 余万元，赠送 19 个市场主流品种建立 7 亩品种储备育种园，选派一线经验丰富的张宗勤教授驻守合阳试验站开展全过程田间技术指导，土壤专家每年下地采样测土配肥，水肥专家把最好的产品送到田间地头手把手指导使用，测试中心在每年葡萄上市前提供质量检测服务……

地方政府也积极提供支持，完成红旗库水源覆盖、滴灌管道铺设、产业路硬化亮化，并发动银行落实贴息贷款 260 余万元。

截至 2019 年 8 月，乾落村红提种植面积突破 600 亩，成了村里的主导产业，第一批冷棚、避雨棚建设完成 200 余亩，亩均商品果 3000 多斤，冷棚栽培比露天栽培亩均增收 6000~8000 元。现在，绿色安全、串行整齐、颗粒大、糖度高的乾落红提得到越来越广泛的市场认可。

群众心里有杆秤

在各方支持下，乾落村的其他建设项目也都陆续落地动工：村部完成改造扩建、垃圾坑变成了文化广场、整村排污管道全部完成、100 兆光伏电站投入运营、巷道生产路硬化全部竣工、文化大礼堂投入运营、1000 吨冷库开机调试……每一步的推进都赢来一片赞叹，我的信心也一点一点更加坚定，步伐一步一步越来越沉稳，协调一次一次越来越游刃有余，得到认可的成就感让自己越来越迷恋第一书记这份工作。

2019 年 6 月，我 3 届 4 年的任期到了，但我沉浸在完全投入的状态中停不下来，直到 8 月份新任第一书记到村交接时才匆忙收拾腾出宿舍和办公室。

8 月 21 日，是我离开村子的日子。久雨见晴，乡亲们带着热腾腾的鸡蛋、剥好皮的核桃、牛奶和红艳艳的锦旗，拉着手、流着泪、敲锣打鼓扭着秧歌送我出村，那一刻我才意识到自己真的要离开了。

"你怎么忍得住不流泪？"接任的孟书记偷偷问我。我说："今天必须薅得住，否则后面没法搞！"走出一公里，乡亲们打来电话让我等一等，追着送来一幅字——情系百姓，一心为民。

那一堆锦旗，一共 9 面。在乡亲们发来的送别照片里，我一脸严肃毫无笑意，朋友说像游街，战友说像"出殡"。

"群众心里有杆秤，你把他们放在心里，他们就把你捧在手上。"我和乡亲们用 50 个月的相守，给"耿飚之问"做了一个底气十足的回答。

事无大小，必有所成

乔莉伟

在还没有来到合阳的时候，我已经从"伊尹故里·诗经合阳"的美誉中嗅到了合阳深厚的文化底蕴，当真正踏上这片土地，我才发现我对合阳的了解实在是管中窥豹。五个月的时间十分短暂，在合阳的工作即将落下帷幕，已经身为合阳人的我满心都是浓浓的眷恋和深深的不舍。

知之之要

刚到工作岗位时被迷茫和困惑包围了很久，作为一个几乎完全没有过工作经验和社会阅历的学生，新接触基层工作，我一下被千头万绪的事情吓住了，尤其城关街道还是下辖区域最广的镇办，包括34个村（社区）、55个自然村，人口众多、结构多变、关系复杂，城区事务和农村事务都需经手，纷至沓来的事项让我措手不及。最明显的感受就是，身边的人都很忙碌，但我根本不知道从哪里入手，更别提开展工作了。好在有领导、老师、同事、同学的悉心帮助，我慢慢将浮躁的心态平稳下来，从简单的会议记录、表格整理、文字材料撰写等工作开始逐渐适应，学习基层工作方法的同时，也从中寻找自己可以开展工作的方向。一开始由于粗心，各种小错误不断，不是字号忘记调整，就是印制数目有误，闹出过不少笑话。反思后我告诫自己，每当开始一件工作，要听明白、看仔细、做完整、核无误，这样尝试过几次后果然大有进步。随着经验不断累积，我清晰地认识到，基层工作，最重要的就是细心与耐心，一个小细节疏漏或许并不会造成十分严重的后果，然而当许多小错误堆在一起发酵时，就会形成大问题。每一个细节都做好了，事情自然而然也就做好了。基层工作教会我的第一课就是注意细节，踏实做事。

行之之实

"西农哪位专家教授懂中药材，能不能给问问咱合阳适合种什么，种的话有什么注意事项啊？"看到这条消息，我立刻回拨电话询问详细情况，了解到城关街道丰阜园区原先流转了1000余亩土地栽植黄花菜，但最近因近400亩土地出现塌陷问题，造成配套设施不同程度损毁，无法进行农业机械操作及灌溉，黄花菜出现大量死苗，长势不良，园区在现有基础上综合各方面因素准备发展中药材种植，但苦于没有经验，不敢轻易决定。园区主要种植的是葡萄，在此之前西农的专家教授曾到园区开展过葡萄栽培技术指导，这次遇到产业发展问题，园区第一个想到的就是西农，于是向我反映了这个问题。挂掉电话，我第一反应想到，合阳县和家庄镇主要发展的就是中药材产业，在和家庄镇秦龙中药材园区，就有西农和合阳县一起设立的一处科技示范方基地，我立刻找到了该中药材科技示范方基地的首席专家——化学与药学院马亚团教授的联系方式，电话里和马老师说明情况后，马老师当即就在电话中和我分析起了合阳的中药材种植前景，黄芩、远志、柴胡，这几类中药材在合阳都已经有了种植先例，尤其是黄芩，秦龙那边已经形成了初具规模的产业，并从几种中药材的管理难易、市场销售等方面做了比较，初步建议园区可以考虑黄芩种植，并提供了秦龙园区的联系方式，方便两个园区进行交流。打这通电话时马老师还在出差途中，可他十分耐心，一五一十地将意见说得明明白白，末了还约定出差结束，便到园区来实地查看土地条件。我立即给园区反馈了信息，园区负责人当即表示："西农的教授每次都是这么热心地帮助我们，教授什么时候来，我们一定要当面表示感谢。"其实不止丰阜园区是这样，西农在合阳家喻户晓，很多园区、家庭农场、合作社，甚至是某家农户某位村民，遇到解决不了的技术难题，几乎都是下意识地想到请西农的专家教授来帮忙。这得益于学校的老师们十几年如一日的坚持：开办技术培训，深入田间地头进行实地指导，为农民解决实际生产难题。在合阳工作期间，我亲眼见证了多次技术培训会的举办。每当我们向相关老师反馈产业园或贫困户的技术需求时，只要一对接联系，相关的负责老师们都会热情回应，几乎不用我们多张口，老师们会主动利用周末闲暇时间亲自过来实地查看，实在脱不开身的，也会通过电话、微信等线上了解详细情况，并给予及时的指导。

来到合阳之前，我从不知道自己有一天可以从事这样有意义的工作，文科出身的我，没办法像其他农学类同学一样用专业知识发光发热，但我可以通过充当联络员对接双方，也能够将"及时雨"送到有需要的农户手中，哪怕只是解决他们的一个小问题，对我而言都是莫大的鼓舞，让我真真切切感受到自己工作的价值。做自己没做过的事情叫成长，做自己不愿意做的事情叫改变，做自己不敢做的事情叫突破。在合阳的每一天、经历的每一件事都让我受益良多，如果没有在合阳县这五个月的工作经历，没有在城关街道办真正接触基层工作，我仍旧是只会纸上谈兵的"书呆子"，永远无法将在学校中学到的知识应用到实践中。不论今后在哪里，这段经历都将是我十分宝贵的回忆，我热爱合阳、愿为合阳奉献的初衷也永远不会改变。也正是这段经历让我坚信：农业是人类赖以生存的根本，农村是农业立身之地，作为农林院校出身的一分子，我未来的方向一定在农村，我愿意投身于广阔的农村大地，为农业农村发展奉献自己的力量！

象牙塔下,扶贫路上

冯帅帅

2019年8月14日,作为西北农林科技大学驻派合阳县第四批"研究生助力团"中的一员,我正式来到合阳县甘井镇。这一天,自己的身份也发生了变化,由象牙塔下的一名学生转变成扶贫路上的战士。在接下来整整5个月的时间里,我在这片黄土地上,经磨炼,长才干,增本领。

一 勤勉好学,适应乡镇工作新角色

初来甘井镇上,也许是大学的生活让自己增添了太多的书生之气,真正的社会生活突如其来,让自己真的有点不太适应。即便来之前学校扶贫办专门给我们做过相应的培训,但到了新环境还需要一定的时间来适应。因此,我对自己开始的定位就是一个扶贫路上的职场小白。

怎样去认识甘井镇,敏而好学,不耻下问,只有在不断的学习中才能不断地充实自己,加深对当地风土人情的认知。在此期间,我向上一批甘井镇助力团成员请教,主动与镇上的领导干部沟通。同时自己也尽可能地表现积极主动,按时参加每天的例会,做好工作笔记,了解当前镇上工作的重点。开始的一周,每天的吃饭时间和下班后的篮球场成了我学习的课堂。

万事开头难,但困难并不可怕,正所谓山无碍路,路自通山。慢慢地我了解到甘井镇是一个苹果大镇,全镇9.4万余亩耕地,仅仅苹果种植面积就有7万余亩,果业面积大,如何让果农科学地管理果园,促进农业产业提质增效,成了我当时思考的问题。根据自己的专业知识,结合当地实际需求,在接下来的时间里先后组织甘井镇农业产业提质增效观摩会,带领果农参观杨凌"农高会",邀请西北农林科技大学相关专家教授开展培训讲课。找到对的方法,接下来的工作逐步顺利展开。

二 上山下乡,观察思考基层新问题

扶贫是一条艰辛漫长的道路,成果不是口号喊出来的,是脚踏实地,一步一步走出来的。一路走来,累并快乐着。

在接下来的日子,我遍访了甘井镇的16个村,对每个村有了一个基础的认知和了解。合阳县已经成功在2019年4月摘掉贫困县的帽子,但脱贫不摘责任,不摘政策,不摘帮扶,不摘监管。来之前,甘井镇还有9个贫困村未脱贫,当前的形势依然十分严峻。杨村是甘井镇目前9个贫困村之一,杨村位于甘井镇西侧3.5公里处,全村436户1697人,耕地面积6607亩。杨村和甘井镇大多数村一样,以农业为主,主导产业是苹果。但目前存在两方面的问题,一是缺乏相关产业技术支持,二是大量青壮年人口外出,缺乏劳力。杨村的脱贫之路如何走,经过走访调研,杨村的脱贫依旧要以政府为引导,在村上发展集体经济。村级集体经济是当前解决农村贫困问题的一大良方,简单来说就是抱团取暖。是的,贫困犹如凛冬一样刺骨,在严寒的冬季谁会拒绝温暖呢?一批批的村级集体经济和兴农产业已经在甘井镇扎根,并逐步发挥扶贫力量。这4个月的工作,也使我在9个贫困村脱贫的那一刻感到一阵暖流。我知道,这是政府领导下,全体工作干部和人民群众长期共同努力的结果。虽然4个月的时间,自己付出太少,但是身为其中的一员我还是感到兴奋和喜悦,因为我见证了一个伟大的时刻。脱贫路上一个也不能少,我们依旧在扶贫的路上踏着坚定的步伐前进。在明年,我们有足够的自信和能力向全世界人民展示社会主义新中国的承诺一定是言出必行。

三 脚踏实地,探索科技扶贫新模式

扶贫路上,芝麻开花节节高。4个月的时间,扶贫二字有了更多的内涵,没有太多壮士断腕的悲情豪放,有的只是平凡的生活,但它犹如美酒一般沁人心脾,滋养你的心田。

"三团一队"是合阳县和西北农林科技大学联合探索的扶贫新模式,自己也十分幸运地成为其中的一员。在这期间经历过，也成长着。如何让农民的农产品不愁卖，扩宽农产品的销售渠道，为农民带来收益？近半年里，研究生助力团成员积极深入一线调研，主动开展对接联络，积极宣传地方工作，切实发挥"调研员""联络员""宣传员"作用。"消费扶贫"是我们这批助力团在合阳做的第一件事情，自己也积极沟通生命科学学院的刘卫军书记，促进合阳当地特色产品的销售。同时协助当地合作社构建电商平台，大力发展电商；协助当地网红在线直播卖当地特色农产品；在农高会期间，借助媒体的力量，对当地农产品进行宣传。总之，这些活动取得了令人欣慰的结果，也是我们对合阳扶贫贡献的一分力量。

当然，扶贫的道路还离不开专家教授的支持。"产学研一体"示范方在2019年11月正式落户甘井镇鑫福源现代农业园。这当中离不开园艺学院王雷存研究员的辛勤付出。鑫福源现代农业园位于甘井镇型庄村，王老师作为对接甘井镇扶贫的首席专家，其间多次来到甘井镇，不断地为园区的规划提出指导性的建议。现在的鑫福源现代农业园已经成为甘井苹果种植的示范园，鑫福源技术负责人李建峰满心欢喜，在和他的交流中，他时常挂在嘴边的是党的政策好，给我们派了这样好的专家团队来。这让他们把产业做大做强的脚步更加坚定。在扶贫的道路上，有千千万万和王老师一样的人，为扶贫事业奋斗。我正目睹在合阳这片土地上，一个又一个的王老师来了又来，合阳人民的生活也变得越来越好。

扶贫的道路上除了政府的力量，社会组织也是构建大扶贫格局的重要组成部分。赵家岭村扶贫项目是香港嘉道理慈善基金会发起的，由西北农林科技大学植物保护学院教授赵惠燕团队牵头实施。项目目的是协助村民摆脱贫困，提高收入。主要通过参与式技术培训、提高村民产业技术水平和环保、有机食品理念；通过合作社培训建立花椒生产专业合作社，协助村民销售花椒等农产品；通过提供有机生物肥料、生物农药等农资，提高有机花椒生产品质，减少化学肥料和化学农药的使用；进行妇女能力培训，提高妇女参与社区发展的能力；通过垃圾分类处理等培训，改善村民生活条件；通过有机食品认证，提高产品销售价格。目前村里已经进行了2次技术培训和1次合作社培训，项目进展顺利，成果显著，受到当地村民的热烈欢迎和积极响应。目前，赵家岭村已经成立了嘉农绿佳花椒种植专业合作社。在与当地村民的交流沟通中，我感受到当地村民的喜悦和感激。村民李芙绒表示："早就想成立花椒合作社了，但不知道怎么成立，通过专家的培训和支持，合作社终于建立了。建立合作社后，单购买有机肥料一项就比去年省了 3000 元，同时，通过花椒技术培训，我学到了科技种植和剪枝的方法。"在当前脱贫攻坚的历史潮流中，全世界华夏儿女的团结一致汇聚成洪荒力量，给予脱贫攻坚战役强大的支持。怎么能不让我们对未来脱贫的胜利充满自信心！

四　不忘初心，牢记使命再出发

但行好事，莫问前程，前路有光，初心莫忘。当代青年必须有时代使命感和责任感。

甘井镇城后村的初心公园是甘井镇的一项民生工程。用 50 多个真实、生动、形象的建筑、雕塑等微场景，以党的发展历程为时间顺序，全面形象地再现中国共产党波澜壮阔的光辉历程。"不忘初心，牢记使命"的主题教育不断在这里展开，有合阳县的，也有学校来的，当然还有从其他地方来的。我接待了一批又一批的学习者，自己也在每次接待中学习，从建党之初的 57 名党员到十九大的 9000 万名党员，一个强大的政党逐渐走向世界，肩负着伟大的使命，不断前行。不忘初心，牢记使命，为中国人民谋幸福，为中华民族谋复兴牢牢地记在我的脑海，刻在我的心中。其间令我印象最深的是我去当地一所小学给孩子们上课，我曾问过一个孩子长大后的梦想，他说的话让我心头一震，"我长大后的梦想是把父母接到家里来，和爷爷奶奶一家生活在一起"，他抬头微笑着对我说，眼神里折射的是希望的星光。事后了解到这个孩子的父母常年外出打工，跟着爷爷奶奶生活。或许是穷人的孩子早当家，这个孩子十分懂事，学习也非常刻苦。看着他努力学习的样子，我看到了国家强大的希望，也坚定了自己现在做的事情是多么有意义。不积跬步，无以至千里；不积小流，无以成江海。扶贫是水滴石穿的历程，我有幸在这片洪流中掀起属于自己的一片浪花。

天下之事，闻者不如见者知之为详，见者不如居者知之为尽。在合阳扶贫的日子使我经磨炼，长才干，增本领。更加坚定了自己积极响应祖国号召，踏着沉稳的步伐，以青春之名，为祖国母亲富强奉献自己的光和热的决心。

俯下身子扶真贫，沉下心来真扶贫

贾宇寰

2019年8月14日，我作为合阳县第四批研究生助力团成员来到了百良镇，暑去冬来，五个月的基层工作已经结束。在百良工作期间，通过参加各类会议、跟随镇村干部走访调研、积极配合助力团工作、做好学校与地方的联络员，我对百良镇的情况更加了解，各方面工作都取得了一定成绩，也融入百良镇这个大集体。古人讲："人事有代谢，往来成古今。"虽已离开合阳，但回想起在镇上的工作生活，我依旧心潮澎湃，总结起来主要有以下几方面。

一是下乡走访调研，掌握镇情村情。

习近平总书记回忆他在正定工作时曾说："我在正定时经常骑着自行车下乡，从滹沱河北岸到滹沱河以南的公社去，每次骑到滹沱河沙滩就得扛着自行车走。虽然辛苦一点，但确实摸清了情况，同基层干部和老百姓拉近了距离、增进了感情……"

初到基层，虽然缺乏工作经验和方法，但没有调查就没有发言权，调查研究是做好工作的基本功。从太枣村到东宫城社区，接近两个月的时间，我跟随镇上领导和包村干部，走遍了全镇19个村（社区）。在这个过程中，我与段家庄社区杨青洽、段小卫和伊尹社区王升奇这三户贫困户建立了帮扶关系；了解到了全镇现有的三大主导产业：花椒、樱桃、红提；看到了沿黄公路百良段岔峪村、榆林村良好的旅游资源与区位优势；结识了一批真正为民干事创业的第一书记、村干部、脱贫致富带头人；体会到了百良人民的热情和百良干部的团结。

二是加强理论学习，适应身份转变。

从在校生到基层扶贫干部，角色要转变，行为也要转变。用理论武装头脑，才能让我们说话更有底气，做事更有方法，行动更有方向。只有不断给自己的大脑"充电"，才能够提高政治水平、理论水平、决策水平，才能够完善自我、提高素质，从而更好地开展脱贫攻坚工作。

在座谈会上，王俊华县长勉励我们在基层干工作要学会思考，工作中要做到"四个学习"和"四个结合"，要明白脱贫攻坚工作使命光荣、责任重大；在工作例会上，史永亮主任鼓励我们放开手脚、用心工作，要善于发现问题、思考问题、解决问题；在镇村干部会上，金增龙书记说"干部下乡，把手往面盆里掺"。

学习是一个持续推进、不断跟进、逐步深化的过程，必须把握住读原著、学原文、悟原理这个重要方法，经常学、反复学、持续学，真正学懂、学透、学通。因此，我利用工作之余学习了《习近平新时代中国特色社会主义思想》《习近平在正定》《摆脱贫困》《之江新语》等论著，将这些理论转化为武装头脑、指导实践、推动工作的强大力量。

三是当好联络员，助力产业发展。

富民产业是脱贫的基础，是"两不愁"的核心，培育发展产业是实现脱贫奔小康的治本之策。如果没有产业支撑，扶贫开发就无从体现，扶贫成效就难以保证，扶贫成果也难以巩固。

"三团一队"为扶贫工作添加了新动能，注入了新活力。其中研究生助力团的一项重点工作就是充分利用学校智力资源和人才资源，为产业发展提建议、为科技扶贫出方案、为企业发展搭桥梁、为科技培训创品牌、为合阳县脱贫攻坚和乡村振兴工作贡献智慧。在校县双方共同努力下，百良镇涌现出了樱桃和花椒两大特色产业。

伊尹樱桃：伊尹社区通过"党支部＋合作社＋西农教授＋贫困户＋产业园区＋电商平台"的发展模式，率先成立了伊尹故里樱桃专业合作社，投入资金 200 余万元，由合作社牵头从西北农林科技大学引进樱桃苗木 6.8 万余株，建成樱桃园 1350 亩；党支部党员干部积极示范带头，贫困户自愿参与，参社农户达到 295 户，其中贫困户 114 户，2019 年人均增加收入 2100 元。蔡宇良教授作为专家助力团指导老师，2019 年 8 月和 11 月，先后两次到百良镇伊尹社区开展樱桃种植管理技术培训，为农民带来他编写的樱桃种植管理书籍，不但使樱桃种植户了解了国际、国内大樱桃的发展现状和前景，同时针对合阳县大樱桃生产现状结合当地实际，对适合本地树型培养及整形修剪、丰产提质栽培管理等技术进行了深入浅出的讲解，对果农有关樱桃管理的问题进行了详细、全面的解答。蔡教授还亲自到贫困户的樱桃园中为村民示范整形修剪技术。这不仅向广大果农普及了樱桃管理技术，提高了果农科学管理水平，而且增强了群众依靠产业脱贫致富的信心，为伊尹社区樱桃产业的发展壮大打下了坚实的基础，为合阳县产业升级、农业增效、农民增收提供了技术保障。

段家庄花椒：段家庄社区花椒种植面积有 3000 多亩，是全镇的花椒主产区，校县联合建立的"产学研一体化示范基地"就落户在段家庄社区。2019 年 10 月，林学院花椒专家刘永红研究员在段家庄社区进行了花椒种植管理现场技术培训，全镇 19 个村（社区）的花椒大户、技术骨干及段家庄社区党员群众 100 多人参加了培训，培训有理论讲解和田间操作两部分，现场还为群众发放了《花椒周年管理历》和《花椒整形修剪要领歌》；同时，学院林产化工专家张京芳教授针对众帮富农合作社提出的花椒籽加工贮藏中存在自燃、霉变的问题，进行了技术指导。在研究生助力团积极联系对接下，众帮富农合作社负责人王富鸽与林学院专家教授取得联系，学院派专家为其进行长期技术指导。在王富鸽的带动下，周边村民新种植花椒 700 余亩，为周边富余劳动力提供就业岗位 57 个。

四是发挥团队优势，助力脱贫攻坚。

中秋节消费扶贫采购是团里承担的首次工作，在团长的带领下，全团成员积极对接包联学院，主动提供农产品采购清单，最终完成农产品消费扶贫订单 20 多万元。

在第二十六届农高会上，从前期参展方案的设计，到展会上的积极表现，研究生助力团的工作受到了陕西省、渭南市、合阳县领导的高度关注，得到校领导的多次关心，受到《科技日报》、陕西传媒网、三秦网、《渭南日报》等媒体的关注和报道。10 月 21 日农高会开幕前夕，陕西省农业农村厅党组书记、厅长黄思光一行在乡村振兴暨脱贫攻坚展馆检查指导工作时专门来到合阳县"三团一队"展位前，亲切看望了合阳第四批研究生助力团成员。听取了同学们的热情讲解后，黄思光与大家亲切交谈起来，勉励大家："合阳是西农的一个大试验场，要用好合阳这个重要平台，做好做强西农品牌；农高会也是西农的盛会，要在农高会上充分展示西农的特色与魅力，你们在合阳工作一定要充分发挥各自专业优势，做出研究生助力团的特色。"

2019年11月22日，研究生助力团开展了"科普知识进校园、科技人才助振兴"主题月活动，通过教育扶贫的方式助力脱贫攻坚工作。在科普现场，团员们与皇甫庄中心小学的同学们一起体验电磁加速器、光辉球、静电乒乓球、龙卷风等科学仪器，为同学们戴上3D眼镜，探索科技的奥秘。让学生们走近科学、了解科学，学会用科学精神去思考、解决问题，充分激发同学们爱科学、学科学、用科学的浓厚兴趣，点燃小学生们的"科技梦"。

五是工作中的体会与感悟。

我们第四批研究生助力团在合阳扶贫工作已经结束，但是热情的百良人民、团结的百良干部给我留下了深刻的记忆，与各位助力团成员结下的革命友谊是我一生中最为宝贵的财富。在百良镇的这五个月，是我人生中一段难忘的岁月，真正让我在基层经风雨、见世面、受锻炼、长才干。十九届四中全会提出要"坚决打赢脱贫攻坚战"，2020年中华民族将彻底摆脱绝对贫困，实现全面小康的千年梦想。行百里者半九十，既然选择到基层工作，那就要不忘初心，牢记使命，自觉主动提高政治站位，找准角色定位，持续学习锻炼。

"俯下身子扶真贫，沉下心来真扶贫"是我在研究生助力团工作站个人介绍上的大标题，这句话也伴随我在合阳工作的每一天。2019年5月，合阳县已经退出贫困县序列，但巩固提升脱贫成果依旧"任重而道远"。农村工作本就不易，与群众打交道的本事并非一朝一夕就能练就的，作为研究生助力团，我们肩负着组织的信任、学校的嘱托，使命光荣、责任重大，必须牢固树立大局意识，清醒地认识到去基层不是作秀也不是镀金，下来了就要手往面盆里掺，沉下心思考、俯下身实干。

雄关漫道真如铁，而今迈步从头越。农村是充满希望的田野，是干事创业的广阔舞台；脚下沾有多少泥土，心中就沉淀多少真情。作为农林高校的学子，我们要发扬"诚朴勇毅"的校训精神，一届接着一届的研究生助力团要牢牢把握住母校这个最坚强的后盾，在履职尽责中弘扬"西农精神"，在施展才华中提升能力素质，结合自己的专业助力精准扶贫，知农爱农，强农兴农，为实现伟大梦想贡献力量。

陪伴我在合阳成长的"四维力"

唐明根

2019年8月14日，我作为合阳县第四批研究生助力团团员来到合阳顶岗锻炼，度过149个日夜，经过21个星期的学习和锻炼，我满载收获与感动离开了那片黄土地，开始新的征程。这半学期左右的时间，不仅让我增加了人文底蕴，拓宽了认知视野，还锻炼了我的专业素养，坚定了我的理想信念，更让我收获了沉甸甸的友情、暖洋洋的人情、热乎乎的真情。追忆过往，每一天，每一幕，都值得让人回味，接下来，我想从"四维力"的角度与你们分享我在合阳的每一天，希望能带给你们些许感动与收获。

一 磨炼"脚力"，深入贴近基层

毛主席曾经说过，没有调查就没有发言权。初到基层，对于实际情况还不了解，为了解基层基本情况，进一步推动工作开展，首先我们要锻炼自己的"脚力"。"脚力"就是自觉践行群众路线，努力深入基层、深入生活、深入群众，真正贴近实际、贴近生活、贴近群众，积极主动在基层一线深入调研、深入交流。因此自从8月14日来到合阳县和家庄镇后，先后跟随镇上的包村同志深入基层，走访调研和家庄镇下辖的11个村（社区），了解基层一线的实际情况。在下乡的调研过程中，我了解到镇上的主导产业以小麦、中药材、花椒为主，而劳动力缺失、干旱缺水、缺少技术等因素影响了镇上的发展；同时我还与和家庄镇和家庄社区五组的王杰、六组的王红芳、十五组的梁春保建立了联系，确定他们为我所帮扶的对象，对他们进行黄芩种植技术方面的帮扶。

"纸上得来终觉浅，绝知此事要躬行。"通过深入生活，我和大家干在一起，聊在一起，聚在一起，我体会到了他们生活的酸甜苦辣；经过深入群众，我认识了一批干事创业的致富带头人，结交了一批优秀的基层扶贫干部，听到了群众的声音，我和他们坐到一起，想到一起！通过磨炼"脚力"，我看到了更加清晰、真实、准确的基层一线！

二 增强"脑力"，学思应对挑战

在基层工作，不仅要有严谨的工作态度，还要有过硬的工作本领，所以我坚持锻炼"脑力"，努力扩充"脑容量"，提高"脑质量"。以实际行动不断增加自己的知识储备，锻炼自己的工作能力，提高自己发现问题、解决问题的能力。

在扩充"脑容量"方面，我主动有计划地学习了党和国家的最新政策理论知识，关心国家政策和方针，定期浏览相关网页，参加最新的政策宣讲会等，丰富自己的政治素养。在工作期间，全镇上下开展了"不忘初心，牢记使命"主题教育活动，我积极参加学习，参加培训会，阅读《习近平关于"不忘初心、牢记使命"论述摘编》《习近平扶贫论述摘编》《优秀共产党员选编》等相关书籍，看原著，悟原理，认真记录学习笔记，撰写学习心得体会，通过有针对性、系统性的学习活动，武装头脑，丰富精神内涵，不断增强政治自觉、思想自觉和行动自觉。

在提高"脑质量"方面，就是要培养自己愿思考、勤思考、能思考的能力。首先，我主动向领导、同志们请教学习，了解他们的工作经验，分析他们的工作思路和方法，体会他们的工作技巧。在开会中认真记笔记，愿思考；在下乡调研中，认真观察，勤思考；在工作汇报与交流中，能思考，多发言，积极参与镇上的日常工作和事务，在具体工作中锻炼自己的思考能力。其次，学校老师组织的专家培训，教会我们思考问题时要力争深入、全面、客观，结合本单位实际情况，瞄准靶点，看准重点，找准支点，在实际工作中，提高自己分析思考的能力。最后，结合"脑容量"和"脑质量"，认真严谨地完成学校、单位安排的各项工作任务，勤于思考，及时总结，及时反思，及时回顾！

三 拓宽"眼力"，助力脱贫攻坚

习近平总书记回信寄语全国涉农高校广大师生时说，农村是充满希望的田野，是干事创业的广阔舞台。在基层工作，要努力拓宽"眼力"，要力争"看得清"，"看得懂"，找准发力点，有序有效开展工作，助力脱贫攻坚与乡村发展。在前期调查研究的基础上，我们团队和我主要开展了三方面的工作。

首先，助力产业扶贫。在我来到和家庄镇后，了解到全镇的主导产业有中药材，在西北农林科技大学和合阳县委、县政府的部署安排下，我主动与秦龙中药材合作社负责人沟通联系，推动产学研示范基地建设。在化学与药学院马亚团老师的指导下，在园区负责人的支持下，我通过实地勘测园区土地的各项数据、观察土壤墒情，设计黄芩种植试验方案，探索黄芩规范化、规模化种植方法。虽然在试验种植的过程中磨破了手，晒黑了皮肤，但是当我看到嫩绿的黄芩苗时，我觉得值了！除此之外，了解收集整理群众种植过程中的问题，如根瘤病、杂草防治等问题，对接学校专家，通过线上、线下渠道，为广大人民群众解决他们关心的问题、迫切的问题。据不完全统计，我们整个团队联系协助专家举办樱桃、葡萄、花椒、苹果等冬季管理技术培训25场次，累计培训贫困群众13300余人，实实在在拉近了群众与专家教授的距离，通过面对面沟通交流，解决实际问题，助力当地产业发展！

其次，助力消费扶贫。在中华民族传统佳节中秋节来临之际，我们团队提前部署，每个人积极搜寻合阳当地优质农产品，联系学校各个学院，助力消费扶贫工作，协助学院采购合阳当地农产品。在各方力量的支持帮助下，我联系的学院中秋节采购农产品金额为1.6万余元，我们整个团队总计为20万余元。在学校老师们的指导下，在当地农户的支持下，我们团队一起优化创新新媒体宣传手段，扩大宣传范围，减少产品流通环节，把更多的消费红利转让给贫困群众。

最后，助力教育扶贫。2019年11月22日，研究生助力团开展了"科普知识进校园、科技人才助振兴"主题月活动，西北农林科技大学扶贫办与博览园联合走进合阳县金峪镇皇甫庄小学。随科技大篷车带去《农业立国之本——中国农业发展70周年》《极地动物》《中国武器力量》《生命之水》四套系列展板，静电乒乓球、龙卷风等若干科普互动仪器，虽然当天天气很冷，但是现场的气氛很热烈。孩子们在科普老师的讲解下认真思考，不时提问；在所有团员的带领下，一遍又一遍地体验着科普仪器，从他们冒着热气的脸庞中，从他们暖暖的笑声里，我看到了他们对于未知事物的好奇心，看到了他们对于科学的向往！

四 提升"笔力"，传递汇聚力量

在我们来合阳工作之前，学校老师曾告诉我们，不仅要做好学校与地方的联络员、通讯员，还要做好宣传员！要做好宣传员，在我看来，那就要增强"笔力"，练就过硬"笔力"。练就过硬"笔力"，就是要写得好、说得好。

写得好，就是要求自己心中有好思想、胸中有大格局、手中有好文风、文中有好文采，把我们日常工作一点一滴记录收集起来，用语言把它们连成线，构成面，形成体，把它们讲出来，报道出来，唤起广大人民群众，让他们参与进来，聚焦更多关注，汇聚更多力量，让更多人民群众愿意一起为我们共同的事业去奋斗！说得好，就是要求自己讲的人民群众喜欢听、喜欢了解，并且人民群众听后有价值。这就要求我们要深入了解把握相关领域最新动态，扶贫政策一口清，专业知识要过硬，了解广大人民的需求，沟通交流要接地气，更好地把我们党的政策，把学校的专业技术，把当地的部署安排，传达给每一位有需要的人。在我工作期间，直接参与或间接发表新闻报道累计4篇，我们团队累计发表新闻报道40余篇，被《陕西日报》、《渭南日报》、三秦网、腾讯网等媒体宣传报道相关消息200余次。

五 工作感悟与心得

天可补，海可填，南山可移。日月既往，不可复追。半学期的时间就那么过去了，它不长不短，带给我的却又重又沉。千言万语汇成一个词就是感谢，感谢西北农林科技大学给我提供了这个宝贵的基层挂职锻炼平台，让我有机会经风雨，强筋骨；感谢挂职单位的支持和鼓励，让我经历更多，成长更多；感谢研究生助力团成员，让我收获了沉甸甸的战友情。与你们所有人同心工作的每一天，时刻温暖着我的心，我将永远铭记在心，在未来的日子里，我将更加有信心。

习近平总书记曾教导我们，广大青年既是追梦者，也是圆梦人。追梦需要激情和理想，圆梦需要奋斗和奉献。广大青年应该在奋斗中释放青春激情、追逐青春理想，以青春之我、奋斗之我，为民族复兴铺路架桥，为祖国建设添砖加瓦。在今后的日子里，我将更加珍惜时间学思悟践，不断上下求索，让勤奋学习成为青春远航的动力，让增长本领成为青春搏击的能量，努力做党和国家需要的优秀学子！

济困正能量,携手奔小康

马淑雪

为全力助推脱贫攻坚工作,西北农林科技大学实施了"三团一队"智力扶贫新模式。研究生助力团作为"三团一队"的中枢和骨干,在脱贫攻坚、乡村振兴中贡献了"西农力量"。

为脱贫献爱,为致富助力。合阳县结合当地特色,大力发展农业产业,与校企合作建立产学研一体化示范基地、科技示范方,有力推动了当地的经济发展,解决了老百姓就业等民生问题。在走访新池镇添缘现代农业园区和富源现代农业园区的过程中,产业园区负责人详细介绍了园区概况,园区的产品大都经过有机食品认证,追求健康绿色食品,各园区还紧密结合大趋势,配合产业扶贫政策的落实,给农民做培训会,增加农民就业岗位,带动当地的贫困户脱贫。

扶贫济困,践行友善。顶岗锻炼期间,助力乡镇消费扶贫,对接西北农林科技大学农学院胡宝仓副院长带领中秋节慰问品采购小组来新池镇选购优质农副产品,通过了解富源园区的农产品种类与特色优势,采购小组最终确定新池镇红薯粉(4~5斤40元)、红提(6斤30元)、油葵油(10斤80元)各227份作为学院教职工节日慰问品。此外,通过宣传接洽,动物科技学院也从新池镇采购红提(7斤35元)166份作为教职工节日慰问品。采摘的阿姨们说,最终装箱的红提,从园区采摘后,她们会对每串红提进行检查修剪,确保老师们吃到健康安全高质量的红提。看着农民叔叔阿姨们从园区采摘的一堆堆红提,看着他们高兴的面庞,内心满满的成就感。胡副院长谈道:"农学院近年来都是从新池镇采购农产品,产业园区的红提串形好,颗粒饱满,吃起来甜度刚刚好,老师们对当地农产品的认可度很高,我们会持续推进学院与乡镇的合作,贯彻落实消费扶贫政策,助力新池镇打赢脱贫攻坚战！"胡副院长还勉励我要珍惜基层历练的机会，尽快适应学生到基层干部身份的转化，全身心投入基层工作，在助力合阳脱贫攻坚与乡村振兴工作中有所作为。

扎根基层，扶贫甘露润民心。富源现代农业园区负责人说："冷棚红提在十一月初的时候就全部采购完成了，产量高，销量也很好，一点也不愁卖，要感谢西农派驻葡萄酒学院的张宗勤教授，他有问必答，给大家做技术培训指导，科学种植，为我们提供了不少帮助。"张宗勤老师是"三团一队"专家教授团成员，是西农扶贫工作的一个缩影，他长期奔波于各镇之间，驻扎基层，哪里有问题哪里就有张老师的身影，张老师切实把农业科普课堂设在了田间地头。此外，西农大还长期输送了很多专家团队对接当地的花椒产业、苹果产业及畜牧业的发展，为各产业的发展提供技术支持。他们是我们助力团工作的榜样，时刻提醒我们，严谨认真地工作，对自己负责，对农民百姓负责，切实解决农民百姓的民生问题。

初心不忘，使命在肩。顶岗锻炼只有 5 个月，但对我的影响是深远的。农村基层工作远比在校所做的学生工作更复杂更辛苦，乡镇基层领导干部必须深入一线，扎根基层才能将党的政策贯彻落实，推进脱贫攻坚战略落地。在基层工作，大家都是执行者，基层干部更要带头做工作，发挥模范引领作用，脚踏实地地为人民谋福利，做实事。乡镇基层干部有时午休时间也在基层工作，晚上会继续下乡参加村级工作会议，实时跟进农村工作进展，每天穿梭于基层，扎根于基层。基层工作不是 996，不是 997，是每时每刻，是随时随地。干部们不是在基层就是在去基层的路上，每天奔波在乡村田野间，做着复杂而又烦琐的工作。扶贫是个大工程，上边千条线，下边一根针，在打赢脱贫攻坚战的关键时期，很荣幸可以成为千万基层干部中的一员，在服务基层的同时提升自己的本领。

习近平总书记说过："广大干部特别是年轻干部要在常学常新中加强理论修养，在真学真信中坚定理想信念，在学思践悟中牢记初心使命，在细照笃行中不断修炼自我，在知行合一中主动担当作为，保持对党的忠诚心、对人民的感恩心、对事业的进取心、对法纪的敬畏心，做到信念坚、政治强、本领高、作风硬。"幸福是奋斗出来的，青年人要坚定自己的政治信仰，不怕困难，不断通过实践积累人生经验，用自己的所学所思在国家需要的地方贡献自己的力量。青年强则国强，岁月流年，未来可期！

挂职 160 天想说的 12 句话

秦永凤

2019 年，对我来说是特别的一年，也是幸运的一年，我很荣幸入选为"西北农林科技大学第二批脱贫攻坚科技镇长团"中的一员。3 月 8 日，我们背起自己的行囊各自奔赴基层挂职科技副镇长，在这里度过的每一天都充满了感动和成长。8 月 13 日，我们告别挂职单位领导同事以及父老乡亲们启程返校。掐指算来，我已体验挂职生活整整 160 天，回首过去这五个多月的特殊实践经历，我总结了四个方面 12 句话想分享给大家，更想为学校下一批即将奔赴各挂职单位的师兄师姐和师弟师妹们提供一些帮助，希望可以帮助你们找到方向并继续为脱贫攻坚贡献自己的力量。

三个加快适应

一是加快适应生活环境。基层的生活或许简陋亦或许单调，但作为新时代的青年我们要尽快调整自己的心态，加快融入这里的生活，慢慢你就会发现这里的生活别样美丽。远离了城市的喧嚣，它有格外的宁静和安逸；远离了高楼和大厦，它有青山绿水和魅力云海。

二是加快适应人设转型。初入基层挂职单位，我们或许带着学生的稚气，但是我们要始终记得自己来到这里的责任与目的，尽快从原来的学生身份转换过来适应新的身份和工作，并尽自己最大的努力创造校-地合作，提供有意义的帮助。

三是加快适应语言障碍问题。我是一个山西人，对陕西的语言本就不太熟悉，但是所在挂职单位的语言更偏四川音，刚来的时候把我听得云里雾里，完全不知道大家在说什么，也根本插不上话，大家都是当地人，很少说普通话，于是我开始琢磨大家的语调和口型，坚持记录会议笔记，慢慢听得多了自己也会说那么几句。现在无论在哪里听见这里的话，我都会不自觉地感到亲切。

三个倍加珍惜

一是倍加珍惜学校提供给在校学子的"基层挂职实践平台"。作为一名西农学子，能够参与基层挂职，不仅仅是对我自身能力的认可和鼓励，更是接受锻炼、丰富经验、增长才干和拓宽视野的难得机会。

二是倍加珍惜挂职单位的优待。基层工作人员拥有绝对忠诚的政治品格、高度自觉的大局意识、极端负责的工作态度和无怨无悔的奉献精神，能够从学校到基层挂职锻炼，是一种新的体验和成长，通过参加各类会议活动，我增加了与各级领导的接触、交流和学习的机会，同时这也是开阔工作视野、锤炼务实作风、培养时效观念的绝佳环境。

三是倍加珍惜各位领导和同事的关心支持。挂职五个多月以来，乡镇的各位领导干部全力支持，各位同事也把我当作"一家人"一样，一听说我是外地人都对我格外关心照顾，无论是在生活上对我的关心还是工作上对我的指导，热情的态度，真诚的相待，都让我非常感动和难忘。

三个积极主动

一是积极主动做好文字写作工作。来到挂职单位后，面对新的环境、新的岗位和更高的标准，我始终抱着虚心学习的态度，坚持多看多问多学多记，利用旁听各种会议、参加各类活动的机会，注意听领导讲话、学同事办事，掌握了领导讲话的种类、上报信息的格式，平时会积极主动撰写活动或会议后的新闻稿，经过不断的修改和积累，文字功底和思维能力逐步得到增强。半年来，撰写领导讲话、调研报告和各类信息20余篇，已发在校园网学生天地4篇、汉中市新闻网1篇。

二是积极主动做好领导交代工作。长期以来，我坚持干好每件事、过好每一天，不图面子虚荣，只讲多干实事；面对每天的新情况新变化，始终以高度负责的态度，主动担起工作责任，坚持交给我的任务一定要干好，没有任务时要学会自己主动找任务，切不可自己等事干、浪费光阴；坚持脚踏实地、务实吃苦，能自己干的自己干，自己没经验的主动请教单位有经验的同事，切不可盲目逞能，答应自己干不了的工作，也不可脱离集体独自行动。

三是积极主动做好总结归纳工作。学会在每一次亲身实践中总结经验、把握规律、提升技能、增长才干。挂职以来，我每天都会把下乡的经历整理成 Word 文档并附图、坚持写日记；在领导和同事们的指导帮助下，参观并了解了挂职镇所辖的 14 个村，掌握了每个村的基本情况；配合完成了大市川村的"两不愁三保障"的排查调研工作并负责撰写了调研报告；在得知大市川村对发菌技术的渴望后我积极联系了学校的苏超教授，在苏老师的帮助下撰写了《蚕桑枝产业一体化技术报告》；总结了该地区的脱贫经验，投稿完成了《脱贫攻坚背景下研学活动新模式的实践研究》。

三点切实体会

一是切实体会到脱贫攻坚之难，只有深入基层的人才懂。作为挂职干部，我们只有短短的半年时间，如何利用好这半年的时间是很关键的问题，我们必须保持良好的心态、找准自己的位置，我们的任务是深入基层学习并发挥适当连接纽带的作用，我们必须明白靠我们一己之力实现脱贫攻坚很难，我们能做的是在这条道路上不断添砖献瓦。在工作中要以"积极饱满热情"的精神状态，把自己当作一名正式干部来看待，严格要求自己、注重工作细节、规范工作程序，自觉带好头、做表率、树形象。

二是切实体会到所有的幸福和成绩都是靠大家一同奋斗出来的。在这个过程中始终离不开学校的支持，离不开科技镇长团的每位成员，同时也离不开乡镇各位领导和同事的关心、包容。我们所做的每一件事都代表着一个团体、整个学校的荣誉，因此无论是工作还是生活，我们都必须严于律己，以身作则。

三是切实体会到大山深处人情暖。融入一个新工作单位的过程，也是感情逐步加深的过程，感情深厚了，环境顺心了，工作也就安心了，即使加再多的班，干再重的活，心情也是愉悦的。在这里的每一天我都感觉非常充实和愉悦，喜欢和大家一同为脱贫攻坚努力的感觉，怀念和大家一起在政府廉灶社吃饭的欢乐时光，享受晚饭过后一同聊天散步的林荫小路。

不负韶华，只争朝夕。习近平总书记教导我们，青年要成长为国家栋梁之材，不仅要注重学习人生经验和社会知识，更要注重在实践中加强磨炼、增长本领；要不怕困难、攻坚克难，要自觉到基层、到西部、到祖国最需要的地方去，干成一番事业、干好一番事业。在这里，我想向所有毅然奋斗在脱贫攻坚基层一线的工作人员致以崇高的敬意，是你们舍小家为大家的无私精神深深地感染着我，同时我也希望未来有更多的高校学子能够积极投身于脱贫攻坚这场艰难战役中去，为祖国贡献力量、为脱贫攻坚助力！

后　记

　　本书的形成，离不开书中人物的大力支持和配合。由于工作的原因，我们的很多访谈和调研都是利用假期和课下时间完成。2018年暑假，我们到合阳县乾落村驻村调研一周，深切感受到已经"农民化"了的韩锁昌在村民心目中的位置，尽管村情复杂、工作难推进，他依然为了村庄发展而到处周旋、日夜奔波。2018年国庆节期间，我们专程赶到甘井镇，去了李立科先生牵挂着的旱区试验站，此时已是85岁高龄的李立科先生正在甘井镇农村指导高产小麦和高秆留茬保墒试验。他在旱区试验站小院的厨房间接受了我们的采访，讲到困难时很兴奋，讲到农民的穷弱时却流下了眼泪，他因觉得生命将尽，所以不顾年迈之身，再次奔赴他牵挂的田间地头做最后的努力，真是"昔与癌魔赌死活，今向阎罗争日月"！为李立科写下诗句的正是甘井镇原党委书记王均海，两位老人在正式退休之后，再次携手探索高产小麦和高秆留茬保墒试验，为的就是提高旱区粮食产量，把中国人的饭碗端在自己手里！两位老人向我们展示了老一代科学家、党员的风骨，为讲究实际和个人得失的现代社会提供了一面镜子，他们的故事不应该被埋藏。

　　可喜的是，今天的西农人中还有一批农业科学家忙碌在田间地头，樱桃专家蔡宇良、葡萄专家张宗勤、苹果专家赵政阳、猕猴桃专家刘占德等人就是其中的典型代表，我们有幸采访了其中的前两位。更可喜的是，诚朴勇毅的西农学子愿用最美好的大学时光去服务乡土社会，科技镇长团前赴后继向需要他们的地方去。调研期间，合阳县第一批科技镇长团团长张智超做了非常周全的协调工作，叶佳丽、薛婷婷、王雅梅、王佩、张敏娟、李婉平、黄兴发、刘晶、李晓庆、刘国库、张少鹏、李靖都给予了调研帮助，他们一心一意为农民服务的青春姿态无愧于"新青年"的称号！在农村调研期间，第二批科技镇长团中的王鑫、陈翰睿、郝东东、王乐乐等同学为我们第二次进入现场提供了便利，尤其是陈翰睿同学放弃国庆假期，带着我们往返于合阳县的五六个乡镇农村之间，为调研工作的完成提供了保障。校高层次人才工作办公室副主任、挂职干部、合阳县副县长王俊华和第四批科技镇长团的刘嘉豪、李莹、王新利、田晓宁、朱玉等同学为我们第三次现场调研做了大量协调工作。我们还要感谢合阳县政府及各乡镇干部的大力支持和配合，他们是合阳县扶贫办、甘井镇麻阳村、坊镇乾落村、金峪镇沟北村和方寨村、新池镇南沟村、黑池镇西休村、洽川镇葫芦合作社等。

本书能够成稿，还要感谢钱永华副校长与扶贫办王亚平主任、王增信副主任、侯沛同志的信任和支持，感谢科技推广处、植物保护学院、葡萄酒学院、化学与药学院、人文社会发展学院等相关单位的领导和专家的大力支持。

本书是集体智慧的结晶，是西北农林科技大学陕西省乡村治理与社会建设协同创新研究中心贫困治理研究课题组的研究成果。全书由赵晓峰负责章节布局和稿件统筹，第一章和展望由赵晓峰撰写，第二、四、五、六章由魏程琳撰写（其中，第五章第六节由徐梦婷撰写），第三章由邢成举撰写，第七章由赵晓峰、姜莹、马锐和徐梦婷撰写。书稿的最终完成，还要感谢每一位参与调研、讨论和初稿修订的老师与同学们。书中照片均由贫困治理研究课题组拍摄或已获得授权。

最后要说的是，服务脱贫攻坚与乡村振兴，我们一直在路上。

贫困治理研究课题组
2020 年 2 月 26 日

图书在版编目(CIP)数据

黄土地上的西农印迹：高校助力脱贫攻坚的合阳实践/贫困治理研究课题组著. -- 北京：社会科学文献出版社，2020.7
 ISBN 978-7-5201-6905-9

Ⅰ.①黄… Ⅱ.①贫… Ⅲ.①高等学校-作用-扶贫-研究-合阳县 Ⅳ.①F127.414

中国版本图书馆CIP数据核字(2020)第127201号

黄土地上的西农印迹：高校助力脱贫攻坚的合阳实践

著　　者 / 贫困治理研究课题组

出 版 人 / 谢寿光
责任编辑 / 任晓霞
文稿编辑 / 张真真

出　　版 / 社会科学文献出版社·群学出版分社（010）59366453
　　　　　　地址：北京市北三环中路甲29号院华龙大厦　邮编：100029
　　　　　　网址：www.ssap.com.cn

发　　行 / 市场营销中心（010）59367081　59367083
印　　装 / 三河市尚艺印装有限公司

规　　格 / 开本：787mm×1092mm　1/16
　　　　　　印张：16.25　字数：257千字
版　　次 / 2020年7月第1版　2020年7月第1次印刷
书　　号 / ISBN 978-7-5201-6905-9
定　　价 / 109.00元

本书如有印装质量问题，请与读者服务中心（010-59367028）联系

版权所有 翻印必究